U0665001

大转折时代

报纸覆盖下的美国五十年

[美]茱莉亚·瓜尔内里——著

李瑞——译

四川文艺出版社

图书在版编目（CIP）数据

大转折时代：报纸覆盖下的美国五十年 / （美）茉莉亚·瓜尔内里著；李瑞译 . -- 成都：四川文艺出版社，2019.5
ISBN 978-7-5411-5379-2

Ⅰ . ①大… Ⅱ . ①茉… ②李… Ⅲ . ①报业—新闻事业史—研究—美国 Ⅳ . ① G219.712

中国版本图书馆 CIP 数据核字 (2019) 第 054736 号
著作权合同登记号 图进字：21-2018-518

NEWSPRINT METROPOLIS: City Papers and the Making of Modern Americans By Julia Guarneri
Licensed by The University of Chicago Press,Chicago,Illinois,U.S.A.
©2017 by The University of Chicago. All rights reserved.

DAZHUANZHE SHIDAI：BAOZHI FUGAIXIADE MEIGUO WUSHINIAN

大转折时代：报纸覆盖下的美国五十年

[美] 茉莉亚·瓜尔内里 著
李瑞 译

出 品 人	刘运东
特约监制	刘思懿
责任编辑	赵海海　燕啸波
特约策划	刘思懿
责任校对	汪 平
特约编辑	郑淑宁　申惠妍
封面设计	A BOOK STUDIO 信悠走 Design 2322683274

出版发行　四川文艺出版社（成都市槐树街2号）
网　　址　www.scwys.com
电　　话　028-86259287（发行部）　028-86259303（编辑部）
传　　真　028-86259306

邮购地址　成都市槐树街2号四川文艺出版社邮购部　610031
印　　刷　北京永顺兴望印刷厂
成品尺寸　145mm×210mm　1/32
印　　张　8.25　　　　　　　　　字　数　175千字
版　　次　2019年5月第一版　　　印　次　2019年5月第一次印刷
书　　号　ISBN 978-7-5411-5379-2
定　　价　39.80元

目 录

C O N T E N T S

序 言　■

　　1911 年 2 月，美国 56 个不同城市的报纸上出现了大量内容相同的广告，上面写着：

　　我们需要您的观点，请您回答以下问题：

　　1. 你会定期阅读哪些当地报刊？

　　2. 报刊上的社论会如何影响你的观点？

　　3. 通常情况下，阅读新闻栏目时你会相信其中的内容吗？

　　4. 你最看重哪一类特写或专题？

　　5. 如果可以，你会提出怎样的批评？

　　6. 哪种当地报刊会给你所在社区带来正面影响？哪种会产生负面影响？[1]

　　以上是当年《科利尔周刊》杂志针对报刊读者进行的一项国民调查，旨在了解一年来出版行业的发展及其影响。如果所投稿件能从这 56 个不同城市的所有回信中脱颖而出，成为最佳文章，投稿人将会得到 50 美元的奖金。到截止日期前的三个月内，该周刊共收到来自美国各地共一万余封回信。

《科利尔周刊》一开始询问人们会定期阅读哪种报刊，原因在于几乎所有的美国城市和家庭都会订阅各种各样的日报。埃格蒙特·H. 阿伦斯在给周刊的回信中写道："这就是真正的美国人，阿尔伯克基人们离不开新闻，新闻是现代生活的必需品。城市中的每个人手里都拿着报纸，很多人早报晚报都会读。"² 当然，也有读者抱怨，尽管有两份（有时甚至是四份到七份）报纸可以选择，他们还是找不到能让自己感兴趣的新闻。无独有偶，也有人似乎对这种选择很是痴迷，来自堪萨斯城的柯蒂斯·C. 布朗就在自己的回信中说他偶尔会读一读《华尔街日报》和《邮报》，经常读的是《星星报》和《纽约时报》。20 世纪早期的报纸上刊登了越来越多新的栏目、广告和专题，读者可以轻而易举地找到自己喜欢看的内容。

尽管《科利尔周刊》举办的活动收到了一万余封回信，但大家的观点却基本一致。读者一方面相信报纸上刊登的新闻报道，一方面又坚持认为这些报道并没有对他们造成什么影响。他们既鄙视那些从旧金山和纽约报纸上传播到他们家乡的哗众取宠又耸人听闻的报道，又对这些报纸所作的调查表示赞赏。他们还清楚地发现从所选择的报纸中能看出他们是什么样的人。来自匹兹堡的爱德华·布罗德里克晚上一份《时代公报》，早上一份《纪事电讯报》，他说："因为在我们订阅的七份报纸当中，唯有这两份，有一种智者的味道。"³

报纸对读者来说，不仅是一种亲密的陪伴，也是他们的助手。

马乔利·范·霍恩是《纽约新闻报》的读者，她喜欢该报周日版上迷人的"布林克利女孩"——这些女孩子的图片成为 20 世纪一二十年代很多女性追求时尚的风向标。她曾在自己的文章中写道："奈尔·布林克利女士在报纸上投放的这些图片都经过了一番精心的制作，我还把很多漂亮的图片裱起来挂在我房间的墙壁上，它们看起来精美极了。还有费尔·法克斯小姐提出的建议也很中肯，有了这些建议和帮助，情侣们更是掌握了赢得爱情的法宝。"[4]

长时间待在办公室、家庭和社区的读者认为，报纸让他们与城市乃至全世界之间的联系变得更加广泛。范·霍恩小姐白天工作，晚上才有时间读报，她这样写道："如果不读晚报，我都不知道大城市里发生了什么。"[5]还有梅·V. 戈弗雷女士，她因身患肺结核，不得不待在家里，与外界隔绝。但她说，正是有了《纽约时报》才让她与世界有了更加紧密的联系。记者威尔·欧文认为，读者在阅读新闻时，就像是融入了全球信息网络，成为这个更庞大系统中的一部分，并能时刻保持鲜活的头脑。1911 年，在《科利尔周刊》的一篇关于报刊调查的文章中，他这样说道："我们需要报纸，我们渴望报纸，报纸作为现代世界的神经将人类大脑的思想和冲动传递到它身上的每一寸肌肤。"

《科利尔周刊》的编辑们认为，在 56 个城市里组织问卷调查是再正常不过的一件事，因为报纸构成了城市的基本架构。报刊办公室就坐落在城市中最繁忙的十字路口，他们每天都会外派几十名甚至上百名记者去捕捉城市的每一个动态。记者们"覆盖"了整座城市，他们制作的报纸也"覆盖"了整座城市。《科利尔周刊》上列出的问题认为所有报纸不管好坏都在影响着他们的城市。在最初的广告和后续提示中，《科利尔周刊》为了唤起报纸读者的公民责任感，做出如下解释："我们需要读者的来信，因为这些读者充满智慧，并且由衷地关心自己生活的城市，关心自己生活得是否幸福。"⁶各大报纸在世纪之交的美国得到了蓬勃的发展。1880 年到 1930 年期间，单份报纸的印刷数量达到历史新高。许多身处世纪之交的美国人每天看几份报纸，一些家庭每天早上都有两份相同的报纸，一份工作的时候看，一份留在家里看。数以百万计的女性也养成了读报的习惯，而工薪阶层的美国人，诸如女裁缝、作坊工人、钢铁工人等，在这样一个大众文化的时代，成为新闻报刊的忠实读者。马乔利·范·霍恩热情洋溢的来信最终赢得了《科利尔周刊》的比赛，部分原因是作为这样一个职业女性，她完美地代表了现代报刊的读者。

城市的发展激发了美国人对新闻的兴趣。1880 年至 1930 年间，美国许多城市的人口都增长了一倍，有的甚至增长了三倍，其中包括来自农场和小城镇的移民，以及来自国外的移民。这些移民撑起了制造业经济，并将这些城市发展为批发和零售商业中心。市民适应了出现在这个时代的诸如有轨电车、电灯、地铁和摩天大楼等一批城市新兴技术。随着城市生活变得更加丰富和多样化，城市中的媒体数量也日益增多。各大城市中都有十几家日报。像芝加哥和纽约这样有大量居民住在郊区的城市，报纸的印刷量比人口数量都多。

这本书讲述了 1880 年至 1930 年间报纸和城市的相关历史。它追踪记录了两个同时发生的过程：城市如何衍生出报纸，报纸又如何造就城市。报纸不仅记录了历史，也参与了历史，报纸不仅是信息的仓库，也是变革的工具。这本书的价值在于带领读者走入独家新闻的多彩世界，它在娱乐读者的同时，也让读者领略到如何应对这个充满未知和变化多端的世界。

报纸传播了当地的物流信息，让读者能够在城市或在以城市为中心的周边地区生活；为读者展示了阶层和群体、修养与成功的本地化定义；还将城市与地区之间的关系变得更加富有想象力，让读者可以想象自己的经历，想象未来的生活。它也成为读者与其都市邻里之间的纽带。

20世纪20年代，在整个发展进程的尾声，报纸开始脱离它们的城市背景。通过联合服务或连锁渠道发布的新闻文章和图片，报纸的编辑们一样能拼凑出令人满意的文章，且无须委托当地新闻机构。尽管报纸再也没有把报道的重点集中在自己所在的城市，但在它们的鼎盛发展时期，报纸作为城市中不可分割的一部分，已在历史中留下了持久的印记。各项公民运动、商业发展、快节奏的生活以及处在世纪之交的城市多样性，所有这些因素结合在一起，创造出贯穿整个20世纪的报纸模式，这种模式我们在今天的媒体中仍然可以看得到。

商业化的新媒体领域

1792年，美国国会议员认为报纸比地方机构更具有国家特色。在当年的《邮局法案》中，他们为报纸设定了相当低廉的邮政资费，这样一来，由于投递成本低廉，每个人都能订阅各地的报纸，即便是想看远在几百英里以外的报纸也不是问题。该法案还允许编辑们免费通过邮件交换报纸，鼓励人们不断分享和转载国家（而非本地）新闻。在美国建国早期，报纸上的社论和投给编辑的信件讨论更多的是国家政治，而非城市中发生的事，这种对国家政治事务的关注对当时作为农业大国的美国来说意义重大。然而，能够制定国家政策法规的人，是在这个公共领域备受欢迎的人，也就是那些有权投票并且有钱的白人。联邦党派、共和党派和民主党派的各大报纸都在为争取这些白人选民而展开激烈的竞争。

19 世纪，随着本土出生和移民到美国的人拥入城市，编辑们开始发现这些城市对于报纸来说既像利润丰厚的市场，也为新闻报道提供了丰富的素材，而读者也迫不及待地去购买那些可以为他们描绘和解读整座城市的报纸。在最大的城市里，这一现象很早就开始了。19 世纪 30 年代末，纽约的报纸开始报道城市犯罪问题，并利用这些文章来为当地读者和居民揭示那些不为常人所知的秘密世界，如色情场所、监狱牢房、政客们的内幕等。19 世纪下半叶，各家报刊逐渐开始举办多种公民对话活动，范围不仅包括国家民族问题，更涉及诸如街道照明、贫民窟、公共设施费用以及新城市建设等问题。这些城市问题影响了很多当地居民，不管这些居民是否具有选举权，报纸举办的这些对话活动都扩大了他们的阅读受众。到了 19 世纪的最后几十年，报纸已深深植根于城市之中。

出版商从不认为办报纸仅仅是发发善心，为公民做做慈善，盈利才是他们的最终目的。19 世纪的出版商从报纸的订阅价格、来自各方党派的资助以及刊登广告等方面拼凑出办报的预算和利润。19世纪初的报纸还担负着对土地、劳动力和航运服务等市场的协调作用。同时，它们还在小商品上做起了生意，但大多都是批发交易，如桶装糖浆或袋装的小麦等。报纸的分类功能在广泛的商业经济中发挥着节点的作用，广告中所刊登的任何商品或劳动力都有可能在附近的一座小镇、西部地区或加勒比海的岛屿上出现、发展或逐渐消失。

通过在城市中主办各类商业活动，报纸可以获取大量的广告收入。广告商也可从更加密集的经济活动中获益。店铺老板或制造商也不必向城外的商家销售桶装糖浆，而是可以直接将罐装糖浆单独零售给城市中的读者，并从中获取最大利润。一度促成商业交易的报纸成为新型消费经济的重要组成部分。

19世纪后期，消费者需要的商品和娱乐广告对出版商而言非常重要，因为这些决定了报纸能否盈利，为此出版商会重新考虑目标受众，重新设计文章，以便更好地满足广告商的诉求。广告商想要将自己的商品推销给所有的潜在买家，而不仅仅是19世纪那些数量众多并具有明确党派立场的白人男性读者。因此，出版商开始创作一些特色栏目，明确邀请女性、移民、青少年和儿童来阅读他们的报纸。他们新推出的"专题新闻"聚焦于时尚、烹饪、房地产或旅游等话题，并让创作室意识到广告的发行需要与报纸上的相关内容同步进行，为此出版商也扩大了广告销售。如果说中产阶级白人男性主导了报纸的编辑委员会和城市新闻编辑室，那么新兴工人阶层，如女性自由撰稿人和自学成才的移民插画家，则在日报上发出了更加多元化的声音。

如果读者能够理解，我们——处在世纪之交的编辑们，也许会忍不住将这种新型的以广告补贴为收入的商业模式看作一场不幸的交易。广告收入拉低了订阅价格，让更多人接触到了在很多人看来所谓真正重要的信息，即"硬"新闻和新闻专栏。但这一观点却忽略了一个事实，即许多读者喜欢新闻特写，甚至喜欢看广告，而不是那些普通的新闻。绝大多数的头版头条新闻，如外交关系、龙卷风、国家政治或骇人听闻的犯罪等新闻，都没有体现出读者的日常生活。相比之下，介绍女性话题的页面、周日杂志、分类广告，以及婚礼等信息，却能告诉读者如何过好生活，如何在城市中度过自己的一天。男人们早晨读着体育版面上的笑话，兴高采烈地开始他们的一天。孩子们到了周末，看着各种漫画，不知不觉中度过了自己的休闲时光。青少年们会向报刊的专栏作家咨询自己最为私密的问题。不同的新闻类别常常会让读者觉得这些与自己的生活息息相关，也让很多人感觉到新闻已经成为自己生活中必不可少的一部分。读者的反馈让报纸增加了新闻特写的数量。随着信件和读者咨询的大量拥入，编辑们开放出更多的新闻咨询专栏。看到读者争相去抢购那些附有精彩漫画的周日报刊，编辑们立刻发行出一整套独立的漫画特刊，有趣的漫画就这样诞生了。

读者对大量商业报纸的支持让我们对广告破坏公共对话的观念产生了质疑。19世纪的报纸在视觉设计上平淡无奇，内容也毫无乐趣可言，如果没有广告商对其施加压力，那么20世纪的报纸可能永远也无法摆脱19世纪的报刊模式。在广告的驱使之下报刊特写诞生了，这也让"新闻"一词的含义发生了改变，它不仅代表着国际事务或国家政治，还有最新的体育赛事，当代的时尚潮流以及广告本身。业内人士把这种新闻称为"休闲新闻"，但许多读者认为，新闻就是关于现代世界中不断变化的事件与形势的最新信息。所有这一切造就了新型的报刊模式，这种模式也延伸到一种更加商业化，更加丰富多彩，当然也更具包容性的全新公共领域。

见证世界格局的风云变幻

对于读者来说，日报就像地图，可以帮助他们穿梭于现代城市和世界中，可以指导许多人并告诉他们如何在城市中生活得更好。到了19世纪后期，大多数城市报刊开始服务于小众读者群体，而办报标准也具有相当的阶级性，城市中各阶层之间的界限也更加清晰。到了20世纪初，几乎所有的报刊都承受着来自广告商的压力，报纸的阶级化现象开始消失。新型报纸模式不再只是面向某个社会阶层或其一党派，而是用独具特色的专栏节目，如体育专栏、周日杂志以及最受读者欢迎的专栏去吸引读者的关注。编辑们按照城市居民的不同喜好将其分为不同的兴趣群体，目的是可以向特定群体推销特定的产品。而不同的读者群则根据不同的产品分类将自己界定为体育爱好者、自行车手、厨师和房产所有人等。出版商们逐渐淡化了报纸所体现出来的阶级性和党派关系，这也为20世纪头几年报纸的合并铺平了道路。报刊合并之后，读者发现报纸的内容发生了很大的变化，但如果对比两份报纸就会发现其实也没什么变化。

报纸在细节方面为人们的日常生活提供了帮助，同时也为人们勾勒出了一幅更大的图景，让读者感受到一种地域感，即读者所居住的群落。对于一个拥有 50 万或 100 万人口的城市来说，"群落"这个概念听起来可能有些奇怪，这个词似乎更适合城市当中的少数群体，诸如来自南方的移民、左邻右舍的意大利移民或者来自某家工厂的工人等。然而新闻特刊让读者可以通过报纸与邻居进行互动。他们会有意识地模仿邻居的谈话、在市场上讨价还价、漫无目的地在人行道上闲逛，甚至模仿他们在餐馆里偷听别人说话等。因此当一座城市发展得过于庞大而让人们无法深入理解的时候，报纸却通过这些娱乐活动，让读者能够读懂并融入这座新闻大都市。

报刊文章中经常勾勒的大都市，其生命力和独特之处源自其通晓不同语言的群体之间的相互作用，而这些报刊也一直在根据城市居民的地位和归属方面的差异将其划分为不同等级。许多不同种类的地方新闻虽然都营造出一种公民职责的氛围，并且建立了与城市之间的某种涉及慈善和政治活动的关系，但报纸发行的主要对象似乎仅仅是白人群体、中产阶级民众以及在编辑们看来占据了大部分比例的其他读者群体。

报纸帮助人们建立了联系，这种联系不是依靠面对面的交流，而是通过纸质的阅读来实现的。报纸提供的也并非一手而是二手的知识，这样就在新闻读者和新闻对象之间形成了某种片面和不平等的关系。这些听起来都不像是传统意义上"群落"的概念，但这正是问题的关键。报纸孕育出了一种新型的城市社区模式，在这种模式下，居民们不仅通过生活，更是通过阅读来了解城市并与之互动。

专题新闻很少正面报道政治问题，但新闻特刊却明确阐释了20世纪初期的政治格局。在当今世界，被种族和阶级冲突等问题折磨得支离破碎的城市能否继续生存下去？报纸对此给人们提供了答案。礼仪栏目教会读者掌握新的举止习惯，这些习惯标志着他们成为新的都市人，也有助于他们在拥挤的城市道路和人行道上行走时能够保持良好的秩序。报纸上的部分问卷调查形成了开放的公共论坛，通过这种方式让来自各地的移民和城市居民都能更好地了解这座城市。报纸上的文章也都不约而同地激发着城市居民的自豪感，让他们认识到"另一个自己会如何生活"，感受到与所有其他城市居民同呼吸、共命运的生活氛围。在这一点上，报纸对政治的崛起和推进功不可没。

20世纪初，城市报纸将其发行范围扩大到郊区、小城镇和偏远村庄。这让读者看到了一个更为庞大的报纸发行圈。当读者搬到城市周边居住时，报纸也尾随而至，向居民提供郊区送报服务和当地的新闻报道。再走得更远一点，报纸推销员们也能把城市报刊推广到小城镇和农村居民手中。日报发行的范围越来越大，它们激发起民众对城市商品的渴望，并将从前互相孤立的人群与大众文化联系起来。报纸将城市的消息传递到小城镇的同时，也把小地方的新闻传入大城市。报纸上的房地产信息促进了郊区不动产事业的发展，农业专栏和区域社团信息让城市读者领略到小城镇的风俗。都市报刊促进了员工、货物和信息的流通，也发挥着经济基础设施的作用，实现了区域经济的协调发展。

尽管报纸已经将其地方性报道范围扩展到郊区和其他地区，

但同时也放弃了其他类型的本地新闻报道。从世纪之交开始，美国最大的报业集团成立了联合报业集团，负责将新闻素材出售给数十家规模较小的报纸。20世纪最初的20年间，美国人在当地报纸上读到的大多数文章要么是在国家新闻市场上购买的，要么是通过连锁渠道发行所得。报纸从来没有放弃对本地新闻的报道，因为本地新闻体现了它们与某个地区的联系，以及它们的每日出版计划，这正是报纸与杂志的不同之处。但在新闻报道的内容，尤其是新闻特写方面，报道的重点从当地的具体新闻转向了对国家和通用新闻的报道。

联合报业集团的董事们并没有把他们的工作视作某种爱国行为，他们所追求的只是扩大市场，并将规模经济资本化。然而，由于受全国连锁发行的联合新闻模式的影响，各地的美国人都读着同样的新闻标题，买着同样的产品，做着同样的菜肴，还读着同样的笑话。住在城市中的人可能还没有意识到他们其实已经和其他城市的居民一起过着同一种生活，住在郊区和偏远地区的人也在不知不觉中跟城里人共享着同一种信息资源。

19世纪晚期到20世纪早期，报纸时常标榜自己会为每一个公民服务，甚至有些报刊自称"人民之声"。还有一些报刊把其社论版面打造成公共论坛，似乎任何一位读者都可以在这个平台上自由地向大众传播自己的观点。20世纪最初的20年间，所有读者都将报纸向大众传播的美国的形象看作自己的形象。但事实是报刊并不会为每一个读者服务，它们也不会对所有的读者表示出欢迎的态度。大多数报纸出版商只是满足了特定阶级的要求，迎合的是特定党派的利益，而忽视了那些他们漠不关心的穷人和少数读者受众。尽管许多报纸在 19 世纪 90 年代和 20 世纪初开始逐渐迎合移民读者，但还是把有关非裔美国人的报道放在了招聘广告栏中，并将其放在报纸的幽默版面上进行调侃甚至加以贬损。报纸社论中的每一个决定都反映出出版商对什么人属于什么公共领域以及应该在这一领域扮演何种角色的问题进行的假设。每份报刊也反映出报纸其实并不是为公民服务的工具，它们只是一种商业机构而已。专注于广告收入的编辑们，也没有将所有的美国读者看作他们理想的读者，更不会对所有美国人一视同仁。

由于都市日报未能覆盖并迎合所有人群，许多读者转而去阅读其他专门为他们量身定做的报刊。外文类报刊、非裔美国人报刊、宗教周刊、社区周刊和郊区新闻等都在世纪之交的大都市中蓬勃发展。在一些城市中，外文类报刊的发行量丝毫不逊于英文报刊，面向非裔美国人的周刊发行量通常也能覆盖好几个州。这些不同种类的报刊可以帮助我们更好地了解都市日报存在的价值、不足甚至缺陷。大城市中报刊的影响力如此之大，让不少黑人和外文报纸在满足其特定读者的优先需求和愿望的同时，也能与都市日报一样具有惊人的影响力。

本书主要对美国的费城、纽约、芝加哥和密尔沃基这四座城市进行了研究。每一章都集中探讨某一个特定的城市，研究城市与报纸之间的关系。第一章是唯一一章从全国范围内展开的研究，考察了 19 世纪晚期新闻行业的关键性变化，这些变化让报纸在城市生活中占据了更加显著的地位。第二章研究了费城的城市报刊在向男人和女人、工人阶级和中产阶级传授不同城市生活方式方面起到的作用。第三章聚焦纽约市，通过一些富有"人情味"的小故事、城市游记、再版重印的教会布道手册以及写给编者的信等，研究了出现在新闻特写中的出版群体。第四章以芝加哥为例，向读者展示了报纸如何推动了郊区和区域经济的增长，以及在发生这一过程的同时如何让那些偏远地区与城镇之间保持联系。第五章通过聚焦密尔沃基这座小城市，揭示了报业集团和连锁机构如何创造并传播了民族文化。后记部分聚焦新闻产业，收购和合并产生了庞大的报业规模，这些报纸继承了前几十年的创新成果，并将其提炼成真正具有大众吸引力的产业模式，因此而产生的企业报刊模式和稳固的全国性报纸行业将维持数十年之久。

一个城市的报刊发展史不能和这个城市的历史与经济的发展分开。报纸在不断地促进城市的变化，城市的变化也在不断推进报纸的改革。如美国东北部和中西部地区的城市扩张和工业化的时间大致相同。南部和西部的城市发展与东北部和中西部地区的城市发展有所不同：南方城市吸引的来自欧洲和亚洲的移民较少，而大多数西部城市并没有发展密集的城市核心。这些差异使得一些东部地区报纸的发展似乎与其他地区毫无关联，但南方和西方的报刊编辑们仍然从他们的东部同行那里借鉴了很多。

世纪之交的报纸混乱无序，杂乱无章，并且内容相互矛盾。因为编辑们想要编辑出能满足所有人需求的文章，一份简单的报纸既可能包含如何勤俭持家的文章，也可能包含奢侈品的广告；既有可怕的谋杀环节，也有暖心的英雄故事；既有某个充满文化好奇心的外来移民社区，也有在幽默专栏中透漏出的种族成见。用广告撑起来的"特色"新闻去补贴"硬"新闻，这两种类型的素材可能完全风马牛不相及，但这种既矛盾又互补的新闻手段却显得相当重要。

1880 年到 1930 年，美国人见证了世界格局的风云变幻，他们通过读报持续关注和理解发生在他们身边的各种变化。通过读报，他们了解到拥入美国城市的移民大军逐渐适应美国的生活方式并且正在改变整个美国；通过读报，他们了解到一种新的进步政治，试图控制资本主义的过度行为，同时正在管控移民政治和文化所带来的影响；通过报纸他们还知道了到 1920 年，美国大部分人口已经从农村地区迁移到了城市。他们还在报纸上读到美国踏入世界舞台之后的第一件事就是充当古巴和菲律宾的帝国主义前哨，后来又在第一次世界大战中横加干涉。

但是，报纸并不仅限于在文中告诉美国人这些变化，它们更是参与其中，并想方设法让它们的读者也加入进来。如果人们日复一日习惯性地阅读报纸上各种各样的文章，那么几十年后，各个城市、地区乃至国家都会发生变化。

■ 第一章 公共对话与商业运作的完美结合

　　1901 年，英国最有名的新闻工作者之一威廉·托马斯·斯特德宣称："很显然，在报业领域的表现美国要比它同时代的英国同行更出色。"他解释道，"创业初期，不论在新闻、广告，还是在纸张和印刷品方面，美国都拥有更多资源，因此美国人成了世界上最忙碌的人，忙到比其他任何人都缺乏时间认认真真看本书。然而就算是忙到这种程度，他们也愿意把有限的时间花在每天早晚多订份报纸上，而不愿花时间去读圣经。到了周日，如果发现自家门口少了一份卷得像家庭圣经似的报纸，还会有种被欺骗的感觉。"[7]新闻数量急剧增加，相应的新闻机构也应运而生。斯特德对此进行了分析并对美国新闻的大标题方案大加赞赏，用他自己的话说，就是所谓的"重磅标题"，大标题可以提高阅读效率，让读者在短短几秒钟的时间内快速搜集信息并选择自己感兴趣的文章通篇浏览。他还说，标题还能让新闻内容"更具诱惑力"。"报纸上的新闻标题就像店主在商店橱窗的位置摆放商品，"他在书中这样写道，"做好新闻，不但要讲究如何写好文章，更要在如何利用恰当的标题凸显内容方面狠下功夫。对于一则新闻来说，其核心价值不在于这篇文章是谁写的，而在于如何让该文章变得更加吸引人。"[8]

斯特德认为，在世纪之交，一种新型新闻报刊经营模式在美国各个城市蓬勃发展。印刷速度加快，让批量印刷圣经读本成为现实，由于广告收入的缘故，这些圣经读本的价格也很实惠。对出版商而言，出售报刊不花一分钱，还能收获丰厚的利润，这还是头一回。在这种经营模式下，城市日报等报刊的价格随之下降，同时印刷量得以增加，发行量也不断扩大，报刊行业影响力也随之渗透到美国千千万万读者的生活之中。可以说，这是美国报刊行业转向大众传媒的过程。

为了满足民众对报刊的大量需求，出版商们实施了一系列举措，如扩大公司规模，建造新厂房，大量招募新员工以及购买大型印刷器械等。报纸，作为机构，同时也是商品，已经成为现代社会的标志，其盈利性、高效性以及庞大的规模得到了大众的关注和追捧。随着报刊行业的发展，报纸所提供的信息已经超出了人们的实际需求，也让"世界上最忙碌的人"忙得更是不可开交。城市中的信息越发泛滥，报纸上充斥着各种爆炸性新闻和引人注目的图片，大街上到处都能听到报童吵嚷的叫卖声，还要随时准备面对报刊记者刁钻强硬的采访。

斯特德选择了一个恰当的词语"商店橱窗"来比喻报纸，因为当时的报纸确实比以往任何时候都更加商业化。报纸上的文章本身就是可以消费的商品，每一篇都在竞相争抢读者的关注，激发读者的阅读欲望。当编辑们费尽心思拉拢当地商家并精心制作广告的时候，其实也是在利用广告将读者的注意力吸引到与消费者有关的话题上，这时的报纸就更像橱窗商品了。到了世纪之交，出版商们甚至会把自己的读者受众当作商品加以出售。他们会吹嘘自己读者的数量、财富以及读者的消费习惯等，然后将读者的需求一并出售给广告商。

对世纪之交兴起的新报刊，有人赞扬，也有人批评，但这种新型报刊取得的成功毋庸置疑。快捷、暴利、高效以及内容丰富的报纸已经成为美国城市步入新时代的标杆。这个行业还将公共对话与商业运作完美地结合在一起，完美到甚至连读者都无法将两者截然分开。

工业变革引发的传播效应

早在 1880 年，买一份日报要花两美分，而且只有四页纸，里面塞满了各种信息。当时打印题目用的都是小号字体，内容用的字号更小，分类广告的字体最小，很多时候索性直接省去小标题，腾出最宽的版面留给"最新消息"或者"本地消息"等大标题。只要一有空间，不论在哪个角落，都会往里加内容，如一则奇闻轶事，一组数据或是一则广告等。

当时的报纸是 19 世纪技术的产物。曾经用于报纸印刷的粗糙纸张，后来衍生出既结实又能持久保存的新型报刊用纸，虽然价格相对昂贵，但长期以来一直供不应求。纸张造价不菲，还有印刷在纸上的信息也不是免费的，这笔账是否划算，是编辑们需要不断去权衡的问题。由于印刷过程复杂又费力，出版商们必须设法保持纸张的尺寸不大不小刚刚好。来自《纽约论坛报》的编辑怀特劳·里德解释说："一份日报能有多少发行量，完全取决于这份报纸能吸引多少华盛顿的记者。"可是当时即便是一份成功的报纸，大概也只有四百份的发行量。

19世纪的出版商依靠广告和读者的订阅来获取收入，因此认为广告印刷也是他们工作的一部分。事实也确实如此，几十个不同城市的报纸都以"商业广告"的名字命名，整个头版都塞满了广告。这样一来，广告的名声就大打折扣了。日常生活中，人们一般会从自己认识的人那里买东西或寻求服务，因此面对报纸上的那些广告，读者会非常谨慎。他们会问，为什么要买来路不明的东西？为什么要让一个陌生人告诉自己该买什么东西？广告商们无论是吹捧"健康补品"的好处，还是挖空心思想要出售一块干旱的农田，读者们往往都会有所保留。因此，大多数城市日报都对要刊登出来的广告提出诸多意见——要求使用非常小的字体，要求将广告的宽度保持在一个单栏的宽度范围内，只允许使用微小符号来展示其商品或服务。这种程式化的要求把每一则广告在昂贵的新闻页面中所占据的空间压缩到最小，并能防止广告的篇幅盖过新闻。最重要的是，当把一则广告放在打印框中时，栏与栏之间的竖线可以将这些字符集中在一起从而节省空间。如果中间没有这些分栏标记，字母就会散掉。

在这种传统模式下产生的报纸对现代人来说几乎是不可理解的。因为这些报纸上没有图片，没有大标题，只有单调乏味的文字。然而，对于19世纪的读者来说，报纸的样子并不重要。如果每个人手头都有一份报纸，并且有一小时的空闲时间，他们就会把这份报纸从头读到尾。在海量的文字中，他们会看到很多相互关联、有趣又引人入胜的新闻；会嘲笑那些挑剔的读者写信刁难编辑；也会注意到某个被送进医院的邻居；还会特别留意从父母的家乡传来的任何消息。他们或许一开始对某些问题的看法会与一些编辑的意见相左，但很有可能会随着阅读的深入而逐渐赞同对方的观点，因为他们很清楚哪类报刊支持民主党，哪些报刊支持共和党，所以作为读者，他们会选择支持那些他们乐于接受的观点。

也有读者会在下班后拿起一份报纸坐在酒馆里品读。他们会从头到尾通读一遍，然后坐在酒吧里跟熟人讨论铁路车票涨价的问题；还有一些人边工作边读报；也有嘴里叼着雪茄的男人或是女裁缝轮流大声地朗读报纸，或让那些口齿伶俐的人读给他们听。也有读者会暂时停下手头的工作，仔细浏览对某个贪婪房东的审判记录，有感而发地诉说自己类似的遭遇；有的读者要么是对一则有趣的个人广告饶有兴致地反复研究，要么会因为支持或反对移民限制政策而滔滔不绝地发表自己的言论。普通家庭也会以这种方式谈论新闻，晚餐后家人们围坐在一起，听父亲或女儿们大声地读报，然后每一位家庭成员可以随时表达自己的看法，就连抽烟、缝补衣服或者刷碗的时候也能随意插上几句。

当廉价的新闻用纸取代了四页、八页印刷用纸的模式时，上述这种新闻阅读的模式也随之消失。制造商们逐渐完善了一种新的造纸工艺，即用木浆来取代破布作为印刷用纸的原料，而报纸行业也对这一新工艺产生了浓厚的兴趣。19 世纪 90 年代，随着日报的分量变得越来越重，新闻纸张的年人均消费从 6 镑增加到

16镑。[9]大量新闻用纸的供应也为出版商提供了更多选择去进行纸张印刷试验。他们可以在印刷中采用大字号的艺术字体，打印大幅插图，但仍然收取与老式的四页纸相同的费用。

有了廉价的印刷用纸，编辑们就能印刷大型纸张；有了快速的印刷设备，他们就能大批量生产这些大型报纸来满足需求。19世纪40年代，理查德·霍介绍了他的轮转印刷机，这种印刷机通过旋转印刷出大量无缝纸张。在接下来的几十年里，又出现了几项发明，这些发明加快了印刷业的发展。印刷工人学会了铸造模具，这种模具叫作原型板，即先手工铸字，然后再将模具安装到轮转印刷机上。墨根瑟勒公司又进一步完善了整行铸排机，这让工人可以在报纸上进行打印排版，而不再使用手工进行排版。1895年前后开发出来的自动铸字机，还能在规定时间内为霍式轮转印刷机准备好图像。轮转印刷机变得越来越大，但这些机器的规模和工作速度也大得惊人，所以许多报社都配备了这种庞大的双层印刷机。1905年，《纽约世界报》出版社能在一小时内印刷72万份八页大的报纸。虽然当时只有规模最大、财力最雄厚的报社才买得起这些巨型印刷机，但一旦出版商们安上了这些机器，他们往往就会开始萌生更大的欲望——想要吸引更多的读者，因为拥有一个配备精良的印刷室可以满足任何广告和人员流动的需求。

另外，霍式印刷机操作简单、容易折叠、各独立部分易于重新组装，有利于出版商腾出双手生产出规模庞大、功能多样的报纸。

报纸出版商和读者都将这种新型印刷技术看作现代社会的奇

迹。1893 年，《纽约先驱报》在第 34 街报社的新闻大厦较低层的位置建造了一个玻璃幕墙，行人透过玻璃就能看到印刷机的现场工作。当时《密尔沃基新闻报》刚订购了 8 台整行铸字机，好奇的访客们排成一队在排版工作室里逗留两个半小时，就是为了看看这些机器是如何工作的。学校的孩子也开始组织实地考察的活动。1898 年，当纽约世界报制作出第一份彩色增刊时，也正好向世界展示了他们的彩色印刷机。一幅插图显示出访客正在观察印刷机的工作；随附的文字详细地描述了机器的部件和各项功能。当读者访问一家出版社或看到一台整行铸字机时，他们不仅表现出对成品报纸的兴趣，也对制作新闻的过程很感兴趣，他们想要了解制作日报的惊人技术。这些似乎都预示着一个讲究机械化精确程度和高速运转的新时代已经来临。

出版商们凭借广告带来的收入，连同廉价纸张和快节奏的印刷技术，大幅度地增加了报纸的发行量。过去编辑们因为广告的污名几乎不怎么关注广告，或者只留给广告最狭小的空间，现在则有了新的改变。到了世纪之交，广告已经为自己洗刷了不少坏名声。

1880 年，美国公司在广告上投入 3000 万美元。到 1910 年，这个数字增长了 20 倍，达到 6 亿美元，占国民收入的 4%。[10] 新发行的贸易杂志，如《印刷油墨》和《广告世界》，专为销售人员提供这方面的咨询服务。大城市里出现了广告公司，这些公司会首先建议客户在什么地方放置广告，之后帮助他们制订有效的广告设计方案。一位业内专家建议："要在广告中填满各种各样的奇言妙语，这样读者哪怕瞟上一眼也能被吸引过来。"[11] 也只有这样，读者才会注意到一些东西，在这之前，他们可能还不知道自己需要的是什么。

尽管有人曾经尝试过，但广告商们这种用图片和华丽的文字去吸引读者注意力的新技巧不适合用在旧报纸上。渐渐地，编辑们认可了广告商们更多的需求，允许他们在半页或整页版面上刊登广告。

新闻出版商如果想要获取广告经验，通常要通过观察同行及其竞争对手来达成。19世纪80年代末和90年代早期，一些企业家针对庞大且不断壮大的中产阶级创办了不少杂志，如《大都市》《芒西》《麦克卢尔》和《家庭女性》等，这些杂志刊登的大都是高雅文学作品，另外也会刊登充满奇闻逸事的旅行故事和浪漫小说等专题，除此之外就是广告了。事实上，杂志上的广告非但不会让人分心，反而会增加利润，吸引读者。杂志编辑并没有把广告局限在一个孤立的空间，而是围绕一个完整的主题传播广告。他们在头版为广告商提供了最佳空间，或者给他们留出整个封底，当然也要相应地向他们收取更昂贵的价格。杂志还通过精简广告字体或增加插图来帮助商家做广告。[12]杂志上的广告制作得如此精良和富有想象力，难怪有很多读者在扔掉杂志前会撕掉他们最喜欢的广告插页。有一位作家曾经打趣说，夹在广告中间的文章反而变成了可有可无的"空间填充物"。[13]

由于广告的高度可见性，这些新闻出版商采用杂志发行策略的同时，也收取了更多的广告版面费，并将广告打造成报纸价值的一部分，这样一来，报纸的外观和功能也在慢慢发生改变。到1900年，报纸上的广告已经发展到占据一半以上报纸版面的程度。

广告也改变了报纸的运营预算。1879 年的广告收入占全年期刊总收入的 44%；到了 1909 年，这一数字已达到 60%。

依靠大量的广告资金，报纸出版商也获取到更多新的机遇。广告的收入要为更大的报纸发行量、更大规模的印刷设备和技术、更加熟练的员工买单。借助广告收入，报纸从原来的销售一种产品发展到销售两种产品。出版商在把报纸卖给读者的同时，还将读者的注意力和喜好卖给了广告商。这样一来广告商当然希望会有尽可能多的读者关注和喜欢他们的广告。

大众角色的颠覆

19 世纪，很多报纸的编辑从城市阅读群体中挖掘出了小众的读者群体，竭力去满足那些忠实读者的需求。但到了世纪之交，这种服务小众的策略行不通了。许多编辑由于费用问题或来自竞争的压力，被迫去招揽新的读者来取悦广告商。纽约市残酷的新闻行业催生了一些当时最具创意的销售策略，但在旧金山、圣路易斯、芝加哥和许多小城市的编辑也在尝试着拼命向读者推销自己。他们雇用了更大的记者团来为自己搜集更全面、更及时的新闻。他们用丑闻和噱头吸引读者，并承诺读者将在下一期杂志或报刊上读到更好的内容。编辑们还找回了他们之前曾经忽略的部分城市读者群体，并专门为他们开辟新的内容。这些新举措把阅读报纸变成了所有人的日常习惯，并且第一次真正形成了大众读者群。

报纸出版商开始像广告商那样思考问题，并且制订出计划，让他们的产品进入公众视野。1895 年，威廉·伦道夫·赫斯特买下《纽约新闻报》时，称该报为"物有所值的现代报刊"。随后《纽约时报》在 1896 年被称为"最适合印刷的新闻报"，《芝加哥论坛报》也首次自称是"人民的报纸"，接着在头版位置给自己冠名为"世界上最伟大的报纸"。出版商还会采用独特的字体和报头样式，这样他们的报纸就会看上去与众不同。[14]

同时，几乎每一家主要的日报社都会聘请一位经理负责报纸的发行，也为宣传制定预算。[15] 接下来出版商们要做的就是在城市中所有能看得到的地方贴满广告，给不同地点的报纸供应商分发彩色海报，让他们挂起来或者贴在有轨电车的车身上。《纽约世界报》就曾在第五大道和第 25 街的两栋五层高的楼房顶部建造了 60 英尺高的电子海报，向人们宣告其每周的发行量超过 500 万份。另外，出版商毫不在意这样到处粘贴广告会侵犯竞争对手的领地，因为他们会利用彼此的版面互登广告。每当报纸要推出专题栏目时，他们就会通过预告、广告和海报来激发读者的兴趣。例如，《纽约新闻报》就把自己即将发行的周日连环漫画的图片贴在了建筑脚手架上。

所有这些报纸上的广告都为人们营造出一种新的城市景观，走在城市中，你看到的每一个平面广告都在传递信息，每一幅图像都在召唤路人，吸引他们的注意。城市报亭更是印刷品的狂欢之地；一堆堆报纸上，巨大的标题仿佛在卖劲吆喝，6 英尺长的海报也在大肆宣传这一天的专题特色。

报纸所采用的面对面销售策略也让城市变得更加纷繁复杂，富有刺激性。发行部经理会派发销售人员进行挨家挨户的游说，并为每个家庭提供每周 12 美分的订阅服务。销售人员工作时还要带着手稿，上面列有几十个卖点，通过自己滔滔不绝的游说，说服客户接受订阅。城市里各个角落中数以百计的报童，就像海报和闪烁的广告标志一样，也给都市生活平添了诸多刺激。1885年，来自新奥尔良的一位作家这样描述城市报童：这些孩子的叫声"就像汽笛一样，刺激着人们紧张的神经"。[16]男孩们大声叫喊着报纸上的头条标题，就像在做即兴广告：火灾、战争和谋杀，这些被报童们吆喝出来的刺耳声络绎不绝，充斥着大街小巷。这些销售方法成功地增加了报纸的读者数量，同时也衍生出一个不仅对竞争对手而言，对消费者来说也很严酷的新市场。《纽约世界报》的商务部经理唐·塞茨这样说道："读者不会去找报纸，报纸要做的是抓住任何可能的读者。"[17]

只要报纸上的文章能够满足读者的需求，它所开展的宣传活动就能吸引到稳定的读者群体。因此，出版商会竭尽所能地制作出比竞争对手更多、更好的新闻。出版商们，尤其是那些质量上乘的报纸出版商，会从竞争对手那里聘来最好的记者，并把这些记者驻扎在城市中的每一个角落。1907 年，一名来自纽约的记者列出了 11 个被报纸记者"长期关注"的地方，14 个他们"仔细关注但不是长期观察"的地方，还有几十个记者每天至少观察一次的地点。特约记者更是会密切关注每一处场所的动向，从城市中的慈善机构到商会，从港口到工会，无一不在他们的掌控之中。1911 年，一位名叫威尔·欧文的记者这样说道："现在的城市已被机器所笼罩，而这台机器就像一部轮转印刷机一样精细而复杂。"[8]

　　编辑们也会经常对他们的竞争者们进行"独家报道"。《纽约太阳报》的编辑查尔斯·戴纳发现，一场火灾的消息可以增加10000名读者，一场体育赛事的比赛结果能增加25000名读者，而一场总统选举的新闻则能增加82000名读者。任何一篇对这些事件的独家报道都会带来丰厚的利润。少数记者还能享受到足够的自由并从编辑那里得到资助，这样他们可以随时随地获取最新鲜、最有价值的新闻素材。有的编辑还会雇佣那些能为他们提供目击线索的人，如果他们保证不把消息泄露出去，还能拿到高达5倍的报酬。这样不少人慢慢地养成了一种习惯，只要他们目睹了一场事故或犯罪，就会第一时间赶往报社。与此同时，印刷商还开发了一种名为"软糖"的装置，即使在机器运行滚动的过程中，也能随时插入突发新闻。一个名叫约翰·吉文的记者曾经预测："如果纽约市政大厅塌了，《纽约新闻报》和《纽约世界报》的晚间版极有可能在四分钟以内印出'号外'消息发到大街上。"[19]下午写稿的编辑们由于没有时间把当天的新闻写出来，所以他们时常会准备两篇不同的文章——为参加比赛的两支队伍同时准备"耶鲁赢"和"哈佛赢"两篇，得知结果后再立刻将正确的那一篇文章插入报纸。

　　如果广泛的宣传和丰富的新闻报道没有吸引到读者，那么举办竞赛和其他短期的诱惑手段则是吸引读者的诀窍。许多商界人士认为所谓的强制发行是一种廉价策略，不值得提倡，但出版商们并没有因此而收手。如《巴尔的摩太阳报》要求读者投票选出当地最勇敢的消防员，《费城条目报》晚间版要求读者选出他们最喜爱的电车售票员，有了这些"强制"性要求，读者就会购买一份报纸以获取选票，如果想要知道结果就得继续购买。编辑们也会在报纸或杂志中插入一些特殊的插页或卡片什么的，从交易卡到艺术类彩页，或者活页乐谱等，种类繁多。报纸还会通过发行一些容易使人上瘾的专题报道来"强制"人们购买报刊。例如《纽约太阳报》派了一名记者在世界各地开始疯狂旅行，读者开始一期接着一期地竞相购买杂志，就是想知道这位记者能否在80天内完成她的旅程。记者们还能把新闻报道改编成曲折婉转的连载故事，读者要了解后续剧情就得买报。

想要扩大读者群，最有效的方法是找到并锁定那些尚未购买报纸的人群，对这一群体制定营销策略，制作出能够吸引他们的专属内容，一旦成功，出版商可以增加成千上万的销售额。出版商们百折不挠地追寻和招揽读者，到20世纪早期，他们早已把读报看报的习惯传播到了城市中的各个角落。

1880年，能真正吸引到女性读者的报纸并不多。许多女性也确实读到一些普通新闻，并且在日常生活中参考报纸上的内容。她们从报纸上了解当地的婚姻、人口出生和死亡情况，也会去浏览那些职位招聘的专栏，如招聘女服务员或洗衣女工等，有些女性也会去关注船只返航的通知，盼望着丈夫的归来。然而，许多上流社会的家庭认为报纸上的暴力、犯罪和政治内容不适合女性读者。

19世纪90年代"新女性"开始崛起，她们有足够的能力处理那些令人困扰的新闻报道，越来越多的女性读者开始阅读时事新闻，这些都被出版商们看在眼里。来自广告商的压力和杂志的竞争迫使报纸的编辑们投入更多精力去招揽女性读者。广告专业人士在新闻行业杂志上撰文指出，由于女性花的是家里的钱，因此更有可能成为购买广告商品的顾客。月刊杂志表明，关注女性所关注的焦点就意味着有利可图。例如，《家庭女性》杂志在全国范围内积累了大量的读者，自然需要广告商提供更多的广告。到 1903 年，该杂志每年的广告收入已达到 100 万美元。[20]

报纸编辑在关注女性读者的同时，对整份报纸也做了相应的改变。1905 年，《纽约商业广告》杂志的发行部经理解释道："报纸上每个女人的故事都是'虚构的'，这在很大程度上已经变成了'案例中的女人'问题。"一些以女性为中心的故事，如离婚事件、珠宝失窃案、遗产欺诈或是因嫉妒而导致的谋杀案件等都能让读者兴奋不已。因为不论男女，他们都对这些故事表现出浓厚的兴趣，整个读者群体的数量也有大幅提高，类似这样的丑闻也成为常规头版的内容。没有那么多曲折故事的报纸则委托有关的食品加工厂和专利药品公司向报社提供相关咨询，因为编辑们知道家庭健康和饮食方面的主题最贴近女人的心思。在仅次于头版内容的版面，编辑们还会放入大量介绍城市艺术展览、戏剧演出和音乐演唱会的报道，同时也会详细地介绍一些婚礼、茶道服务以及慈善舞会等，他们还邀请纽约和华盛顿的记者们对社会艺术活动和政治问题等发表评论。

19 世纪 80 年代，编辑们创造出了第一个女性版块。1895 年，不论是《辛辛那提论坛报》，还是《波士顿环球报》，大部分都市日报都开创了女性专栏；到 1905 年左右，这些专栏已经以多页插图的形式贯穿于报纸之中。这些特别的专栏就是为了吸引女性的注意，同时也向女性读者传达了这样的信息，即编辑室对她们尤为关注。在 19 世纪 90 年代，一些城市的报纸上刊登了一些特别的海报宣传活动，来吸引女性读者浏览这些海报，并协助她们养成更加广泛的读报习惯。在全彩艺术新版画中，报纸上展现出年轻女性在购物、携物出行和阅读报纸时的迷人风采。

与此同时，为了寻找更多读者，日报出版商也把目光投向了工人阶级。从 19 世纪 30 年代起，读报一直是工人阶级的习惯，只有规模最大的城市在印制报刊时才会考虑工人阶级的阅读口味和预算。[21] 到了 19 世纪晚期，情况发生了变化。例如在克利夫兰、辛辛那提、圣路易斯和堪萨斯城等城市，E.W. 斯克里普斯正在逐步扩大他既廉价周期又短的连锁报业，这些报纸面向的都是上述城市中的工薪阶层读者。斯克里普斯和他的同龄人都清楚，一份报刊要想在工人阶级中赢得成功，出版的时间就必须放在下午。因为工人们在早上七八点钟的时候开始轮班，要么步行去上班，要么乘坐高峰时段拥挤的有轨电车上班，早餐时根本没有时间读报，然而大多数人会在回家的路上买上一份报纸。一些晨报的编辑们为了利用这个市场，开始另外制作报刊的下午版本，与此同时许多其他的出版商也开始发行独立的下午版。1880 年到 1910 年间，午后版的报纸占美国日报增长总量的 79%。

在世纪之交，争取工薪阶层的读者其实就是争取移民读者。1881 年到 1890 年间，美国接纳的移民数量超过 500 万人；1901 年到 1910 年之间，这一数字达到 870 万，1910 年的人口普查显示，有 15% 的美国人出生在美国之外的国家。移民大潮改变了报纸潜在的读者结构，南欧和东欧的移民正在取代爱尔兰和英国的移民。但是部分新进移民并不会讲英语，所以许多人读的都是用自己母语发行的报纸，如《纽约犹太前进日报》《芝加哥斯堪的纳文报》和《密尔沃基日耳曼尼亚报》等。

一些富有创造力的编辑量身定做报刊内容，以吸引不同阅读能力的移民读者和土生土长的工人读者。约瑟夫·普利策之前在《圣路易斯邮报》做主编，后来又到《纽约世界报》做主编，他自己就是一名匈牙利移民，他根据自己的经历对上述两种报刊的内容进行了调整。他会用很大的字体打印标题，并在新闻导语下用简单的语言添加几个小标题，这能让读者在阅读正文之前就掌握故事的基本要点。斯克里普斯连锁公司也把重点放到简单的新闻词汇上。斯克里普斯下属一家报纸的一位编辑说，他使用简单的词汇"不仅是为了节省空间，也是为了让普通百姓理解起来更容易，尤其是那些十二三岁就辍学的普通人"。如在选词方面，能用"下午"就不用"午后"，能用"帮助"就不用"援助"。普通人读到这样的文字，至少不会望而生畏，而这种语言对那些初学英语的人同样会有帮助。

一心想要吸引移民读者的编辑们开始顺理成章地采取下一步行动，那就是在整份报纸上都加上插图。普利策经常要留出头版四分之一的空间放图片，并且一定要把图片放在整个版面的上半部分，这样即使把报纸折起来，报亭里的顾客也能看得到这些图片。他还在所有版面上都插入一些小一点的图片，其中一些图片还全面展现出一篇新闻报道中的动作场景。这种策略不仅帮助读者了解到一个故事的关键内容，也可以作为英语练习，让读者能根据图片加深他们对文章的理解。普利策的报纸成功地吸引到了移民读者。除此之外，他在讽刺类漫画、城市场景、名人介绍、

猜字谜、游戏和广告方面做得同样有声有色，甚至那些以英语为
母语的读者浏览图片的时间都比阅读文章的时间多。

从 1884 年开始，《纽约世界报》和《纽约每日新闻》的艺术
家们尝试将他们的图画分割成几个相关的部分，描绘出一组瞬间
时刻。[22] 普利策把这些图片从文章中分离出来，并于 1889 年推出
了第一个漫画版块。普利策的早期漫画之一——《霍根的小巷》
就是滑稽的《黄孩子》和他在纽约公寓冒险故事的后续内容。这
一版块大受欢迎之后，《纽约世界报》的竞争对手、出版商威廉·兰
道夫·赫斯特从《世界》杂志聘来了《黄孩子》的创始人。最终，
两份报纸都在发行《黄孩子》，只是由不同的艺术家绘制完成。
很多读者为了看《霍根的小巷》而去购买报纸，人们还戏谑地称
其为"赫斯特 - 普利策风格"的"黄色新闻"。一位普利策的员
工声称，仅漫画版块就把《纽约世界报》的发行量从 25 万份提
高到了 50 万份。[23]

漫画深受各式各样读者的喜爱，但同时也激起了读者的愤怒
和反感。1906 年的《大西洋月刊》上有一篇文章将漫画描述为"为
极度沉闷的人准备的幽默"，上面充斥着"大喊大叫的暴徒，傻
瓜们愚蠢的笑声以及各种爆炸的声响"[24]。当时还有许多连载漫
画选择移民作为他们的主题，如爱尔兰的黄孩子，德国捣蛋鬼和
犹太代理人艾比等。漫画中时而充满嘲弄，时而透漏出残酷的讽
刺，但他们始终把移民的幽默感看作办报的核心内容。不管读者
认为漫画滑稽可笑还是唐突无礼，漫画似乎预示着新娱乐时代的
到来。这些漫画语言松散，融合了民族方言和动作性词汇，展现
出城市社区中混杂多样、俚语丰富的词汇特点。漫画艺术以其丰

富多样的创作手法，对读者的时间观念和洞察力打趣说笑，同时利用打斗场面和淫秽的笑话去迎合低级趣味的幽默。难怪那么多城市读者对漫画如此着迷，着迷到根本无法把视线从漫画上移开。

发行量大的报纸发现了一种有利可图的新型商业模式：用广泛的新闻报道和专题特色吸引成千上万的读者，成千上万的读者则会吸引更多的广告商；可观的广告收入可以让出版商以低于生产成本的价格出售报纸，而低廉的价格又进一步扩大了读者群的数量。然而，原本可以让整个新闻行业风生水起的广告合同并没有像预期的那样蜂拥而至，因为在商人眼里，读者的阅读范围不一定很大，或许只集中在几十页的版面上，而且他们也不一定能注意到每一个广告。商人们甚至怀疑他们的广告很可能如石沉大海一般，消失在各种纷繁复杂的插图和文字中。因此，尽管报纸出版商已经竭尽全力增加发行量，但最终他们依然无法仅靠发行量来留住足够多的广告客户。

到了20世纪初，出版商们为了帮助广告商销售产品，重新编排了报纸上的内容，他们增加了一些版块，发布新的下午版和周日版。也许对广告商来说最重要的让步是创办独立的专题特刊。为了促进发行量，编辑们在女性专栏发布各种广告，1900年左右，大多数编辑把他们的女性版块变成了购物论坛。他们开辟专栏谈论美容、时尚或烹饪话题，然后在这些话题周围安插专门针对女性消费者的各种广告。体育版面虽然最初并不是用来卖东西的，但也逐渐成为男性读者的购物专栏，例如一篇介绍拳击的文章周围都是些剃须膏和烟草的广告。为了满足广告商的需求，编辑们也开创了其他版块，如汽车、自行车、房地产、旅游和园艺等。

报纸鼓励读者去考虑美容、商业投资和度假等问题，却很少敦促读者去反思自己的内心世界或如何改善自己的工作条件。报纸通过编辑信息并以消费者为导向将信息进行简单分类的操作，正在把个别消费者的消费习惯强加到阅读新闻的美国民众身上，把这些读者变成了消费者。

出版商在报纸上满足了广告商的需求，但同时也在积极招募新的广告商。这些出版商不仅开辟出一种公开的商业媒体形式，还将社区交易搬到了报纸的页面上，将个人和企业吸引到了城市化的印刷经济之中。让出版商最感兴趣的大概就是招揽和制作分类广告了。与其他广告不同的是，分类广告有助于读者之间的对话，而一个大的分类广告版块可以确保一个稳定的读者群。《芝加哥论坛报》曾派出一队人马到社区里说服新的读者接受分类广告。其他报纸在他们的页面上放置了广告诱饵，这样可以让他们的广告看起来很受欢迎。还有的报纸对读者进行了细致的培训，告诉他们如何以及为什么要使用分类广告，并鼓励他们通过报纸去找工作、报名钢琴课或寻找二手汽车等。分类广告似乎把整个城市的机遇全都放在了读者的指尖上，但同时也让城市居民看到，所谓的人际关系只不过是一场纯粹的交易而已。

报纸出版商推动广告来提高他们自己的底线，然而他们的行为却有着更为广泛的影响。为了让当地零售商进入大众市场，出版商们催生了一种新的经济模式，在这种经济模式下，小企业要么扩大业务，要么输给更大的竞争对手。"我们必须向外扩展，寻找更加广阔的发展领域，而广告正是最自然、最有效的扩展方式，"几家主要报纸的老板弗兰克·蒙西解释说，"这意味着大房子会变得更大，小房子则会消失不见。"百货公司完全采纳了这一策略，他们通过在当地报纸上宣传和销售新产品，摇身一变，成了拥有全城客户基础的大型商业中心。那些不做广告的商家非常吃亏，因为现在的城里人已经学会了从报纸上寻找他们需要的商品及提供服务的信息，而那些不做广告的商家显然已经远离了城市人群的视野和心灵。

1900 年前后，几家报纸的编辑采用了一种新的反直觉策略来提高广告客户的销售额，那就是开始拒绝某些广告。1911 年，《科利尔周刊》在收集读者的文章时发现读者对专利药品和宣传奇迹疗法等"不良广告"的抱怨最为普遍。有些产品的广告在上流社会的读者眼中是庸俗的，甚至会被他们当作虚假广告而摒弃掉。发现这种现象之后，有的编辑开始将这一类广告从其他广告中筛选出来，这种策略确实提高了报纸在家庭中的发行量。

为了迎合读者，同时也为了满足报价最高的广告商，报纸编辑们对广告进行了大量的审查和筛选。如来自马歇尔·菲尔德百货公司的广告经理沃尔多·P. 沃伦就从 1902 年的《芝加哥每日新闻》报上剪下了一段关于医学方面的胡编乱造的信息，并非常愤怒地把这段话寄给了报社的编辑。他承诺，如果报社对广告进行审查的话，它们会获得更高的利润。对广告进行筛选分类的报纸往往会发现自己赚得多，亏得少，广告商也确实愿意在广告审查方面投入更多的资金。

处于世纪之交的城市报纸，因其丰富多样的特性成为那个时代的城市中不可或缺的组成部分。色彩斑斓的印刷品也逐渐出现在都市读者面前。正如威廉·托马斯·斯特德所描述的那样："人们口味多样，各不相同，所有人的利益都要得到满足，所以报纸上什么都有。"[25]报纸上各种信息之间的冲突就好比城市中喧闹的街景。而当专题作家通过撰写文章推荐产品时，会将读者的注意力集中在广告商所认可的话题上，也暗示着商业和消费才是读者在生活中主要关心的问题。

然而，这些新的都市报纸给城市人们提供了一种连出版商自己都难以想象的独特阅读体验。一份报纸只卖一美分到两美分，这让更多的美国人都能买得起自己想看的报纸。因此，他们并不像自己的兄弟或同事那样按部就班地品味报纸上纷繁复杂的信息，而是去快速浏览那些版面。另外，由于新闻分了不同的版块，读者可以把这些新闻版块分开并与他人互相交换，然后静静地品读。但有一点，报纸的视觉吸引力、篇幅长短、随时可以跳过的标题以及各自独立的版块都很难让人们从头读到尾。斯特德也注意到了这一点，他说："没有一个读者仅仅因为要满足自己的口味，而去吸收这么大的信息量。"成千上万的人会读到同一份报纸，但当他们去仔细品读不同版块时，得到的却是不同的体验。

文化城市的塑造

随着读者数量的日益增加，报社也逐渐发展成为强大的组织机构，拥有庞大的建筑，复杂的生产和流通系统以及大量的员工。报纸的运作促进了城市向工业中心和大众文化的转变。它们增加了城市生产的规模和数量，加快了城市生活的节奏，也改变了工作场所的结构和城市街道带给人们的感受。

出于提高报纸声誉的迫切需要，出版商们开始建造庞大而极具个性的总部大楼，这也彰显出他们的报纸日益显赫的社会地位。19世纪80年代到90年代，几家出版商对他们朴实无华的报社门面感到越来越不满意，因为这与他们手中强大而自信的报纸相比显得如此格格不入。因此都市报纸在购入大型印刷设备和雇用更多员工的同时，也在改善自己报社的外观。出版商们甚至请人建造15层或20层的摩天大楼，争相建造城市中的最高建筑。他们还用很多标志性的细节装饰这些建筑物，如安装上巴洛克式的穹顶、铜质塔顶或装上精心制作的大时钟等，这些显眼的东西从很远的地方都能看得到。《纽约论坛报》还把报社的大名刻在了钟楼顶部的大理石上。《纽约世界报》还邀请民众来到大楼的顶层，俯瞰全城的风景，并将报纸的宣传册分发给大家，向人们展示它在新闻界的强大影响力。

出版商们正在努力创造属于他们时代的里程碑：印证美国的野心、财富和对信息的渴望。参议员昌西·迪皮优在1889年《纽约世界报》建筑的奠基仪式上说："历史上的金字塔、方尖碑和每个时代的国家纪念碑，都象征着武力和征服。由此可见，现代报纸所建造的这些辉煌建筑，是头脑和商业、精神和文化、行为和能力、政治家风度和常识等共同作用的结晶，这些都使美国文学成为可能，让美国的自由得以长存。远处拔地而起的一座座高楼大厦也在向所有的子孙后代诉说着格里利、雷蒙德、班尼特、布莱恩特和德纳等前辈所创造的辉煌与荣耀。"为了将他们的新建筑改造成城市的标志，有些报纸的老板四处游说对其报社所在地进行官方命名。例如，底特律有一个时代广场，是以《底特律时报》的名字命名；巴尔的摩有太阳广场（以《巴尔的摩太阳报》命名）；1904 年《纽约时报》的出现，让原来的朗埃克广场被重新命名为时代广场。

出版商举办活动的时候也通常会将他们的建筑大楼当作活动中心。报纸工作人员会在窗口的黑板上写上或在门口上方的大屏幕上显示出最新的新闻头条，以吸引路过的行人驻足观看。一旦有特别激动人心的事件发生，如有重大的棒球比赛或选举等，人们总会聚集在一起关注着每一条实时更新的消息。1897 年，在一场备受期待的内华达拳击比赛时，《纽约世界报》就在它的大楼前安放了一排木偶，每当木偶剧演员收到赛事的最新报告，就会第一时间当着 25000 名观众的面将这一幕表演出来。与此同时，有关运动和政治方面的内容吸引了大部分男性工人阶级，这些男性读者构成了 19 世纪的主要街头景观。但在世纪之交，报社大楼也同样迎来了其他类型的访客，很多妇女也来到报社大厅，提供各种分类广告的线索；还有一些中产阶级的有钱人也以游客的身份来到大厦的顶层观看风景，各行各业的专家也在那里租用办公室。因此，出版商索性把自己的办公室变成了城市居民的活动中心。

在当时，报纸的大规模生产和分销网络无一不展示出大都市的工业化水平。例如当时规模最大的报纸旗下有 1000 多名正式员工，另外还有 2000 名兼职人员和自由职业者。出版商邀请公众参与他们的即时制造业务，并向公众展示现代化报纸的奇特生产过程。许多报纸还自豪地在自己的页面上解释他们的生产方法。《密尔沃基哨兵报》曾亲切地向公众描述了为报纸准备图片的每一个阶段，还附有其员工和相关设备的详细说明。杂志上的文章也满足了读者对新闻内部运作的好奇心。"送报员必须明确知道什么时候要将第一份报纸投进第一个邮箱；"林肯·斯蒂芬斯在《斯克里布纳杂志》上的一篇文章中这样解释道，"印刷室的领班需要在很短的时间内完成头一千份报纸的印刷；制版间的领班也把自己的工作进程压缩到只有一秒钟的时间；新闻部的夜间编辑要及时做好编辑工作，等到其他环节的负责人发来任务后迅速拿到印刷室等待印刷。"[26] 这些文章还让读者注意到报纸的生产速度正在加快，生产规模也在不断扩大。在工业化城市生活中，报纸已经带领读者参与到这场令人印象深刻的现代生活剧当中。

与此同时，那些报道和出售新闻的人也把快节奏的现代生活方式融入到了城市的街道。穷人和工人阶级的孩子被雇来在街角卖报，成为完美的城市"骗子"。这些年轻的工人精确地计算出他们能卖掉多少份报纸，因为编辑部不会回购任何多余的没卖掉的报纸。一些报社还专门训练报童如何在人行道上卖报或如何上门推销报纸；还有的报童自己琢磨出一些门道，如他们很清楚如何在最繁忙的十字路口站点，如何辨别出哪些人最有可能会买自己的报纸，或者什么样的标题会吸引路人的注意等。19 世纪 60 年代，霍雷肖·阿尔杰的畅销小说中的主人公就是一位报童，之后报童这一形象就成为街头智慧的代名词，象征着灵敏的商业嗅觉和自立自强的成功形象。一方面，报童看起来就像初出茅庐的商人；另一方面，他们似乎更像是大公司里的小人物。

报刊的记者们在城市中的生活充满了新奇和创意，他们的出现改变了整座城市的面貌。白天，他们会追踪那些值得追踪报道的市民，还时常问市民一些他们最不想回答的问题；他们会趁机扫描新生儿的出生证明，因为他们想要寻找私生子的线索；也会去追踪结婚启事，看能否捕捉到私奔情人的蛛丝马迹；甚至为了探究自杀的真相而四处奔走寻找讣告。他们会费尽心思地去挖掘人们的隐私，越仔细越好，为了一探究竟，他们会出现在各种犯罪和事故现场。他们总是在对方情绪仍未平复之时对其进行采访，不在乎寡妇会不会伤心难过，更不管受伤的人什么时候能恢复健康。虽然读者一般都很喜欢看这些记者摘录的新闻，但在新闻素材面前，记者们并不怎么受欢迎。

新闻报道式的生活带给年轻人的除了大都市的浪漫，还有危险。作家和学者们认为，对任何一个年轻人来说，要了解一座城市以及大千世界的真相，新闻报道工作就是一条捷径。怀揣梦想的作家们搬到了大城市，希望向世人证明或许有一天自己也能在大城市的报刊上留名。与生活在世纪之交城市中其他类型的工作者一样，记者们开辟并占据着自己的活动区域，按照自己的日程安排生活，讲着自己特有的语言；他们可以工作到深夜，在新闻工作间一边吃着夜宵，一边讨论着政治和文学问题。有人认为，记者们的工作触碰到了城市的心脏，见证了城市生活的方方面面，这些都为记者们增添了更多的神秘色彩。1903 年，记者埃德温·舒曼曾经这样解释说："这一职业充满刺激，还能帮助从事这一职业的人认识世界、了解人类，作为推动人类文明发展的引擎，释放出强大的力量。对一个天生就适合做记者的人来说，所有这一切就像对他们施了魔咒一样让其无法自拔，更无法抗拒。"[27]

但新闻行业也可能是一条残酷无情的职业道路，这个行业有着非常大的危险因素。就像工业化时代的城市一样，报社似乎也在重用年轻人，因为他们看重的是年轻人的活力和韧劲儿。1911年，记者威尔·欧文在一篇文章中写道："就行业特点而言，新闻报道离不开大量'跑腿的苦差事'，还需要足够的探险精神，这些通常只有非常年轻的人才能做得到。记者职业生涯的长短就相当于一名运动员的运动年限。"[28]报社中的年轻记者和上了年纪被抛弃的老员工们，就是现代城市生活中劳动周期的缩影。

新闻编辑部聘用男记者，也会解雇他们，与此同时，编辑部也在逐渐将聘用的范围扩大到女性记者。许多日报都注意到了早期女性专栏作家的成功，如珍妮·琼·克罗利、格蕾丝·格林伍德和范妮·芬。19世纪80年代到90年代，这些日报也接收了一批女性作家。大多数女性新闻作家都在通过描写传统女性的文章来谋生，同时她们也在以自己的方式来扩大自己的写作范围。当一个女性的名字出现在某个专栏的顶部，或出现在由男性主宰的论坛中时，意味着女性职业时代已经到来。

到世纪之交，越来越多的女性开始从事新闻报道工作并且接触到有关"男性"的话题。她们报道本地新闻，撰写政治社论，并在一些揭发丑闻的文章中对社会现状提出挑战。为了曝光社会上一些恶劣的工作或生活环境，她们刻意隐藏身份，化身成仆人、新移民、工厂工人或女店员等，去体验各种生活。女记者们还特意报道一些上流社会女性不愿面对的诸如绞刑之类的事件；她们还会在晚上跑到一些在上流女士们看来不应该去的地方，如闹市区的街道等地方。因此，这些女记者们成为这个时代无所畏惧的

"新女性"。在纽约，有一个名叫凯特·卡鲁（其真名为玛丽·威廉姆斯）的女性，从事采访和漫画创作的公共职业。《纽约世界报》和其他报刊都派出卡鲁去采访名家，从杰克·伦敦到巴勃罗·毕加索，再到莱特兄弟等都曾是卡鲁的采访对象。当卡鲁和其他女性记者勇敢地独自走上街头，向路人提出问题，展示出自己作为新闻采编人员的专业水准时，她们其实是在创造一个世界，一个能让女性越来越专业地展现自己公众形象的世界。

在男性占绝大多数的工作场所中，人们对女性身影的出现已经司空见惯，而且呈现出这样一种趋势——越来越多的女性在从事着城市办公室和商店里的工作。但有时候女性新闻工作者也会引起男编辑和男记者们的不满，因为在女性同事面前，他们对在编辑部里说脏话、讲下流笑话和喝酒有了更多的自我意识。许多初次接触这一行业的女记者往往不愿意待在编辑部，而是选择在家里工作，每周给编辑们发稿，或者通过邮件的方式把稿件寄给编辑。但有些女性确实适应得很好。商贸出版物《记者》杂志尖锐地指出："下定决心要从事新闻工作的姑娘，第一次被男人骂会掉眼泪，第二次会咬紧牙关，到了第三次就会骂回去。"[20]因此这些男记者们不得不承认女记者不但可以耐住性子，而且能够在以男性为主导的办公室中干得风生水起。

需要新闻特稿和图片资源的编辑雇用了大批自由撰稿人，这些作家为报纸带来了更加多元化的观念和思想，但受到的待遇却跟全职作家不太一样。专题写作的专业性质决定了这是一种自由职业。没有报纸会需要一个只把话题集中在诸如拳击、烹饪或慈善事业等某一个方面的记者，但对一个自由职业者来说，可以选择以上话题中的一个，并就这个话题同时为多家报刊投稿，更可以以此谋生。自由职业者在全国各地工作，但他们集中在纽约，并把稿子卖给全国各地的杂志和周日版报纸。自由职业比传统职业有更多的灵活性，从事自由职业的女性甚至可以待在家中边看孩子边工作。但是从事自由职业的人没有工作保障，没有监管，也不像传统新闻工作者那样能够接受专业的培训。

发表文章的自由撰稿人和购买这些文章的编辑都将新闻看作商业的产物。与拿薪水的工人不同，自由职业者在写文章的时候，很可能会将自己的想法或构思跟其产生的价值挂起钩来。一份1910年的新闻函授课程手册上这样说过："你住在哪里没有关系，有人的地方就有新闻，而我的任务就是教会你怎样把这些新闻变成金钱。"[30]作家们也因此学会了把自己写给编辑的文章制作成诱人的商品。自由职业的构成促使这些自由职业作家们把自己的名字当作品牌来不断推销，并把自己的文章当作商品进行销售。

因为报纸业采用的是24小时工作制，它们悄无声息地改变了都市人的生活节奏。新闻业界人士都认为自己的报纸有责任报道所有重要的事件，所以他们总是敞开办公室的大门，电报线路随时保持畅通，记者们也是通宵达旦地工作。《纽约先驱报》甚至将自己的机要室开放到晚上10点。为了能在早上把报纸印出来，大量高强度的工作都需要在晚上完成，所以员工们采用轮班工作制。大多数作家都是在刚过中午就开始写报告，到大半夜才能完成。当作家们前往附近的晚餐俱乐部（这种专为新闻行业服务的俱乐部会营业到很晚）稍事休息时，排字工人们就要将新闻稿件交付印刷，然后印刷工人们从午夜一直工作到凌晨6点，印制出最终的成品报纸，再由派送人员在早上将这些报纸辗转运送到城市各处。当报纸开始每天印刷几个版本——通常在 2 个到 10 个之间的时候，他们就得快马加鞭，24 小时不间断运作，同时让第二组记者、印刷商和派送人员轮番上阵。拥有那几家主要报社的城市从此变成了真正的不夜城。

新闻行业全天不间断工作的特点可能会影响城市居民的时间观念。任何时间内所发生的任何事件都可以写成新闻报道，所以生活在城市中，没有什么是完全私密的，也没有一小时能够让人享受到真正的安详与宁静，因为你身边总有一版新出的报纸等着你去品读。然而一些读者觉得能不间断地读到更新版本是一件很让人欣慰的事，甚至觉得自己已经离不开这些报纸了。还有一些人发现，报纸新版本的更新快到让人跟不上。但不管读者喜不喜欢，报摊上成堆的最新报纸在提醒着每一个人：从早到晚，戏剧在不断上演，报刊印刷机在不断翻滚，整个城市都在制造新闻。

商业影响力的较量

直到 19 世纪末，大多数报纸的运作还都离不开投资方的资金支持。提供资金的老板通常也是报纸的编辑，负责购买所有的设备，还要给员工发工资。这些老板要将所有的利润收入囊中，还要承受所有可能的损失。他们当中有一些是独立运营的，更多的是通过党派、零租金、义务劳动或现金等形式来筹集资金。作为回报，编辑们会在撰写的社论中坚持自己党派的政治立场，并大肆鼓吹地方政党所拥护的事业。到了 19 世纪八九十年代，当地党派或少数投资人所能提供的资金已经远远不能满足报纸出版商的需要。为了在这个不断扩张的行业中保持竞争力，出版商邀请数百名投资者持有报纸的一小部分股权，共享收益或亏损，报纸逐渐合并为股份制企业。

编辑们在受到股东的资金委托时，往往会表现得比较保守。1903 年，埃德温·舒曼解释说："有些编辑很幸运，他们自己写的大部分文章都能表达自己的真实观点，但每个人都不可避免地要隐藏自己内心的真实想法。投资商只是众多资助者中的一个，因此无论作者的观点对他来说有多宝贵，他也没有权利因为某个观点而错过赚钱的机会。"[31] 如果利润开始下滑，该报纸的董事会即可要求一位编辑离职。联合发行的报刊可以保留其政治机构，但更多时候，报纸所表达的观点会更温和，为的是吸引来自所有党派的读者。企业式经营模式显然是经不起试验的。19 世纪晚期最伟大的报纸革新来自那些仍然采用独资经营模式的报纸，例如约瑟夫·普利策和威廉·伦道夫·赫斯特等，这些人都没有为他们的报纸发行过股票。

企业式结构促使报纸编辑像商人那样对待自己的工作，不是把编辑当作一种神圣的使命，而要把编辑看作一个获取薪水的职业。许多编辑之所以选择这份工作，是因为他们喜欢新闻，并且希望影响公众舆论，但他们绝不会说自己"没有使命"。但到了20 世纪初，大多数编辑不得不在表达自己的观点与适应企业类报纸的商业需求之间寻找平衡。管理类以及职位较低的编辑，可能会觉得对自己的股东、主管和客户的责任要比他们自己的信念更重要。

企业类报纸强调适度报道并追求稳定的利润，这催生了一种新的报道理念，即客观性。高度制度化的企业类报纸发现，报道中立性的新闻是最安全的。记者们最终接受了这一点并将客观地报道新闻当作自己职业生涯的一贯追求。记者们还发行了诸如"新闻伦理"之类的小册子，用以规范自己的行为准则。还有记者因过于坚持客观报道的理念，甚至拒绝加入任何政治党派，因为如果加入党派就向读者表明了自己的政治倾向。

在企业结构促进非党派新闻报道的同时，广告收入也从资金方面解决了客观报道新闻的后顾之忧，因为从广告中获得的收入可以替代从政党中获得的资金。《芝加哥每日新闻》的编辑梅尔维尔·E.斯通为他的独资报刊展示了这一平台，他说："作为一个新闻发布机构，同时也是公众舆论负责人，在新闻报道的每一个阶段，必须要完全脱离任何私人或毫无价值的目的，而且收入来源只能有两种——出售报纸和出售广告。"[32]

然而，"客观性"对于理想的新型报业模式来说只是一个误导性术语。事实上，报纸用一种更普遍、更具有说服力的商业影响力取代了党派关系。威尔·欧文说："'大企业'是一个复杂的网络，它能将这附近的一家百货公司绑定到另一家偏远的信托公司，也能把附近的保险公司绑定到很远的一家银行。大城市的报纸也是大型的商务企业，涉及数百万美元的资本，每年有数十万美元的利润或亏损，因此它也同样遵循这一规律。"[33]为了购买新的印刷设备和扩大部门，编辑们需要从商人那里借钱，然后将自己嵌入这个大企业的"复杂网络"当中。在这个时候他们会在自己的文章中流露出对债主更多的支持与同情，因此这种股份制也让报纸受到的商业影响比以往任何时候都大。商业大亨有时会购买报纸的股份，目的是让新闻报道对自己更有利。最后，如果出版商把从一家报纸获取的利润投资到其他公司并加入其他公司的董事会，他们的加入就会影响报纸的报道。

"新闻俱乐部"的兴起，促进了新闻产业从个人化和政治化的报道向商业化的报道发展。新闻俱乐部如雨后春笋般出现在报社附近，为所有支付会费的人提供了阅览室、台球室、酒吧和餐厅等配套设施。新闻俱乐部还允许来自不同报社的记者交换阅读彼此的文章，讨论工作和新闻规范，从而孕育出跨行业的理想境界。与此同时，俱乐部还让记者定期与城市中的商人联络。在纽约的蓝铅笔俱乐部，商人们对待编辑们如同对待好友，邀请他们参加私人游艇旅行，或为他们提供独家投资机会等。密尔沃基新闻俱乐部更是享受着帕布斯特啤酒厂举办的夏季盛宴。不管大事小事，在新闻俱乐部建立起来的各种关系让记者们欠了商人不少债务。

到了 20 世纪初，编辑和记者进出公司已经变得非常普遍。因此，在新闻写作中很可能会出现一些商业上的倾向。房地产编辑在地产公司担任职位，报业广告经理成为百货公司的广告主管，自行车商则成了报纸上自行车页面的编辑等这些都有可能出现。《纽约晨报》的总编辑 1906 年辞职，以每年 2 万美元的天价在标准石油公司谋得了一份新闻代理人的工作。任何希望得到这样职位的作家都不太可能对自己未来的雇主做出非常负面的报道。一些专题作家还经营一些兼职的事业，如美容部门的编辑还同时经营一家化妆品公司等。一位自由职业者这样总结道："推动报纸发展的不是艺术，而是广告；不是掌管历史的克里欧也不是掌管史诗的卡利俄珀，而是发行量。"[34]

最后，新闻训练的新方法引导作者们朝着商业写作的职业方向发展。当时的作家们在报纸上的众多职位当中找到适合自己的职位，尽量让自己的写作风格符合职位的要求。但在新闻学院（19世纪80年代到20世纪初出现的学校）中，学生接受的是中立写作的训练，这样方便他们在任何地方就职，新闻学院同时对学生进行商业和新闻报道方面的训练。数百名学生选修了广告文案方面的课程，学习像广告商那样思考和写作。20世纪早期的新闻手册和函授课程也在新闻报道的艺术和写作技巧方面培养出了颇有前途的作家。

另外，个人关系、职业融合和相互依赖的关系都可能导致新闻商业上的腐败。一位出版商向他的员工解释道："你们要拿到薪水，靠的是广告商，所以我们不能与他们为敌。不管别人怎么说，一个人都不能和他的面包和黄油争吵。"[35] 由于广告商的影响力，新闻中会时常出现报道内容的遗漏甚至不予报道的情况，如有几家报纸就保留了"不予公开"的书籍或名单，列出了记者不应提及的所有著名人物。"美国会有一家报纸刊登对百货公司不利的新闻吗？"厄普顿·辛克莱在他的《黄铜支票》一书中问道，"如果当地百货店的女奴隶罢工的话，报纸会支持她们吗？会不会对她们所做和所说的真相进行报道？"对于那些因工作条件恶劣、电车服务不到位或不满于公共事业垄断而引起的公民运动，报纸几乎不予报道。

19世纪末，新闻代理人的出现使得新闻业和商业发展之间的界限变得更加模糊不清。代理商会为企业客户争取到优质的宣传，有些代理实际上是根据他们发出的通知按行、列进行支付的。代理人会撰写有关客户的文章，并将这些文章免费提供给编辑，而编辑们对这些文章通常都求之不得。在称赞汽车公司发明的文章里，在介绍某家百货公司的女性专栏文章中以及在为某家广告公司的演出所做的系列正面评论中，媒体代理人的影响力逐渐浮出水面。媒体代理的素材也让报纸对商业前景充满热情，可以说新闻机构从这一制度中获益良多，而新闻代理也因此被业界所接受。1907 年，《编辑与出版商》中的一篇社论宣称："新闻代理的出现很有价值，也很有必要。就在几年前，从事新闻代理职业还曾受到嘲笑，但现在已经受到了编辑们的欢迎。"[36]

为了利润，很多新闻出版商会在报道中向广告商妥协，并且在报纸上添加各种广告信息。许多报纸都有付费的广告专栏，这些专栏神奇般地将新闻和推销融合在一起。一些报纸在真实的新闻内容中穿插这些付费的广告"小点心"来吸引读者，迫使他们浏览广告并发现新闻中的亮点。出版商还允许广告商对新闻的模式进行模仿。费城沃纳梅克年代百货公司的广告总监 M.M. 吉列姆这样建议："让读者在浏览新闻的同时也能关注到你的公告。"[37]吉列姆像设计新闻版面那样规划自己的广告页面，如加上标题、副标题，做个分栏设计再附张插图等。他会每天拿出一页纸，在每日广告的角落里印上一小块天气预报，就这样把这些沃纳梅克的广告页面变成了读者每天期待甚至离不开的定期专栏。

商业通过新闻俱乐部、新闻代理人、同情商界的编辑和作者等渠道对新闻报道产生影响，这是一个潜移默化的微妙过程，而与这一过程不同的是，这些广告策略是相对透明的。经过仔细地阅读后，读者能够发现那些没用的广告，也很少有读者会把百货公司的广告当成记者写的新闻。当报纸默许或促使广告商将新闻和广告混合使用时，他们实际上也在无形中增强了这样一种印象，即报纸之所以存在，部分目的是实现其商业功能。埃德温·舒曼解释道："广告不过是商业新闻而已。其目的不是去分散人们的注意力，不是娱乐，也不是惊吓，而是告知。"[38]

19世纪报纸的党派关系是对外公开的，但20世纪早期的报纸没有公开宣布它们的企业从属关系。揭露这些关系的是那些不得志的内部人士。《纽约独立报》的编辑汉密尔顿·霍尔特在1909年发表了一篇公开演讲，详细讲述了他如何拒绝广告商以及最后又如何失去了他所有广告合同的经历。1818年，威尔·欧文为《科利尔周刊》撰写了一系列关于新闻行业的评论性文章，严厉批判了广告商滥用权力的行为。《科利尔周刊》还发表了一篇题为《总编的忏悔》的谴责性文章，作者匿名。1919年，厄普顿·辛克莱自费出版了《黄铜支票》一书，书中详细描述了报纸在推动大企业发展的同时对左翼势力的压制行为。

像霍尔特、欧文和辛克莱这样的举报者在警示读者的同时，也让报纸陷入了一种尴尬的境地。愤怒的民众和政客们试图通过法律途径来规范广告商对新闻的影响，如1907年州际商务委员会颁布的一则禁令，内容就是禁止用广告换取铁路通行证。此外报社也开始实行自我监督。1909年，美国报纸出版商协会也开始采取措施督促报纸进行免费宣传。在协会的敦促下，一个年轻的国会议员起草了《1912年报刊公共宣传法案》，法案规定，任何一份报纸，如果想要收取额外的邮费补贴，都必须从新闻报道和评论专栏中去除付费广告，并为任何可能造成新闻稿件雷同的广告贴上标签。这些法案为那些独立于公司宣传活动的新闻报道制定了基本标准。然而，他们无法阻止更多支持企业的人去影响和改变新闻。几乎所有的报纸都对发展他们所在地区的主要企业和制造商表示支持，因为报纸的繁荣与否与这些企业的成功息息相关。1909年《费城北美人报》上的一篇文章甚至建议读者不要相信报纸上宣传的"新奥尔良地区的蔗糖、匹兹堡地区的钢、旧金山的水果和芝加哥的包装产品这些信息，因为大家都知道，几乎所有纽约大报纸上的内容都与华尔街有关"。[39]

出版商和举报人就"硬"新闻的商业影响程度争论不休，但几乎没有人反对"软"新闻那种强大的商业特性。读者可能已经接受了汽车版块或戏剧评论具有商业性质的事实，但可能从来没有料到在这些版块竟然也能找到客观的报道内容。读者和出版商可能也有不同的期望，因为他们意识到广告要为特色版块付费。威廉·斯科特在1915年写道："毫无疑问，一美分的美国报纸在任何时代任何地方都是最值钱的。如果把这一美分当作是名义上的入场费，买家买一份报纸就像进入一个论坛，在里面他可以听到世界各地的新闻；可以通过一些专题报道，用小说、图片和杂记的方式来自娱自乐；也可以见到他可能需要与之打交道的所有商人或制片人。如果拿一美分就能拥有这三种服务中的任何一种，那绝对是物有所值，但事实是只花一美分就能得到所有的这三项服务，而且还要由广告商买单。"[40]报纸促进商业发展这一趋势越来越广泛，而新闻特写与广告商的关系也更加完美，这些都已成为事实，并被大众所接受。

广告和以消费者为中心的栏目对所谓"真实"的新闻是一种内容上的补充，也为读者喜爱的报纸增添了光彩和吸引力。《芝加哥先驱报》的一位忠实读者在给《科利尔周刊》的信中用比较客观的语气写道："除了百货公司的广告不够多之外，我不知道这份报纸还有哪些地方可以批评。"[41]编辑 E.W. 斯克里普斯想要在这场争论中置身事外，为了保持报纸独立编辑的这一特色，他不愿过分依赖广告收入。他坚持认为所有的广告都既短小又微不足道，他也不会鼓励自己的特稿作者去关注那些适合刊登广告的话题，如时尚或汽车等。斯克里普斯的许多报纸在一些较小的城市能吸引到一批比较稳定的读者群，但在芝加哥、旧金山和洛杉矶，他的报纸却远不如其竞争对手威廉·伦道夫·赫斯特的报纸那样广受读者青睐。赫斯特的报纸上到处是广告、奢华的插图和对消费者的建议，这让报纸显得内容更多，更具商业性，也有了更多的乐趣。因此，尽管读者不希望他们的"硬"新闻过多地被商人影响，但是面对印满了整个版面乃至整份报纸的商业广告、消费者话题和五颜六色的图片，许多人依然喜闻乐见。

* * *

在 1880 年之后的 30 年里，城市报纸本身也发生了变化。报纸的受众随着城市人口的增长而膨胀，其中规模最大的报纸每天都有超过一百万的读者。报纸吸引了大量的城市读者，包括职业男女、新进移民、家庭主妇和儿童等。出于出售报纸和吸引广告的需求，出版商极大地增加了话题的种类。广告源源不断的收入让报纸变得更加多彩，内容更加丰富，同时也带来了一个公民对话与商业发展互相促进的世界。

都市报纸的新闻采集、制作和发行改变了城市景观和城市文化。报纸把城市变成了一个人们和印刷品竞相吸引公众注意力的地方。记者们穷追不舍甚至咄咄逼人的工作方式，让城市生活中的隐私和独居现象越来越少，而报社女员工和女性访客开始让城市中的人习惯出入于男女混杂的工作和休闲场所。报纸的广告宣传活动将制造商、商人和客户从小规模、小范围的网络吸引到一个更大的不断发展的世界之中。在这几十年里，报纸像引擎一样推动城市朝向现代社会发展，同时它们也成为一本自己亲手造就的现代城市生活指南。

▨ 第二章 都市时代和消费者社会

　　"有很多事情你应该知道，但你却不知道。"1899 年《费城调查者报》上刊登的一则广告如是说。报纸一直致力于告诉读者他们不知道的事情——毕竟他们出版的是"新闻"。但到了 19 世纪末，这种情况发生了一些变化。报纸从告诉人们事实的发展到开始给人们的日常生活出谋划策。在 19 世纪的大部分时间里，各党派的报纸都在告诉读者如何投票，但对读者生活的其他方面却保持沉默。到了世纪之交，报纸上出现了咨询专栏，还有小说、广告和卡通等版块，全方位展现了整个大都市的生活方式。因为此时许多刚从农场或小城镇搬到城市的读者，需要学习如何在城市社区的生活中解决自己和家人的衣食住行问题。如果他们渴望过上中产阶级的生活，那么他们就得知道去什么地方、做什么、怎么样才能让获得别人的"尊敬"。就连那些在城市出生和长大的美国人也需要在这个问题上学学该怎么做。当美国人第一次住上高层公寓楼、第一次在自助餐厅里吃饭、第一次乘坐电梯和电车、第一次在工业车间或白领办公室里工作的时候，所有这些崭新的城市空间都蕴藏着对他们来说必须学会的潜规则。

城市居民利用各种经验和资源来规范自己的行为。他们会观察周围的人如何穿过人行横道，如何在餐馆点餐，穿什么衣服去上班等。他们从身边的街头达人或社交高手那里学到了不少知识。每当老板、学校的老师和爱管闲事的邻居在闲聊着什么行为才算得体的时候，他们都会在一旁侧耳倾听；很多迷茫的中产阶级还购买了书籍以获取更多指导；女性则会购买家务手册，学习烹饪、清洁和家居装饰等；年轻人从书商那里购买性格手册，学习如何在竞争激烈的职场中取得成功；心怀抱负的社会精英阅读着《最佳社会礼仪》手册，学习如何像欧洲皇室那样优雅地着装和得体地进餐[42]。1870 年到 1917 年之间，是咨询产业发展的巅峰时期，出版社每年都会出五到六本咨询手册，但这些也只是勉强满足了美国人的咨询欲望。

与中产阶级相比，城市贫民和工薪阶层（包括许多移民）更易于通过不同渠道寻求帮助。新移民依靠来自家乡（无论是美国还是乌克兰）的朋友帮助他们适应城市里的基本生活。移民会选择订阅那些用他们的母语发行的报纸，因为这些报纸能帮助他们获取所需要的服务。如果穷人、工薪阶层或移民过来的城市居民需要更多的指导，他们也可以向许多中产阶级组织求助，这些组织会向那些不太走运的人提供帮助。他们还可能会报名参加一些社会服务活动或基督教青年会的英语课程、家政事务或育儿课程等；也会去翻阅城市联盟在火车站分发的小册子，这些小册子向非裔美国移民介绍了得体的公共行为。此外他们也会欢迎那些在自己社区做家访的社工。

都市报纸为人们提供了独一无二的城市实用指南。然而，报纸作为一个更大的信息体系，它所提供的建议只是众多信息和建议中的一部分，所以读者对这些建议的需要或者咨询并非是绝对的。与救世军这样的社会慈善组织或基督教青年会不一样的是，报纸上提供的咨询建议是中立性的，不带有宗教倾向，而且主要是针对读者提出的问题做出回答，并非强制读者接受这些建议；另外，专栏作家不像那些语气严厉的社会工作者，他们在提供咨询时语气友好且充满同情心；再有，报纸上提供的建议主要针对当地的情况，因此可能比杂志和手册的建议更具实用价值。报纸上会明确地告诉读者去哪里购物，哪家中介可以帮助他们找到工作，以及他们应该去哪里度假等。与挨家挨户宣传的推销员或百货公司的工作人员相比，读者可能更容易接受广告商的推销，因为他们可以在感觉不到压力的情况下立即做出回应。这个时代一直在不断变化，所以报纸每天都在改进和更新他们提供的建议。

当然，报纸上所提供的建议确实有一些作用，比如编辑和记者会通过撰写文章来传播他们自己的一套城市行为标准，而且很多报纸中提供的建议都是通过广告的手段来传达给民众，通过广告中的插图和宣传口号等暗示人们在使用广告产品时应该如何穿衣、吃饭、购物和娱乐。随着时间的推移，编辑和广告商之间的合作关系变得越来越密切，报纸的内容缩小了读者的疑问和所发表观点的范围。但尽管如此，巧妙的销售手段、说教和响应读者咨询这些因素的融合足以让报纸吸引并留住成千上万的读者。

从19世纪80年代到20世纪的前十年，报纸上的内容更多地是去迎合特定的读者群体，并向对象群体传达特定阶级的行为标准，比如每一份报纸都会将读者引导至城市中的特定空间，培养他们特定的兴趣，并鼓励他们购买某一类东西。然而，从20世纪前十年到20世纪20年代，报社之间的合并消除了它们之间的许多差别，由此而产生的大众传媒报纸为不同的读者建立起一个共同的都市文化。报纸还会通过一种更加公开的方式来探讨如何提升阶级地位的问题，从而消除了部分阶级界限。事实上也许有一天报纸的编辑认为读者在20世纪20年代已经吸收并且掌握了城市生活的基本知识的时候，可能就不会在这方面提供那么多权威的咨询建议了，而是转而开始更加深入地探究美国民众个人生活中的困境和失望。

19世纪末的时候，费城还是一个庞大的工业城市，有着一段在今天看来依然影响深远的殖民历史。这座城市大部分地方都是以小型的工业化前期模式为基础建成的：狭窄的街道呈网格状排列，被更加细窄的小巷分割开来；市区三位一体的房屋架构（三个小房间，叠在一起）与其他城市的房屋相比显得微不足道；卖机械设备的商铺、纺织厂、制革厂、酿酒厂和制糖厂星罗棋布。大部分费城妇女都在从事手工工作，她们生产地毯、花边、袜子、西装和帽子等产品。宽街与市集的交汇处是这座城市中最大的街道群，正在施工的市政大厅就坐落在这里。这座顶部建有一个大到令人忍俊不禁的威廉·佩恩塑像（于1900年建成）的建筑体形庞大，耗费巨资，似乎象征着费城的"腐败和满足"——这一形容词最先是由林肯·斯蒂芬斯提出的。根据他的说法，政客们经常从垄断有轨电车和建设市政大厅的预算中获取利润，所以他们才会不断地耗费巨资兴建这些设施。然而，许多居民却对这些毫不在意，依然过着自己舒适和富足的生活。

世纪之交的评论家们常常称费城为真正的美国城市，不仅是因为它在美国建国进程中所起的突出作用，还因为它的外来移民相对较少。在 1870 年到 1920 年之间，大约 25% 的费城居民出生在国外；相比之下，波士顿的这一比例为 30%，纽约为 40%，在克利夫兰、芝加哥和旧金山等新城市中的这一比例甚至更高。白人移民来自宾夕法尼亚州的农村和周边地区，而黑人移民则来自美国中南部地区和东部沿海的其他城市。

费城的阶级结构、民族构成以及它的地理布局结合在一起，构成了这样一群乐于甚至渴望在报纸上寻求帮助的民众。城市中的住宅布局经常把不同阶层的人放在一起；各种各样的生活方式，总会激起费城人对礼仪和向上流社会晋升的欲望。与此同时，费城也是一个非常孤立的地方——而这种偏远和孤立也为报纸提供咨询创造了独特的市场。许多费城人在四五个街区的范围内购物、工作和参与社交活动。19 世纪 80 年代到 20 世纪 30 年代，大约有四分之一的费城人结婚对象都住在离自己还不足五个街区远的地方。[43] 大量的社区周刊说明市内这些地区是可以自给自足的。1890 年，肯辛顿、马拉扬克、奥克代尔和西费城都出版了各自的周刊；尼斯镇出版了两类，法兰克福和德国城各自发行了四种周刊。[44] 在这些与世隔绝的社区里，都市报也许是了解城市其他地方生活的唯一途径。

1880 年，19 家费城日报刊登了当地、国内和全球新闻，然而，类似于咨询"建议"，定期指导读者如何思考或行动的信息却只有社论专栏在刊登。除此之外，报纸很少刊登有关生活方面的介绍, 诸如工作、家庭、健康、饮食、交友或闲暇时光等。在接下来的几十年里, 当报纸首次停下来想要跟女性对话时, 这种情况就会得到改观。

庞大的女性消费群体

在 19 世纪中期, 报纸通过小范围印刷时装便笺来吸引女性的注意。女性读者发现阅读这些便笺跟阅读报纸上其他内容一样方便快捷, 而且它们包含了一些真正的日常生活小提示。例如, "在穿衣组合中必须注意一条规则——如果不同衣服之间颜色有差异, 那么像衣饰和紧身胸衣这种衣物的颜色必须能搭配得起来"。读者可以听从也可以无视这些小提示——但不管怎样, 最终她们会在参考报纸所提供的观点的情况下做出决定。《费城公共记录报》的编辑乔治·W. 蔡尔兹让一位女性员工为女性读者多写几段文字, 这一举措让他报纸上的咨询栏目又向前迈进了一步。它是一份早报, 在费城富裕的家庭当中很受欢迎。蔡尔兹推测, 在订阅《费城公共记录报》的家庭中, 肯定会有女性希望把报纸送到家门口, 并且希望自己可以悠闲到能够读一些报纸。于是 1880 年年初, 第一个女性专栏《家里家外》在《费城公共记录报》上正式推出。

《费城公共记录报》的专栏汇集了简单实用的城市生活家庭指南, 语言亲切友好, 读起来就像是坐在厨房或客厅里与人交谈一样。指南中告诉人们怎样去除壁纸上的污渍, 怎么制作汉堡牛排, 以及大雨过后从龙头里流出的污水该怎么过滤等。很快, 女性读者开始写信向《家里家外》栏目提问，比如怎么清理堵塞的烟囱，鸡蛋怎么存放才不易变坏。很多女性需要的是一种持家的智慧，而这些通常都是由祖母传给孙女的。然而，费城的许多已婚女性身边并没有祖母，甚至也没有母亲，她们或是因为工作或是追随丈夫来到城市，不再生活在两代人中。

许多读者需要的是当地的信息，这些信息甚至连家里的长辈都不知道。他们要求报纸解释在城市里如何收集煤灰，为小贩开门是否安全，或者在哪里可以找人来回收羊毛被子等。栏目作者会为读者寻找答案或将相关企业的地址和工作时间回复给读者。该专栏还接收到一系列关于城市问题的信件。这些都反映出女性读者潜意识当中需要一定的空间去排解生活中的不良情绪或者解决自身所面对的城市问题。读者很快就明确表示，他们需要的不仅是学习如何生活，还要学习如何融入社会。女性们还咨询有关城市中产阶级生活中那些复杂的礼仪细节问题，因为这是报纸上唯一一个回答社会问题的地方，所以里面也提到了不少相关人物。在20世纪初，《费城公共记录报》和其他大多数都市报纸意识到读者渴望学习礼仪知识，于是便创建了专门的礼仪专栏。它的专栏不仅提供建议，也为读者开辟了一个可以相互建议的空间。当个体读者询问要把自己不需要的衣物或旧杂志寄送到哪里的时候，妇女慈善机构的工作人员就会回信接受这些捐赠；再如城市组织的负责人也会写信宣传他们的服务，并邀请读者参加关于工资平等或天然气公司持续的价格定位等问题的辩论会。

总的来看，《费城公共记录报》中的女性素材——问题、答案、文章和广告等，勾勒出一幅中产阶级的空间地图，女性在其中颇

受欢迎。19 世纪的大部分时间里，上流社会的文化传统要求妇女
要料理家务，乘坐封闭式马车旅行，派仆人外出办事，而且只有
在丈夫或男性亲属的随从保护下才能上街。到了 19 世纪八九十
年代，一些城市女性发现"与世隔绝"不再具有吸引力，而且要
做到与世隔绝也是不可能的。许多女性每天都外出工作，比如去
达洛夫父子店里做裁缝或是去沃纳梅克百货公司做销售。已婚的
中产阶级和上层阶级妇女也会鼓足勇气到美术学院听公开讲座，
参加全国消费者联盟会议，或者沿着市场街购物。女性的中产阶
级地位是脆弱的，她们不能冒险让自己在任何时间或者任何地点
出现任何错误。当《费城公共记录报》提到了某一条特定的有轨
电车路线，或者一场特别的音乐厅，又或者是某一个寄宿家庭时，
它其实是在告诉读者，来到这些地方的就是女性，而且是那些受
尊敬的女性。它的女性素材将女性的声誉与她们出现的地方联系
了起来，同时它也在指导女性去哪儿逛街并且如何满怀信心、勇
敢地走出家门。

当专栏作者为了让读者有一种归属感而列出他们需要共享的
观点时，他们也在暗中设置了标准。虽然专栏中的一些作品具有
很高的标准，但其他作品却巧妙地回避了这些标准。作家们意识
到，想要成为一个受人尊敬的女性，是相当困难甚至是很荒谬的
一件事。1880 年的一篇专栏文章批评了这样一种现象，即女性在
任何时候都要保持绝对优雅——即使当她们在孩子们的簇拥下，
或者穿着长裙旅行，或者在雨中背着包裹走路的时候。一位作家
曾经说过，如果穿的鞋子太小，这不论是"对站在柜台后的女售
货员还是对柜台前穿着讲究的顾客来说都是一种折磨"[45]。另一

位作家用讽刺幽默的口吻提到她的束身衣："穿紧身衣的感觉就像穿上了防弹衣，但是，我们必须要保持挺拔的身姿和苗条的身段，所以我们要采取措施，不管付出怎样痛苦的代价。"[46]如果《费城公共记录报》对读者日常生活中的琐事表现出足够的关注与同情，那么读者就会对报上的栏目更加信任。

在经营了几年的"家庭"专栏之后，《费城公共记录报》首次推出了一个新版块，题为"女人的兴趣"。这并非一个咨询建议的专栏，但是通过展示女性的行为，扩展了女性读者为自己所考虑的活动、职业和目标等的范围。该专栏介绍了第一位在麻省理工学院获得国家奖学金的女性，以及第一位在威斯康星州最高法院出庭辩论的女性律师。19世纪晚期和20世纪早期，"女人的兴趣"栏目与其他栏目一起，为打破维多利亚时代流传下来的男主外、女主内的传统分工模式而努力着。《费城公共记录报》上的女性专栏在如何成为一个城市女性方面传达出很多复杂的信息。它似乎在鼓励公民参与，并敦促读者应该为女性成为有偿工作者而感到自豪。但它偶尔也会批评女性生活的双重标准，同时又继续为读者提供关于烘烤技术和花卉种植方面的建议。虽然前后矛盾，但各种素材融合在一起肯定也有助于吸引大量读者。综合来看，《费城公共记录报》上的女性专栏为读者提供了一系列可以接受的行为方式，同时也展现了她们所从事的或未从事的未知领域。

产品与服务：从阶级分明到阶层融合

在一个拥有19家日报的城市，读者可能会根据自己的政治信仰、宗教倾向或特色来选择报纸，但是费城的读者也会根据阶级差异来选择他们的报纸。

工人阶级的报纸

工人阶级的报纸、大众读者群的报纸和精英类报纸上关于举止行为的内容都截然不同。在费城的工人阶级报纸上，晚上的《条目报》和早上的《费城纪事报》是最受欢迎也是办报时间最久的。《条目报》把所有的新闻和专栏文章压缩到只剩 8 页，内容上喜欢传播八卦和丑闻，喜欢印刷醒目的大标题。这一切都表明这类报纸其实就是 20 世纪小报的前身。早上的《费城纪事报》每天需要的印刷时间更长，而且略受限制；20 世纪早期，《费城纪事报》在费城拥有的读者数量是最多的，不仅是因为该报拥有一批令人印象深刻的日报记者，也因为报纸上刊载了美联社的国内和国际新闻。不过广告商不会争相在这两家报纸上打广告，因为工薪阶层的读者可能会更倾向于在超市推着手推车或在码头边的货摊上购买食物、家居用品和衣服等。这两家报纸的大部分收入都来自报摊销售和数百个每日分类广告。这种商业模式为报刊文章中独特而又相对独立的工人阶级文化的出现创造了条件。

工人阶级的报纸往往不会告诉人们如何才能过上最好的城市日常生活。《条目报》和《费城纪事报》不需要通过提供建议来取悦广告商，而他们的读者也不一定想要阅读这些文章。读者可能由于过多关注找工作、养家糊口和操劳的事，也就没有工夫为是否掌握社交礼仪而操心了。他们可能觉得自己已经从朋友和邻居那里学到他们想要知道的东西了。

工人阶级的报纸确实列出了影响人们举止行为的一些因素——但不是通过专题的形式，而是在新闻和商品服务目录中体现出来的。这些文章似乎助长了中产阶级和上流社会的费城人曾经公开回避的行为，从赌博到彻夜狂欢，再到在各种场合喝酒等。每一份报纸都刊登了大量的赛马盛况，让读者能够理性地下注。两家报纸还邀请读者去溜冰场、管弦乐队的音乐会、参加汽船旅行以及参与餐馆和剧院的演出等。1910 年，《条目报》上的一个名为《愉快的度假胜地》栏目列出了对女性表示欢迎的沙龙和酒店酒吧，还专为女性指出了哪些酒吧提供有单独的女性入口。

《条目报》和《费城纪事报》中的分类广告向我们展示了人类需求和欲望的尺度。广告中叫卖的东西有灰头发染色剂、颅相学、胸腔构造术、电解、心理咨询、按摩院甚至短期的酒店幽会房等。费城人在分类广告中还互留私密信息："杰克——周三下午（你懂的）给我写封信或者来见我。周四上午，安妮。"[47]婚姻俱乐部还承诺要用通信的方式为两颗孤独的心灵牵线搭桥。生育服务更是为怀孕的妇女、即将分娩的单身女性提供场所便于她们生产和产后恢复，如果她们愿意，甚至还可以将孩子放在这里寄养。虽然读者不太可能把分类广告当作一种理想的行为，但在这些广告中，读者看到了邻居们做生意的过程和他们的举止行为。

《条目报》和《费城纪事报》通过嘲讽这个城市中的富人和名人的手段培养出一种微妙的自豪感。《条目报》中的社会专栏称，城市中的时髦课堂就是一处"浮华之地"，而他们受到邀请时所表露出来的兴奋之情更是一场"愚蠢的躁动"[48]。《费城纪事报》

的戏剧专栏为读者报道的是一位女演员的有钱丈夫为她的整部作品提供了资金支持。[49]两份报纸都批评了费城有钱人的挥霍无度。《条目报》的社会专栏进行了一项追踪调查并对其进行了严厉的抨击，内容是两个富有的女孩每周去做足疗、美甲、洗发和土耳其浴。该报评论道："如今这些聪明的女孩在专业人士面前表现自己的时候，除了保持整洁的外表和精心打扮之外别无其他，这点很不寻常。这个成本对穷人来说太高了，所以这是高级时尚的标志，也就是说，让不同的人去打理你个人的不同方面。"[50]不过幸运的是，这些报纸也暗示着他们自己工人阶级的读者并不会完全遵从这种特征分明的礼仪。通过对当地事件的密切报道，这些报纸反映（并加强）了工人阶级对当地文化的关注。这两份报纸都记录了城市政治、城市犯罪以及当地居民打官司的情况。他们为普通的费城居民印制了大量的生活须知，并开设专栏来刊登结婚、离婚和葬礼的消息。

《费城论坛报》是该市的非裔美国报纸，它没有直接对读者提出建议，而是在报纸中加入活动和产品目录。通过给理发店、律师事务所和海滨度假胜地制作广告，为费城黑人规划出了安全的生活空间。由于各种原因，《费城论坛报》与《条目报》和《费城纪事报》相比会更忌讳为读者提供明确的日常生活建议。《费城论坛报》只在周六出版，因而并未全面报道国内或国际新闻，而是专注于费城非裔美国人社区内的事件，以及全国的种族政治和进步运动。编辑们很清楚，他们的读者很可能既看了《费城论坛报》，也看了城市的主流日报，所以他们无须费力去汇编一份提供全方位服务的报纸。此外，报纸的公共版面似乎并不是非裔美国费城人互相谈论举止的最佳场所。在这样一种一个黑人的行为可以代表整个黑人群体的行为环境中，任何有关行为不规范的讨论都可能使整个群体蒙羞。读者收到的建议（在这一点上，《费城论坛报》与几乎所有的美国黑人周刊相似）包含的信息都是相互矛盾的。社论文章鼓励读者为自己的种族和群体感到自豪，但附有插图的护扶霜和生发产品的广告又向女性读者表明，她们应该考虑美白肤色和烫直头发了。

《条目报》和《费城纪事报》这两份报纸都直截了当地给读者刊登了一些建议。《条目报》用篇幅很小的专栏向读者介绍了如何打包行李、如何调配鸡尾酒以及如何打发下午茶的时光等。有时候也会讨论基本的礼仪问题，比如敬告读者不能对女店员无礼，也不要向新朋友泄露个人秘密等。《费城纪事报》刊登了一个名为"家庭知识"的专栏，其中有关于时尚的简短说明、食谱以及漂白亚麻制品或治疗咳嗽的实用技巧。最重要的是，费城的工人阶级报纸通过告知读者去哪里和做什么，向读者传授关于城市行为的课程。如果提供的建议相对缺乏，那就表明这些报纸并没有满足工人阶级中特别注重文雅或特别想要提升社会地位的那部分人。那些对这类事情感兴趣的人可能会将注意力转移到其他地方，即面向大众读者群的报纸。

大众读者报和中产阶级行为

从 19 世纪 90 年代开始，《费城晚报》和早上发行的《费城调查者报》采用了一种"人人有份"的模式，将全面的新闻报道与娱乐特色结合在一起。采用该模式后，《费城晚报》和《费城调查者报》的发行量得到了提高，在 1905 年，发行量几乎赶上了主导市场的《费城纪事报》。《费城纪事报》随即开始模仿这种大众阅读模式。这三份报纸的读者不仅来自城市中日益壮大的中产阶级，也来自那些希望通过自己的努力成为中产阶级的读者。《费城调查者报》《费城晚报》和 20 世纪的《费城纪事报》，比其竞争对手更清醒、审查更严格，也更"受人尊敬"。他们的页面上堆满了建议，有关于中产阶级的礼仪和价值观的，有帮助消费者做出选择的，有教导一个体面、舒适的大都市居民应该如何行事的，等等。

20 世纪早期的《费城调查者报》《费城晚报》和《费城纪事报》都为范围广阔的问答专栏开辟了空间。这些都是非正式的、具有很强实用性的咨询专栏。这些专栏逐渐成为一个传统，而且还是读者的百科全书。因为上面附有大量的参考书籍和新闻档案，这些通常可以解答读者关于历史事实或科学发现方面的疑问。报纸的社论版面会印有答案，甚至会把读者最需要的信息汇编成年鉴，每年免费分发给报纸的订阅者。随着时间的推移，读者开始提出各种各样的问题，请报纸帮忙详细解释城市中的官僚机构、法律义务和社会规则。举个例子，如果一对夫妇在宾夕法尼亚之外的另一个州结婚，那他们的婚姻在宾夕法尼亚州有效吗；一个人如果没来得及立下遗嘱，那谁来继承财产；获取和证明自己的公民身份需要什么材料；等等。针对这些问题，报纸通过开辟一些附有标题的专栏来做出回应，专栏的标题可能是"社会问题""法律咨询""礼仪要点"和"道德问题"等。后来这些专栏不再局限于回答女性的问题，而是放在社论版面上，引导初到费城的人克服城市生活的挫折和困惑，并指导他们服务于城市大众。处于世纪之交的费城改革家们建立了一些机构，如加斯基尔街浴场、中央汤会和探访护士服务站等，以帮助需要帮助的市民。当然，要让市民找到适合自己的机构还得需要一份报纸：

> 固定读者：
>
> 1. 如果你有租约在手，你就不会被除名；
>
> 2. 保护儿童免受虐待协会的办公室就在栗树街 1406 号。[51]

咨询问题的专栏在传递重要信息的同时，标题和广告也在以一种更加微妙的方式向人们提供指导。《费城调查者报》《费城晚报》和 20 世纪的《费城纪事报》的编辑们在新闻标题方面比《条目报》或早期《费城纪事报》更加泰然自若，并且筛选出了最模棱两可的广告，传播中产阶级的品位。与此同时，报纸上的文章和广告也让读者在更加广阔的视角中了解到中产阶级是如何提升自身的价值观，以及如何鉴赏那些伟大的作品和成就的。《费城调查者报》出版并发行了自己的《莎士比亚全集》和面向年轻读者的一系列伟大作品。这些系列作品的广告向读者展现出研究文学经典的重要性和尊重专家权威的中产阶级价值观。

报纸上的广告既把教育作为帮助家庭改善孩子就业前景的手段进行出售，也把教育当作一条通向中产阶级文化的途径，而中产阶级文化非常重视培养人的心智。有些广告承诺会在某些方面的教育上做到精益求精，如钢琴演奏、唱歌、绘画或外语等方面的课程。私立小学和高中的广告激发了家长们的兴趣，并且说服他们把孩子送进一些门槛较高、学费昂贵的学校就读。报纸还创建了信息办公室，读者可以在那里撰写入学推荐信——尽管只能面向那些支付过广告费用的学校。

大众读者的报纸提供了基本礼仪方面的课程，这些课程可以帮助读者融入城市中的中产阶级并逐步成长。"有一些东西是一个教养良好的年轻女士永远做不到的。"在 1892 年的《费城调查者报》上，一篇文章这样写道：

> 她在街上行走时从不回头看。
>
> 她不允许男人在街上和她一起走，除非他们是亲密的熟人。
>
> 她从不会忘记自己在舞厅的约会或者拒绝和一个男人跳舞，然后马上和另一个男人跳舞。
>
> 她从不怠慢其他年轻的女士，不管她们是否比自己更受欢迎。[52]

读者似乎并没有被报纸上这些说教式甚至盛气凌人的语气吓倒，反而照单全收。他们向报社提出了更多礼仪方面的问题，如对"很高兴见到你"这句话的恰当回复是什么，一个人在正式宴会上和非正式宴会上分别应该怎么做。报纸的内容包罗万象，从如何发音到如何称呼管理者等应有尽有。报纸甚至对那些对大多数费城中产阶级来说尴尬的（或者说私密的）问题也做出了认真的回应。《费城晚报》的《道德问题》和《社会问题》专栏刊登了成百上千的关于爱情和友情中因嫉妒、背叛或酗酒等原因而发生的故事，并对如何处理这些问题给出了中肯的建议。咨询栏目的作家似乎有意要让误入歧途的读者在行为上符合中产阶级的标准。

广告客户在报纸上购买版面，是为了利用读者的期待和不安全感把他们的产品嵌入中产阶级生活之中。来自 E.O. 汤普森服装店的一则广告中写道："如果你问一个衣冠楚楚的男人在哪里买衣服，你会发现他经常跟一个好裁缝打交道。"[53] 一个埃斯蒂钢琴品牌的广告这样解释说："招待客人的女店主不仅在帮助客人选择乐器方面能力突出，而且还能给客人留下深刻的印象。"[54] 浏览了任何一张报纸上的插图广告之后，读者都会去收集一个中产阶级家庭应该配备的某些东西：一架钢琴、客厅当中一整套搭配协调的木制家具、东方地毯、华丽的亚麻桌布以及皮制包装的经典文学作品。

从 19 世纪 90 年代开始，在报纸提供的咨询文章中，特别是女性页面上，出现了一种让人浮想联翩的新类型文章。为报纸绘图的艺术家们开始描绘完美的家庭图景：鸟儿栖息在女性厨房的窗台上，白色热气从刚刚出炉的馅饼中冒出来。时尚插图中描绘的女性身材越来越修长，越来越苗条。报纸上出现的女性似乎在烹饪、清洁或照顾孩子方面毫无困难，而她们的穿着却毫无瑕疵，而且完全无拘无束。这种宣传材料是当时费城和其他城市出现的一种更为广泛的消费文化。在金贝尔斯或斯特尔布里奇服装店的橱窗里，在《周六晚邮报》或《世纪》杂志的广告上，在火车站台旁的广告牌上，在宾夕法尼亚快速公交车站的海报上，都能看到这样一个平行的世界：美丽的女人、充满魅力的男人、舒适的家庭和蓬松的饼干等。这些看起来让人心满意足、美好和安逸的画面让许多人产生了深深的渴望，然后他们就会将这些渴望与物质世界联系起来。

就像当时的家庭经济学课程和手册一样，许多报纸上的文章坚持认为做家务和完成个人任务都会有一种"正确"的方式，从而贬低了女性继承下来的知识和直觉。一些家庭琐事如"正确和错误的浇花方式"和"你知道怎么清扫吗"这些都告知读者，各种日常琐事其实都有明确的规则。提供咨询的作家们认为，看似无害的选择可能会招致灾难性的后果，就像一丁点阳光可能会毁掉一个白皙的肤色，而快速在盐水中浸一下可能会破坏头发的颜色和质地，而时尚也是非常危险的。这些文章还要求那些臀部宽大、身材丰满或腿脚不好看的女性要不惜一切代价远离某些风格，因为即使是很小的缺点也会引起别人的注意。

报纸上的文章强调了消费者在做出决策时的难度和重要性，这显然受到一些感兴趣的读者的欢迎。读者在浩瀚的商品世界中不断地寻求帮助。当《费城调查者报》在女性版面上刊登了一位咨询专栏作家的文章时，读者纷纷写信询问如何修整裙子或者应该搭配什么颜色的衣服。读者还会请教美容专栏作家如何让疲惫的双眼更有神，如何让瘦削的双手更丰盈以及如何让头发更有光泽等。

并不是大众读者报纸上的每一个专题都能得到消费者的关注。有些部分也会批评和嘲笑消费者的文化，让读者知道他们不一定非得去遵循咨询专栏和广告中提出的要求严格的建议。一些漫画还嘲笑那些为时尚而活的人。还有一些漫画则拿报纸和杂志上关于做家务的一些建议打趣：

　　　新太太："我整个上午都在厨房干活。"

新先生:"干什么活?"

新太太:"准备一份'十五分钟的午餐会',《尼克克尔杂志》上介绍的。" [55]

与那些乐观向上的广告相反,其他专题则对读者的幸福冷嘲热讽。多萝西·迪克斯的专栏文章曾出现在《费城晚报》和许多其他美国报纸上,她的文章可能会打消读者的任何幻想。她在1916年的一篇文章中写道:"这一点是肯定的——生活中没有讨价还价的会地。成功、名誉、财富、友谊、家庭,如果我们想要得到这些东西,我们必须付出心血。" [56]这条建议与消费文化的信息直接背道而驰。消费者文化坚持认为,只要选择了正确的商品,读者就能找到完美的幸福。

大众报纸给读者提供了大量的信息资料,它们构建了幻想中的世界,但也忽视了实实在在的真理;它们大胆地回答读者的实际问题,同时也教他们中产阶级那些体面却不切实际的日常习惯。大众报纸上混杂的声音和信息也并没有真正融合成一个连贯的信息。作为企业,大众读者报纸的运作还是奏效的——他们销售产品,并让人们坚持阅读。在整理这些混杂资料的过程中,他们为城市中产阶级的行为和消费制定了连他们自己都认为非常复杂的标准。

精英报纸

费城精英报纸的服务对象是那些将详尽细致的行为准则当作自己生活信条的观众。然而,令人惊讶的是,这些报纸在如何扮演上层阶级的问题上几乎没有提供什么指导。精英报纸没有出版指导都市生活的实用指南，也没有讨论基本的社会规则，因为他们那些求知若渴的读者对一切基本的城市生活行为了如指掌。于是，这些报纸就成了精英阶级的捍卫者，它们只有在那些已经了解了城市上层礼数的人面前才会让自己变得易读又有趣。

到了1890年，《费城公共记录报》已经赢得了许多曾经读过大众报纸的中产阶级人士的青睐，它在20世纪初的十年里一直牢牢地吸引着这个城市中最富有的订阅者。与此同时，《费城北美人报》在1899年被托马斯·瓦纳梅克（百货公司老板约翰·瓦纳梅克的儿子）收购之后，就成了一份重要的报纸。他的报纸因报道民粹主义政治和揭发丑闻而闻名于世，但瓦纳梅克最终采用了类似于《费城公共记录报》的模式，专注于全面的新闻报道和以消费者为中心的专题。

与工人阶级或大众读者的报纸相比，精英报纸更依赖于广告商。他们向广告商收取高额广告费，目的是能接触到一小部分花销巨大又精挑细选的读者。然而，为了让他们的广告空间物有所值，精英报纸需要保证他们的读者购买广告中的商品。因此，只要有机会，这些报纸就会利用其内容鼓动读者购买。精英报纸的编辑们也会尽量避免在特写或日常新闻中得罪广告商，因为如果广告合同一旦取消将会严重损害他们的利益。他们经常按广告商的要求提供良好的宣传，并轻易地删除那些可能有损广告商业务的新闻。

《费城公共记录报》和《费城北美人报》的报道反映了费城精英阶层的利益。两家报纸都不必通过引人注目的头条新闻或丑闻故事来激发人们对这些主题的兴趣，因为诸多上层读者的生活和财富与国家和全球事务息息相关。费城的银行家、律师和制造商都会浏览新闻，寻找会影响他们的投资、客户和顾客的发展机会；而这些男人的妻子们会阅读《费城公共记录报》和《费城北美人报》的社会报道，试图了解他们真正的（或希望的）国家和国际社交圈子。《费城公共记录报》的社会版面不仅报道费城的事件，还报道包括巴尔的摩、纽约和华盛顿等城市中发生的事件。《费城公共记录报》的社会专栏作家佩吉·希本经常提到那些路过费城的欧洲皇室成员、商业大亨或著名的作家，她认为她的读者都是外国文化的多面手。

当大众读者的报纸强调一般水平的民众教育和自我完善的时候，精英报纸则强调与专属国家机构之间的联系。在宾夕法尼亚大学的毕业典礼上，每一位当地毕业生的姓名、家乡和奖学金获奖情况都会刊登在《费城北美人报》上，详细情况也都刊登在了宾夕法尼亚大学的新闻专栏上。

读者不可能从报纸上了解到所有上层阶级的文化元素，还有很多元素从未出现过，因为精英报纸保留了一些阶级秘闻。像《费城公共记录报》和《费城北美人报》这样的文章并没有告诉读者任何能辨别他们为局内或局外人设置的相关细节，如特殊的口音、领口、姿势或玩笑话等。他们的礼仪专栏从来没有罗列出求爱规则、优雅的餐桌礼仪或如何举止得当之类的介绍。广告也从来没有邀请公众加入制造商的俱乐部。与此同时，奢侈品和高端服务的广告并没有像《费城调查者报》和《费城晚报》的广告那样给读者以指导。有些仅仅因为价格问题就被排除在外：《费城公共记录报》曾经印刷过这样一份广告，题为《海外美国人指南》，介绍了从维也纳到开罗途中各个目的地的酒店，这些酒店是费城中产阶级负担不起的。其他广告因为保留了某些信息而被排除在外。与那些在中等价位的百货商店里大量展示的商品广告不同，精品店的珠宝、皮草或精美文具的广告并没有描绘出商品的外形。略去价格就表示价格不菲，省略了插图就意味着购物者必须进入商店并要求销售人员展示商品——这是只有费城的"马车贸易"才会采取的惯例。一些商店的广告模仿正式的活动邀请或名片，只在上面用漂亮的字体印上被邀请人的名字、职业和住址。

《费城公共记录报》上的女性题材，曾经相对开放且涉猎广泛，但在世纪之交，却没有这么多的关注点。有关女性在职业上取得的成就和开展公民运动的文章，对推销东西没有任何帮助，因此编辑们逐渐将这些文章从女性版面上删除。相反，女性专栏作家的言论都表明女性的情感生活离不开消费品。文章很少触及女性之间友谊的变化，倒是在其他话题上喋喋不休，诸如餐桌布置、手指三明治或者客厅游戏玩具等，这些东西可以在下午茶时为朋友们带去快乐。她们没有纠结于婚姻中的问题，相反，她们所考虑的是怎样才能搞到一套完美的新娘嫁妆。按照《费城公共记录报》的解释，上流社会的女人世界，就像广告里描述的那样——一身珠光宝气，享受着肤浅的快乐。

20世纪初，《费城北美人报》和《费城公共记录报》关停了开放式的咨询专栏，取而代之的是一种新型模式：主题咨询专栏。这让编辑们可以更好地掌控并将读者引向广告商的产品。这些主题专栏最初出现在精英报纸上，20世纪20年代蔓延到几乎所有的城市日报，这一趋势不仅让高端的，以消费者为导向的《费城公共记录报》和《费城北美人报》上的开放讨论关停，影响更是波及整个报纸领域。

工人阶级、大众群体和社会精英的读者受众之间会有重合的部分。工人阶级的报纸提供了最全面的分类广告，所以来自不同社会阶层的费城人都会咨询这些报纸。其他受过良好教育的读者购买这些报纸是为了满足自己的某种感官欲望或凑个热闹、打发时间而已。精英报纸的价格并不比城里任何一家报纸昂贵。向上层社会挣扎奋进的费城人也会购买这些报纸，一是为了象征自己的社会地位，再者是为了寻求一扇能帮助他们通往梦想中繁华世界的窗口。许多人每天都要对各种各样的报纸进行抽样整理，再从每一份报纸中寻找自己最需要的东西。尽管 19 世纪晚期的新闻在读者类型上有一些重合，但这一时期的报纸似乎更具有明显的阶级特征，然而这种特征在 20 世纪 20 年代开始消失。

生产型转向消费型

费城世纪之交的报纸在日常城市行为中提供了各种各样的指导。当涉及新技术时，几乎所有的报纸都以同样的方式指导读者。上层阶级和工人阶级的读者都是第一次遇到烤面包机和电熨斗，所以即使不知道如何使用这些东西也不会感到难为情。新闻记者把这些技术框定为符合公共利益的"课程"。在报纸上，我们每天都会学到如何比祖先做得更好的艺术，部分原因在于商人们所宣传的技术对工人阶级、中产阶级和上流社会的城市居民都一样重要，报纸开始减少刊登那些具有阶级区别的建议。报纸向读者兜售家用电器和现成的食品时，催生了一种依赖于劳动和专业知识的城市生活方式。这些趋向于大规模消费而不自己动手的趋势在 20 世纪头几年就已经显现出来，并在 20 世纪一二十年代加速发展。

随着报纸为厨房引进了一些新技术，我们现在所知的 20 世纪的美国饮食结构也随之形成，即到处都是加工和需要冷藏的食品。在 19 世纪的大部分时间里，家庭厨师和仆人几乎包揽了从蛋糕到番茄酱的所有食物。当当地商人提供现成的食物时，他们通常会自己做，比如陈年的奶酪、烤面包，或者在自家商店的后屋里腌制泡菜。然而在 19 世纪末，企业家们开始将大规模生产技术应用到食品生产上，他们建造了巨大的面包店，生产饼干和松饼；他们设计了安全可靠的方法来保存蔬菜和鱼肉等容易变质的食物。大规模的生产方式降低了大多数主食的价格。尽管如此，由于城市居民更加信赖他们自己（或他们的仆人）的食谱，也依赖于小规模的城市生产商，所以他们并没有马上接受这种大规模生产食品的方式。

在工人阶级、大众群体和精英报纸上刊登的广告都表明哪怕是持有怀疑态度的读者，也会被这种加工食品吸引。他们还为此描述了不做饭的好处。"汤是晚餐最好的开始，"一则 10 美分安德森美味汤的广告中说道，"但如果有人必须得守着热火炉熬汤，又累得吃不下的话，那这汤就不好喝了。"[57] 正如一句口号所言，加工好的食物意味着"母亲可以少干活"，而且也有时间坐下来轻松地吃顿饭。广告上还声称，有了现成的食物，费城人就能重温乡村食物和祖父母烹饪的美味。如果女性决定购买这些新食品，她们可能还不知道该怎么做，报纸广告和文章就会进一步给予解释。广告中会附有食谱，或者让读者在包装上找到食谱。

妇女们一买东西就会买好几天的量，有了报纸的介入，她们的这一习惯也慢慢地改掉了。一则冰箱广告上有一个妇女，惊呼道："不用每天去超市，这真是一种解脱。"[58]报纸专栏会敦促消费者保留一个"应急货架"以备不时之需，并告诉他们什么样的罐装食品可以放在上面。最后，广告会想尽办法让家里的厨师接受这样一种奇怪的观点，那就是包装食品可以存放多年，并且可以在任何季节食用。在这样的广告熏陶下，女性慢慢地开始购买那些罐装或塑料包装的食品。

报纸广告也游说读者采用这个时代的其他技术，比如使用燃气供热和电灯等，因为这些技术将从根本上改变他们的家庭生活。广告向从未有过这种经历的读者详细地解释了使用电线或燃气供热的好处。联合煤气公司的人解释说："当你能拥有一种像日光一样健康的光线时，眼睛就不会感到疲劳了。"[59]广告还与费城电力公司合作，为费城普通的排屋铺设电线。到 20 世纪 20 年代末，费城几乎所有的家庭都用上了电。

20 世纪一二十年代的报纸广告成功地推销了一种在城市环境中毫无意义的新技术：汽车。因为在费城狭窄的房屋和街道之间，几乎没有空间可以开车或停放汽车。与此同时，在火车站周围建起了偏远的社区，即使是这里的居民也会觉得自己可能没有必要使用汽车。当费城人第一次在城里开车时，因为开车而造成的问题比他们已经解决的问题还要多。想要在市场上超速行驶的司机最终还是堵在了马车或有轨电车的后面。在一个没有停车标志、交通灯，甚至没有司机会在道路右侧行驶的城市，因交通事故而引发的死亡已经司空见惯。然而，汽车版面上的文章，往往都刊登在汽车公司购买的大幅广告空间内，让汽车看起来魅力十足。他们对赛车手进行了详细的描写，并将新车看作赢得女性芳心或在商界赢得更多尊重的一种渠道。报纸随后通过回答费城人关于汽车机械师和驾驶规则的问题，引领他们进入一个驾驭汽车的世界。费城人去找汽车经销店，购买霍普莫比尔、菲亚特和凯迪拉克等品牌的汽车。然后，他们开始四处游说人们拓宽道路。汽车公司的广告宣传，再加上与报纸之间的合作，创造了更多的以汽车中心的基础设施，并从 20 世纪 20 年代开始，成为一个正在逐渐向外扩张的城市。

报纸上宣传新产品的文章巧妙地引导读者处理事情时不再亲自动手，从而降低了城市生活对居民的物质技能要求。最初，汽车和广播版面会鼓励读者去尝试新技术。在《费城调查者报》上一个叫"会说话的汽车"的专栏中，汽车专家向读者讲述了汽车启动时出现噪声的可能原因，如何用漆保护汽车的黄铜表面，以及冷却系统的各种操作等。然而，在很短的时间内，许多报纸逐步淘汰了有关汽车物流的专栏，而是把读者向专业的机械师领域引导。报纸的广播版面也发生了相应的变化。早期的广播版面在专栏文章中讨论的都是读者提出的技术性很强的问题。但后来这些业余工程师的论坛逐渐隐退，给每日广播和随后出现的音乐节目和广播剧的广告腾出了空间。报纸建议，读者应该把烘焙的事留给工业化厨房，把炉子的故障交给公用事业修理工解决。20 世纪初期的十年，报纸似乎一直在坚持这样一种观点，即真正有能力的城市居民，不是那些会做一顿浓汁炖肉丁的人，也不是那些会换轮胎、会做桌子、会缝衣服或能修理好水龙头的人，而是那些知道如何选择产品和服务，知道如何购物的人。

费城各大报纸上的广告和文章都认为购物既是一项基本技能，也是一种令人愉快的追求。广告商援引一些聪明购物者的话称，他们通过选择合适的商品（从新鲜黄油到吸尘器）来改善家庭生活。在瓦纳梅克的一则广告中，一位衣着讲究的女士正在啜饮品茶，图片下方写着一句话："认真地选择对的衣服，得花去半天的工夫，噢！让我们看看娇兰的香水展览吧！我听说法国人生产的一些香水每瓶售价超过 20 美元。不知道是这样吗？"报纸上鼓励的那种购物方式可能会让人觉得很陌生，甚至让人望而却步。因为报纸要求读者冒险深入到市中心的某个展览室或百货商店，或走进某个特许经营的杂货店内部。

人们习惯在街边小摊上砍价，在拥挤的公寓里找裁缝做衣服，或者在杂货店里买一袋袋的土豆，市中心大商场的宽敞空间、员工和其他顾客等很容易让初来乍到的人们感到骇然。出于这个原因，商场利用报纸广告来安抚和吸引新的顾客。许多广告还向人们展示了商店内部的设施等，并确保读者可以了解到柜台的具体信息。

与此同时，广告也给读者提供了信息，让他们感觉到自己也是专业的购物者。一些百货公司的广告包括其不同地区所有分店的目录。还有广告会具体地向读者指明在哪里能找到广告上的商品。广告的文字描述还能使消费者对他们想要的产品有更加深刻的了解。广告中为读者提供的价格信息，意味着商家和购物者已经定下了基本的规则。这个时代的费城人，有时候会剪下报纸上的广告，并在购物途中随身携带。有了这些价格，读者进入商店后，就有了自信，相信自己不会被那些销售人员欺骗了。

报纸还鼓励工人阶级、中产阶级和上层阶级的读者使用新技术，这一转变与费城从以生产为基础的经济向以消费为基础的经济转型同步。19世纪一二十年代费城的许多新职业都属于服务行业。报纸上提供的建议越来越多、越来越规范，逐渐开始在城市消费者中形成了一个大众市场。20世纪一二十年代，报纸上的其他咨询建议也反映并加速了这种向大众文化转变的进程。报纸放弃了许多针对某个社会阶层所提出的建议，并为那些越来越不确定自己应该如何行事的都市男女勾勒出了新的行为准则。

服务于大众市场的媒体

20世纪一二十年代，和整个国家一样，费城的报纸总发行量有所上升，但种类却急剧下降。新报纸的启动成本已经高得令人望而却步，几乎没有新手出版商能够负担得起购买新设备、收购美联社或合众新闻社，也无法保证成功签下能够吸引读者的联合特稿合同。由于没有庞大的订阅基数，新报纸在通过出售广告版面而寻求资金支持的时候遇到了麻烦。出版商意识到自己可以不受新手竞争者的威胁，于是他们开始计划合并几家报纸，成立报纸连锁机构，利用更大的规模和资金获得利润。1902年，《纽约时报》的持有人阿道夫·奥克斯买下了《费城公共记录报》和《费城时报》，并将二者合并。1913年，赛勒斯·柯蒂斯接管了《费城公共记录报》，并收购了三家竞争公司；同年，他还创办了一份晚闻版的《费城公共记录报》，取代了像《呼唤》和《条目报》这样的小规模晚报。

20 世纪 20 年代，任何一个费城人走在栗子街上，都会感受到过去十年间发生的变化。位于第六大街和第八大街之间的报社像《呼唤》《电讯报》《新闻界》《条目报》和《费城时报》等都已经关闭。费城剩下的报纸已经搬进了具有纪念意义的新总部。1924 年竣工的莱杰大厦占据了第六大道的整个街区和整条栗子大街；1925 年，《费城调查者报》建造的位于北广街 18 层的埃尔弗森大厦，成为费城最高的建筑之一。

针对某个特定阶层而发行报纸的时代结束了。只有 1925 年创立的小报《费城每日新闻》还明显地符合一个阶级（工人阶级）的利益。城市中的其他报纸试图超越自己的定位，通过内容去吸引不同阶级、性别和不同政治立场上的读者。20 世纪 20 年代，《费城晚报》的报头上写着："在费城，几乎每个人都读《费城晚报》。"19 世纪的报纸可不敢这么说。然而，因为所有的报纸都试图以同样的方式垄断这一领域，费城主要的报纸开始变得越来越相似。在当地新闻报道中表现出色的《费城纪事报》和《费城晚报》，开始印发更多的国内和国际新闻。报纸的编辑们也在努力为不同品位和收入的人们提供产品和信息。《费城调查者报》为烹饪栏目的读者印发每周菜单和市场购物清单，并为他们提供了两种选择，一种是 10 美元的预算，另一种是 25 美元的预算。

《费城论坛报》，这个城市的黑色周刊，从来不是一份大众化的报纸，因为它的办刊目的从来就不是为所有的费城人服务。然而，它却追随了那个时代的许多潮流。20 世纪一二十年代，《费城论坛报》开始刊登更多的专题：食谱、卡通、美容咨询和幽默专栏。许多大众市场公司在《费城论坛报》上刊登的广告与在其他报纸上刊登的广告一样。20世纪20年代，一些费城黑人开始接受《匹兹堡快递报》，这份横跨不同城市和不同社会阶层的报纸也显示出迎合大众读者的迹象。《匹兹堡快递报》从一开始的一整版费城新闻增加到每周24页，而《费城论坛报》每周也才16页。《匹兹堡快递报》似乎迎合了整个大西洋中西部的工人阶级、中产阶级和上流社会的黑人利益。它刊登了大量的社会笔记、大学生专栏和邮轮假期广告，但它为蓝调唱片做的广告和咨询专栏的来信显示出它也有一批来自工人阶级的读者。

大众化报纸的兴起是美国城市大众娱乐活动的一部分。曾经经常去歌剧院或音乐厅的费城上层阶级，如今开始和下层阶级听同样的广播节目，这些节目于1922年在费城开播。一些费城人曾经只在繁华的百货商场购物，还有些会去熙熙攘攘的街头市场购物，现在许多不同阶层和种族的购物者开始频繁光顾连锁店。报纸也推动了多形式大众文化的发展。报纸上的广告开始用一种"随大流"的宣传方式，告诉读者他们应该尝试其他人正在尝试的东西。在一个阶级分化非常严格的时代，认为一种产品可以满足所有人的想法似乎有点愚蠢，但在大众市场营销的时代，这种想法又是稀松平常。

大众媒体和营销与20世纪一二十年代的重大事件共同作用，消除了阶级之间的一些差异。第一次世界大战让费城的精英家庭感到屈辱，他们因为战争而变得物资匮乏，不得不做出牺牲。由于战争期间办公室的男性雇员都被招募去参军，生产工作对女性工人的需求不断上升。愿意从事家政服务工作的女性随之越来越少。由于失去了佣人，许多中产阶级和上层阶级的女性开始尝试自己料理家务、抚养孩子。政府通过宣传敦促美国家庭减少肉类和小麦的消费，以便向饱受饥荒蹂躏的欧洲输送更多的食品。由于食品和燃料价格的上涨，即使是生活富裕的人也不得不精打细算。1917年，《费城公共记录报》的相对富裕的读者每周会发出30封信，询问如何用更少的钱养活家庭。报上的《多萝西购物服务》栏目开始推出有针对性的销售和折扣，不再仅仅是刊登最新和最时髦的商品了。报纸开始广泛推广美国生产的时装，转移精英消费者对欧洲服装的兴趣——由于战争的缘故这些欧洲服装十分稀缺。

战争教会美国上层阶级家庭如何少花钱多做事，但20世纪20年代的经济繁荣让工薪阶层和中产阶级家庭产生了更多的期望。1917年至1929年间，城市居民的收入大幅增长。费城女性也陆续远离佣人的工作，开始到费城北部新建的西尔斯分销中心、柯蒂斯出版公司在市中心的办公室，以及塔科尼的工艺丝织袜品厂等地方从事新工作。费城一些工薪阶层的女性也停止了之前的工作，因为她们的家庭现在可以依靠丈夫的工资过上舒适的生活。原先居住在中心城市或费城北部一些住房面积狭小的家庭也搬进了新建的社区，住进了宽敞的大房子里。一些人驾车穿过新建成的特拉华河大桥回到新泽西州南部郊区的住宅。在获得了更多的舒适感和安全感之后，费城的工人阶级也乐于并且有选择地接受社会中上层阶级的物质生活方式。

大众报纸为公众阅读和消费推出了精英礼仪和精英商品，在这个过程中，他们又重新定义了"精英"这一概念。曾经继承下来的精英地位变成了一种可以后天学习的特质，也成为一种可以购买的商品。出版商会试图通过他们为中产阶级和工薪阶层提升社会地位这一手段来吸引这两个阶层的读者。其实最希望把中上层阶级的习惯传授给读者的是广告商，因为他们越能点燃读者对奢侈品的欲望，就越能获得更多的利润。1923 年，金贝尔斯百货的一则广告表达了这一概念："费城作为最繁荣的城市又迎来了新的一年，在这一年里，所有人都能心想事成并满足自己的品位和渴望。"[61]如果报纸的读者相信他们真的有能力满足自己的品位和愿望，金贝尔斯会助其梦想成真。

20 世纪一二十年代的报纸为读者提供了细致精确的指导，帮助他们将储蓄转化为真正的财富。大众读者报纸上的广告在 1900 年左右开始兜售像保险和债券这样的金融业务，直到几十年后，报纸上的广告才为读者提供了如何致富的详细指导。有的读者一无所有，只在床垫下塞有一些现金，他们甚至连一个有银行账户的人都不认识，即使是这样，在这里也能拥有一张通往安全与繁荣的地图。对于那些对金融术语和产品感到一头雾水的人，报纸也会为其做出解释。《费城纪事报》每天都会刊登一篇关于"女性的金钱问题"的专题，回答一些诸如"什么是抵押贷款凭证？"以及"如何投资信托基金？"的问题。当然，报纸上的金融教育肯定还是有缺陷和不完整的。金融广告有时也会误导读者，或者给他们一种错误的印象，即任何人都能通过几次聪明的投资来收获大笔的财富。尽管如此，报纸还是将金融民主化了，因为他们利用现金和读者的好奇心向读者保证人人都能获得财富，而不是只有那些有关系的人才会变得富有。

　　为了能继续保持这种对金钱和地位的开放性，20世纪一二十年代的记者们对美国的阶级制度以社会学的视角进行了坦率的阐释。几十年来，报纸一直在社会专栏上刊登当季初涉社交舞台的少女的照片，但从未解释过初涉社交舞台的少女从事的是怎样的职业。1916年，一位愤怒的读者写信给《费城公共记录报》晚间版的咨询专栏作家，问社会专栏的文章中"让她出来"这样的短语是什么意思。专栏作者大方解释说："社交舞会只是费城精英们设计出来的能让自己从大众之中脱颖而出的方式之一。"作者还写道："时尚之路的每个阶段都必须要有所改变，否则'最优雅的'和'其他的'之间就没有区别了，这样一来社会就要瓦解了。"这样一个讽刺的回答，在十几年前是绝不会出现在《费城公共记录报》上的。这种回答也是对早期《费城公共记录报》争相报道礼仪和等级制度的一种嘲笑。《费城公共记录报》晚间版的礼仪专栏作者黛博拉·拉什态度分明却毫无讽刺地写了一篇关于阶级区别的文章。她告诉读者，某些常见的表达与"只有普通人才会使用的粗俗表达方式"背道而驰。她还明确地表示，使用社交礼仪是为了区分个人与大众，为了证明个人比大众更优秀。这也是报纸第一次公开讨论阶级运作的方式。

　　之后，报纸礼仪作者教会了读者优雅的礼仪。《费城晚报》开辟了一个小专题，标题为"你的语法怎么样？"来回应读者提出的诸如"我不是吗？"和"我不系吗？"等问题。在该晚报的专栏《良好礼仪》中，黛博拉·拉什为读者刊登出了通信模板，以供读者参考：

亲爱的 _____：

　　也许你听到我的消息不会感到惊讶。我与 _____ 先生的订婚消息将在 _____ 月 _____ 日在报纸上登出，但是鉴于你是我的老友，我还是希望在消息公布之前能够亲自告诉你。非常希望能向你介绍我的未婚夫，因为我相信看到我幸福的模样你也一定会很开心。

　　　　　　　　　　　　　　　　　　　　你的好朋友 _____ [64]

　　拉什显然是在上流社会或中上层阶级家庭中长大的，有时她认为读者和她有相同的背景，就像她在 1916 年的一篇专栏文章中提到的感谢信一样，虽然她并没有解释为什么写感谢信。对此不熟悉的读者提出了大量的疑问，比如，在一顿简单的午餐之后需要写一封感谢信吗？一次晚宴之后呢？在别人家待了一周呢？信里应该说什么？20 世纪一二十年代的礼仪专栏开始向所有感兴趣的读者（不管这些读者来自哪个阶级）传授上流社会的礼仪。

　　除了教导读者如何做到举止优雅之外，报纸上还刊登广告，公然兜售社会地位。20 世纪一二十年代的广告并没有像世纪之交的《费城公共记录报》的广告做的那样把目标对准上层阶级，而是鼓励人们梦想有一天能负担得起精英产品。广告还提供马术课程和法语杂志，吸引读者跻身富人文化。1924 年，一份劳斯莱斯的广告给读者提供了一个机会，让他们可以通过自己英明的选择加入某一个精英圈子，广告中写道："劳斯莱斯车主的名单读起来就像'名人录'或者'社会名人录'。国王和王子、银行家和社会领袖、制造商、出版商、政治家——所有那些坚持在家庭生活，甚至在每一处细节中体现文明的人，劳斯莱斯是他们必然的选择。"[66] 20 世纪 20 年代，广告开始印刷广告语："只在最好的店里销售。"尽管这种标语试图营造出一种非我莫属的排他性氛围，但实际上远不如上一个时代的购物体系更具有排他性，因为在以前的时代，最好的东西根本不用做广告。

"买得起的奢侈品"可以让读者尝试不同的产品，并在特定的阶级中出入自如，而不只是局限于家庭和传统所必需的生活用品。百货公司的广告把女孩的衣服标为"青春少艾"，好像所有的顾客都即将成为初出茅庐的少女。20 世纪的广告对美国人的收入没有任何影响，因为美国人有能力购买这些产品。但这些广告的确为任何需要并有可能购买奢侈品的人打开了各种渠道，比如抽一点埃及香烟或者尝一下香槟俱乐部的生姜啤酒。读者买到的是一点点的魅力，以及一丝上流社会生活的味道。

塑造现代男女的灵魂

1915 年至 1930 年间，报纸上提供的咨询更加模棱两可，不再像过去十五年间那样会在咨询建议中传达出更多的确定性。在过去的十五年间，报纸会用匿名在社论版块上以回答问题的形式，引导读者接受既定的行为准则。20 世纪一二十年代，这种权威的声音竟出奇地安静。报纸提供大量的材料，为读者列出更多举止行为方面的可能性，而不再是简单地告诉读者什么是正确的，什么是不对的。当报纸向读者提供更多选择时，它们在某种程度上反映出来的是一种宽松的道德准则，以及对读者如何从广告世界中进行选择的高度重视。广告商发现，这种对商品多样性和读者可以有多种选择的重视，能让他们卖出更多的商品；每一个新的（通常是不必要的）商品的变化都能让顾客获得不同的体验、外观或生活方式。报纸对现代男性和女性角色的讨论都是基于这种推断。

第一次世界大战后的专题报道和广告总是告诉人们男人和女人在城市生活中扮演着不同的角色。报纸在刊登职位招聘广告时，都会将"男性"和"女性"分成两个独立的版面。男性的专栏作者会是医生、牧师和财务顾问等，而女性专栏作者则在两性关系、礼仪和家庭装饰等方面提供咨询。这种文章还展现了男人和女人可以表现出的各种各样的行为方式。

20世纪一二十年代的许多广告商、专栏作者和插图作者继续围绕消费品进一步展开对女性魅力的刻画。《费城公共记录报》晚间版给自己的购物部门命名为"带着钱包去冒险"。《费城北美人报》的时尚专题描绘了一群年轻女性，她们把整个社交生活的中心都放了自己喜欢的衣服上。在幽默版块，丈夫或父亲对女人轻狂的购买行为和对时尚无穷无尽的爱好视而不见，这也强化了一种观念，即所有女人都会也应该热爱购物。但在同一份报纸上，也会有一系列的专题去鼓励女性寻找一份有意义的并能让自己更加独立的工作。在战争期间，中产阶级女性出来工作后，一定程度上消除了她们固有的一些坏名声。《费城公共记录报》的女子页面，曾经只关注一些缝缝补补的家政工作，现在却认为："每一个女人，不管是在办公室里、商店里、还是在家里，一定要马上开始学习与工作相关的机械知识以及补充自己在机械原理方面的基础知识，因为将来肯定会出现有需要她使用这方面知识的机会。"[66] 20世纪20年代的《费城公共记录报》晚间版上，有一个《女人交易》的专栏，引导有职业头脑的记者到适当的学校和就业局去开展工作。广告上也在积极地招募女性。费城大学档案学院的广告就描述了一位摩根小姐上完夜校后，找到了一份非常不错的工作，而且"现在感觉她正在做一些有价值的事情"[67]。

报纸为女性读者提供了预览职业世界的机会——带她们参观工作场所，并向她们介绍各种职业。早些时候，《费城北美人报》发表了一系列文章，如"女性赚钱之道"，描述了像速记或教学等职业的日常需求。20世纪20年代，《费城公共记录报》晚间版的专栏作者薇薇安·雪莉每天都会尝试一份不同的工作，并向读者汇报自己的经历。漫画《速记员蒂莉》（第4版）和《一个人的速记》记录了20世纪20年代办公室秘书的冒险故事。漫画可以强化性别的形象。在最后的画面中，要么是女人被男人的愚蠢惊呆，要么男人被女人毫无意义的习惯吓坏。尽管如此，漫画还是让读者在视觉上领略了城市中的办公环境，并让读者熟悉了男女共享办公场所的情形。

报纸上的专题为现代职业女性出谋划策，帮助女性实现正常化工作。专题文章中讨论了年轻工作女性的预算问题，并为单身女性（而非家庭主妇）在家做饭提供了相应的菜谱。《费城调查者报》上的"穿着考究的现代商界女性"专栏告诉读者，哪里可以找到适合办公室穿着的廉价工作服，什么颜色适合办公室的风格，以及如何通过改变一件衬衫就能将一套工作服变成一套晚礼服。《费城晚报》的女性专栏上有一个"办公室的穿搭风"的专题，刊登了办公室员工和柜台工作人员之间虚构的对话，虽然这些故事从未以道德角度结尾，但这些对话带读者领略了办公室中的困境，比如来自同事的意外压力或老板工作保密要求。

在 20 世纪 20 年代，许多报纸重拾了提升女性信心的报道，正如《费城公共记录报》在其早期的女性版面上所刊登的内容。《费城调查者报》刊登了《女性世界》专栏，列出了全世界的女性取得的成就：

> 俄亥俄州有一名女性狩猎监督官，在必要的时候毫不犹豫地举起了枪。
>
> 日本国会最后一轮会议取消了禁止妇女参加政治会议的禁令。[68]

《费城公共记录报》上名为"女性公民"的专题和《费城纪事报》上"女性的金钱问题"的专题都回答了独立女性所面临的问题，如是否应该以及如何独自旅行等。《费城北美人报》要求读者在其周日杂志上提名"马克女士"以便报纸对这一形象进行刻画。20 世纪一二十年代的报纸很少去调和报纸上出现的不同活动（购物、家政、工作和政治等）之间比较明显的冲突。但报纸上讨论的角色范围扩大了，女性可以进行选择性的阅读并采纳最适合自己的建议。

报纸也为现代男性的行为提供了大量可行性的参考，刊登在以男性为目标的体育版面、商业版面和社论版面上。报纸上的特写和广告明确地将现代人定义为自力更生和独立自主的群体，这一定义不仅与美国普遍的自力更生的精神相一致，而且与广告商和出版商的信念相吻合。《费城纪事报》社论版系列"我的第一份工作"介绍了城市中的律师、前途无量的房地产经纪人、企业总裁等知名人士，并描述了他们在职业的云梯上攀登的奋斗史。《费城纪事报》还不断地报道科学创新，以及那些把科学创新转变成商业盈利项目的重要人物。

报纸出版商和他们的广告商可能希望引导读者不要过多地从政治角度去理解劳动。19世纪90年代的罢工已经使国家陷入瘫痪，政府和商业领袖们担心第一次世界大战期间移民入境后形成的激进主义会让情况变得更糟糕，因此广告商和报纸出版商都为他们的工厂和印刷厂雇用了大量的工人。他们想让这些工人相信只有辛勤的工作，才能获得丰厚的回报，集体行动并不能提高工资和改善生活条件。所以专题报道上都避免讨论那些可能会妨碍人们职业发展的行业性问题（例如，从工厂工人晋升到管理层的可能性很小），并暗示员工每个人都可以掌控自己的命运，选择自己的职业。

失败是个人的错，而不是行业的错，但如果通过有效产品重新激发起个人的动力，那么这种失败也是可以补救的。"成功始于正确的思考，"晚间版的《费城公共记录报》这样评论道，"当你认为自己无法成功时，失败就来了。"⑬汽油、啤酒、香烟，甚至巧克力牛奶的广告都暗示着读者可能不够男性化，无法应付未来的挑战，但却承诺该产品将使他重新跻身成功男性的行列。一则广告上解释说："成功的获得，靠的不仅是头脑，还要有坚持到底的精神和力量。"在一个手持酒杯的帅气男子的形象旁边，出现了这样一句标语："阿华田——它会造就一个全新的你。"[70]

广告把男人的购物活动视为一项有限的任务，而不是一种乐趣，它鼓励男人成为烟草、汽车和剪裁讲究的衣服等少数几种商品的鉴赏家。报纸上很少会提到，当然更不会宣传城市艺术家的颓废气质或花花公子身上华丽的时尚。男人的广告强调的是事业的价值，而不是美学。1920年的一则广告宣称："成功的男人是路易马克鞋最大的买家，因为从经验来看，他们已经知道，在这里花的每一美元都能额外获取30%的价值。"[71]男性只是购买了那些女性不愿意为他们购买的东西，根据报纸的统计，他们买东西不会悠闲地浏览信息，而是非常高效。面向男人的文章试图引导读者去做一些沉稳、体面的休闲活动，这些活动有利于报纸广告商获取利润，比如在乡下开车、参加体育活动，或者在家里享用美味的雪茄等。这些男性休闲的景象取代了闹哄哄的城市工人阶级文化中最喜欢的消遣方式，如赌博、业余拳击或在酒吧里喝酒等（从1920年起，酒吧就被定为非法活动）；也取代了城市流浪者喜欢的长时间漫无目的的闲逛。相反，他们创造了一个充满责任感的劳动者的世界，他们在业余时间追求乐趣，不会干扰第二天的工作。

就像女性版面中提倡完美的身材和无可挑剔的家务劳动一样，体育版和广告中对男性形象也有严格的标准。世纪之交的体育版只是随意刊登一张足球联队的照片，但在20世纪20年代，这些版面却展示出更多运动场景的照片，比如拳击手准备出拳的照片，跑动中的短跑运动员以及足球运动员在铲球时的照片等。广告中的男人大多身材匀称、肌肉发达，穿着更是无可挑剔。在体育版面上，作者们纷纷评论男性的英勇，广告商业也采用强壮男人的照片，出售轮胎、钓鱼和度假用品。20 世纪 20 年代的报纸暗示，读者只要足够努力，就能练就一身令人印象深刻的强健体魄。编辑们还聘请体育教练撰写关于如何踢足球、长跑、游泳或打篮球的文章。这些文章还告诫人们要遵循养生法则，并购买相应的产品（从运动器械到保健品），这样他们才能更接近自己轮廓分明、动作敏捷的时尚追求。

20 世纪的报纸制造了一些过于理想化的男性形象，令人无所适从，而滑稽漫画通过对男性气质的调侃给人们带来了一丝安慰。滑稽漫画中的男性要么骨瘦如柴，要么又胖又圆；没有肩膀，还长着哈巴狗一样的鼻子。他们懒懒散散地在城市中穿梭，穿着破破烂烂的鞋子，头发直挺挺地竖着，一副桀骜不驯的模样。很多 20 世纪 20 年代出现的漫画人物，如大流士达布、在职的杰瑞、斯米提、兔八哥等，给读者带去了非常多的欢乐。这些漫画形象看上去都笨手笨脚的，他们会误解老板的命令，搞砸迅速致富的计划，每一次跟女人说话的时候都会冒犯她们。由于缺乏生存智慧和商业头脑，连环漫画中的人物也会受到推销员和雇主的两面剥削。他们被骗去了薪水，还被人骗去投资。工人阶级的传奇故事批判了这一荒谬论调：所有的人都可以在一个开放、公平的经济体系中努力奋斗。实际上，他们只是从一个零工换到另一个零工，像齿轮一样在一台官僚大机器中吃力地工作着。

漫画中的上层人物也同样不相信他们能实现自我成功。兔八哥和漫画《吉格老爹》中的吉格先生都赚到了钱，可是却不知道该怎么花。尽管他们有数百万美元，但仍是无可救药的工人阶级。

读者可以将这些漫画解读为对精英垄断这一概念的讽刺，或者是其他报纸所承诺的向上提升社会地位的讽刺。

20世纪20年代后期的报纸专题对婚姻和家庭的关注比以往更多，报道的细节也更为详尽。这个时代的社会剧变在一定程度上解释了新的关注度产生的原因。在女性的新权利、新角色和更叛逆的青年文化之间，婚姻和家庭经历了一个艰难的阶段。这个时代的相对繁荣和稳定或许也引发了公众对私人生活的讨论。在20世纪20年代的经济繁荣时期，许多费城人（以及其他美国人）都取得了一些里程碑式的成就：如为自己和孩子提供教育，有一份稳定的工作，有自己的家。然而有了这一切，生活可能并不完美，甚至不容易。为什么呢？美国人可能会问自己：他们能做些什么呢？这种情况正常吗？

在20世纪一二十年代，几乎每一家费城报纸都有把普通人的婚姻写成娱乐的专题。丈夫和妻子出现在报纸的各处——在连环漫画中争吵不休，在虚构的小插曲中学会在一起生活，在幽默专栏中互相辱骂。《费城公共记录报》和《费城每日新闻》都会报道同一个叫作《婚姻游戏》的专题，即"他"和"她"的婚姻问题。婚姻中一旦其中一方提出申诉，裁判即宣布这一方胜诉。

在过去的报纸上，不管是连载小说中的婚姻，还是社会版面中婚礼公告中的婚礼，都有着幸福的结局。尽管这些文章在20世纪20年代仍在延续，但新专题对这一习俗的描述却更加野蛮。在报纸的幽默专栏中，丈夫喝酒、撒谎、侮辱妻子；妻子没完没了地闲聊，大事小事花钱不断，在丈夫身边纠缠不休。唠唠叨叨的妻子形象也出现在那个年代最流行的几十本连环漫画中，比如

《吉格老爹》《阿甘一家》《马特和杰夫》和《达菲夫妇的所作所为》等。

20世纪20年代，人们的平均结婚年龄下降到22岁左右。有份好工作的年轻人可以早点结婚，这些人可能会因为一些名人杂志或电影而变得更加渴望浪漫，渴望哼唱情歌。特别是电影，对他们的影响非常大。20世纪20年代末，超过1.2亿美国人买票看电影，每周都会卖出9500万张电影票。电影可以激发起人们心中浪漫的期待。正如一位19岁的女性在1929年的一项调查中说的那样："我有了一个想法……恋爱中的二人结婚了，住在一间铺满玫瑰的小平房里，从此过上了幸福的生活。""电影给了我很多愚蠢的想法，而我的想象力却把这些想法当成了事实。"[72]电影情节通常描绘的是求爱时刻的心动情绪，然后在日常的婚姻现实开始之前就戛然而止了。然而，大多数电影观众都已经结婚了，也许他们一生要面对的，只是一个与电影明星相比黯然失色的普通人而已。

因此，报纸上的文章也在尽力矫正流行文化的幻想。例如，20世纪20年代的电影和浪漫主义小说在谈论爱情关系时很少暗示爱情需要双方共同维护，而报纸则开始讨论读者要如何改善他们的婚姻关系。咨询专栏的作者比阿特丽斯·费尔法克斯提出了"婚姻休假"的建议，即夫妻可以暂时分居几周的时间。专栏作家埃尔西·罗宾逊建议，女性应该培养自己的兴趣和活动，而不是一有想法就告诉自己的丈夫或者指望他们也跟自己一样。有一些专题还讨论了婚姻也可能不会长久的问题，《费城纪事报》的心理学专栏向读者讲述了"离婚：为什么和何时？"更常见的是，报纸还告诉读者如何协调他们理想化的婚姻观念与现实婚姻状况两者之间的关系。多萝西·迪克斯一直鼓励读者要满足于平淡的婚姻生活。她说："我们中的大多数人都无法像演员在大歌剧院中演唱的那样强烈地表达出自己的感情，也找不到太多足够有魅力的人证明自己能够付出多少。"[73]《费城纪事报》的作者在一篇名为《下一个最好的丈夫》的文章中，探讨了如何在实际的，而不是浪漫的婚姻中找到满足。

　　报纸的专题报道逐渐开始关注到这一问题，即不仅是丈夫和妻子之间，父母和孩子之间也存在分歧，报道这样的内容有时是想给父母带来一定的启示，有时只是简单地想让读者相信，所有这些分歧都是正常的。几十年来，报纸一直在为读者提供照顾婴儿的建议，但直到 20 世纪一二十年代，报纸才开始讨论儿童不尽如人意的行为以及如何对待这些行为。《费城纪事报》每天都会刊登一篇两个标题轮流出现的专题报道："你的问题女孩"和"你的问题男孩"。作者告诉读者如何阻止女孩说风凉话，如何教会男孩良好的乘车礼仪等。联合报纸的专栏作者安吉洛·帕特里告诉家长们如何让孩子们自己收拾东西，以及如何平息孩子们的怒气等。但是文章并未对青少年问题直接提出明确的建议，除非读者自己提出要求。母亲们写信给专栏作家，想知道如何严密监控女儿的消费习惯和社交生活；而对于女儿们来说，她们也会写信给专栏作家来猜测父母的意图。连载漫画把代沟变成了娱乐，比如《少年哈罗德》《接线员萨莉》和《邦古家族》等漫画中都刻画了这样一群青少年，他们穿着父母反对的衣服，过了宵禁还在外面待着，全家一起度假的时候也是满腹抱怨。漫画在描述父母和青少年的时候并没有偏袒任何一方，只是简单地展现一些对许多家庭而言都熟悉不过的争吵。

到了 20 世纪 20 年代，专题文章的报道方式比前几十年的规定性文章更为宽松、开放。但是主流日报的文章却没有反映出人们的全部经历。《匹兹堡快递报》是 20 世纪 20 年代费城最受欢迎的非裔美国人周刊，它的专题部分有时候与主流日报一样对某一个主题讨论起来滔滔不绝。《匹兹堡快递报》的咨询专栏《给女孩们的友好建议》中，对人们在生活中遇到的失望和困难比任何都市日报上的报道都要更加开诚布公，并且建议读者行为要谨慎。专栏中向人们展现了真正让人感到痛苦的问题——许多非裔美国人面临着他们白人同伴们从未面临过的可怕选择。一位年轻女子写道："我爱上了一个黑人男青年，而且我真的很想嫁给他。我想要孩子，但我不喜欢把一个黑孩子带到这个世界上，让他被人欺负。"[74] 一位读者写信问她是否能冒险到南方去探亲，之前她一直以白人的身份生活在北方，她担心丈夫发现了她的黑人家庭，会离开她。除了特定的种族问题之外，专栏中还提到了主流日报从未讨论过，但普遍存在的问题。另位读者写信说："我被同学骗了，他告诉我他现在不能和我结婚，因为他必须完成自己的学业。请告诉我该何去何从，这样我就可以远离世人的视线，度过我的孤独期。"[75] 有很多话题，如婚前性行为、意外怀孕、自杀、同性恋、堕胎、吸毒成瘾等都被主流报纸拒之门外。这种选择性的报道方式本身就是一种建议，告诉读者什么是他们不应该做的，或者至少什么是永远不要谈及的。

这些年，费城报纸上的文章提出了相互竞争的观点。咨询师的个性和女性版块都强化了男女领域分工的概念，但有些专题报道也会鼓励女性融入男性主导的职场工作。文章和广告都告诉人们如何在资本主义市场中生存，就像喜剧演员在一个被人操纵的渠道中发泄不满一样。日报的专题特写提供了一系列关于如何成为一个现代都市男人或女人的想法，而且事实上这些想法会让许多读者感到兴奋，甚至会感觉豁然开朗。然而，报纸关于如何行事的说明却很容易被疏远并受到排斥，因为很多情况和困难从未在报纸的专题报道中出现过。

詹姆斯·爱德华·罗杰斯在其1909年的研究专著《美国报纸》中得出了这样的结论："现代美国报纸是我们的国民教育工作者，不分尊卑或者老幼。"罗杰斯认为，移民和工薪阶层的"平凡人"必须接受中产阶级工作习惯和价值观的教育，才能成功地融入土生土长的中产阶级，但是要教会这些"平凡人"可能很难。罗杰斯评价说："我们可以通过一些必修的学校课程来教育孩子们，但我们不能强迫成年人接受这些知识。"他还说，"有一家机构能够应对这一问题并取得实际性的成果，那就是媒体。"罗杰斯赞扬了报纸行业，因为它们教会了读者如何改善烹饪、缝纫、清洁和锻炼等日常习惯。

罗杰斯很快注意到，报纸承担了引导读者掌握日常生活礼仪的任务。但他的分析把报纸咨询的本质和功能弄错了。报纸不是由慈善的、家长式的改革家经营的管理严格的企业，而是完全商业化的媒体，它们在满足广告商需求的同时，也在不断地迎合读者。它们多种多样的咨询形式确实为城市公众行为设立了标准、目标和限制，但它们更注重的是读者的利益和商人的意愿，而不管什么改革家的计划。

当《费城公共记录报》开始推出女性专栏时，它展示了咨询类文章吸引读者注意力和引导读者购物的潜力。19 世纪 90 年代，全国各地的报纸首次推出了自己的女性版面，而这些女性版面的发展演变都经过了相同的几个阶段。例如，《波士顿环球报》的《女性时间》栏目迅速发展为一个读者交流想法、观点和交换食谱的平台。然而，像《费城公共记录报》一样，《波士顿环球报》最终关闭了这些涉猎广泛的对话栏目，并把它们换成便于插入广告的专栏。

在女性版面成功发展起来的基础上，美国各地的编辑又将提供咨询的文章融入报纸的其他许多版面之中。在 19 世纪 90 年代，最有可能担任广告顾问的是大众报纸。例如，《纽约世界报》在 "城市表妹伊迪丝" 写给 "乡村表妹贝茜" 的一系列虚构信件中，向读者传授了城市的礼仪和风俗。《亚特兰大宪法报》就各个行业的利弊向雄心勃勃的年轻人提供建议。丹佛的《落基山新闻报》开办了一所 "家庭暑期学校"，通过刊登关于科学、经济学和文学方面的文章为中产阶级提供自我提升的方法。与此同时，工人阶级报纸在其新闻专栏中开始重点报道读者在当地的生活。就像《费城条目报》一样，这些工人阶级报纸的收入主要来自于分类广告，因此，需要的时候，报纸还能开上流社会和消费文化的玩笑。

全国范围内的上流社会报纸都知道，他们的读者喜欢全面的、反映他们投资和职业的全国性和国际性的 "宏观" 新闻。当《纽约晚报》读者赞扬这份报纸的理性和判断力时，他其实也是在明确表达自己的态度："'晚报'带着一双渴望了解自己的城市、国家乃至世界大事的眼睛去观察生活，只需一眼，它就会忽略掉那些不重要的和转瞬即逝的东西。"[76]一位匹兹堡的读者坚持阅读那些符合"我的好品位和我的主次标准"的报纸。不管上流社会的报纸有多高尚，它们都会对广告商心存感激。

19世纪末的小众报纸概括了阶级特有的行为和态度，但很快就被20世纪初的大众市场模式所吸收。在全国各地的城市里，主流报纸尽其所能地关闭或接管规模较小的竞争对手。他们依靠广告合同和财政储备维持经营，在发行量争夺战中暂时降低了价格，这样一来就淘汰了一些小规模的日报。其他大型报纸干脆直接吞并了规模较小的报纸。《芝加哥先驱报》于1895年收购了《芝加哥时报》，1901年又收购了《芝加哥纪事报》。乔治·T.奥利弗买下了《匹兹堡邮报》，并于1900年与《匹兹堡时报》合并。1909年，美国日报的总数达到了2600份；从那以后，这个数字每年都在下降。

随后的大众报纸经常通过与读者对话的方式将工人阶级、中产阶级和上层阶级的文化融合在一起，仿佛大家都有着共同的渴望，并以同样的方式共度时光。20世纪一二十年代报纸上发表的文章也开始打破一些阶级界限。在纽约，"晚间投资者服务"栏目向所有读者开放了有关股票的讨论，不管这些读者是否来自有投资背景的家庭。泽西城的一位读者写道："我是你们的读者，想买股票。"[77]报纸的广告开始向任何有足够现金的读者提供"独家"商品，而不仅仅面向严格意义上的上流客户。例如，在《纽约时报》上刊登的一则广告中，就连报纸上最不起眼的读者也能享受到报纸为其提供的"贵族帽子"[78]。

20 世纪 20 年代，报纸的专题对"正确"行为的建议和指导较少，相反，倒是提供了一系列可能发生的行为。对两性关系更加深入的批判和客观的描述会让人觉得更有力量，尤其是对女性而言；《芝加哥论坛报》以一幅女性在放大镜下端详小个男人的图片，展示了它的每周专题"被审视的丈夫"。然而，报纸愿意讨论男女在生活上的变化，这并不意味着它们乐于回答或解决任何问题。《底特律新闻报》的专栏《体验》就关停了对青少年接吻和未婚同居问题的探讨。当一位读者问《巴尔的摩太阳报》的咨询专栏"有没有什么地方可以让我得到一个完整的调情密码"时，这一专栏并未对其做出回应。对报纸咨询专栏进行编辑和净化，本身就为城市公众行为设定了标准，并确定了报纸的理想受众。咨询专栏作家表示，他们只愿意给那些他们认为已经表现得不错的一小部分人提供建议。

尽管报纸缩小了自己的咨询范围，读者还是成群结队地给专栏作家写信。1926 年，《芝加哥论坛报》上的"情感专栏"收到了 4113 封来信；"健康专栏"收到 24047 封来信；"美容专栏"则收到 14570 封来信。那个时候其实已经有读者意识到当时的商业报纸所提供的建议有多么狭隘，多么功利。但其他读者并没有注意到这一点。因为报纸每天都在说浪漫、健康和美丽（就像汽车、运动、度假、时尚和家居装饰一样）太重要了，读者已经根深蒂固地认为人生的这些方面值得特别关注。

报纸展现给读者的是城市居民的面貌，并为其解释他们的举止和购买行为。都市报纸不仅告诉读者如何成为城市公民，还告诉他们如何才能融入都市社区。

■ 第三章 时代赋予的城市精神

1909 年，社会学家查尔斯·霍顿·库利调查了美国人的社会生活，在调查过程中，他发现自己在捍卫美国报纸的地位。库利认为，报纸上流传的看似平淡无奇的语言，对社区的联系起到了至关重要的作用。"阅读报纸的习惯在很大程度上促成了我们普遍共通的感觉……—种有意识的情感共同体正在波及全世界。"在这样一个时代，许多美国人担心大城市会完全地被同化成社区，而住在社区里的城市居民正在针对"谁才是城市大众"的问题展开激烈的辩论，正如库利所说，在形成人们的"共同感觉"和创建"意识共同体"过程中，报纸扮演着至关重要的角色。

那些将世纪之交的大都市联系在一起的纽带，必然与那些连接社区和城镇的纽带不同。在小城镇里，多年的互动和共同经历可能会让城镇居民彼此之间产生共鸣，并对彼此负责。每天的闲谈和小优惠也能让邻居们感到高兴，但这种亲密的交流并不能使整个大城市团结起来。大都市里的居民生活在不同的社区，从事着不同的职业，活跃在不同的社交圈，他们可能永远不会相遇，甚至都不会走在同一条街道上。如果都市人觉得自己是都市社区的一部分，他们就必须要加深自己对都市社区的理解而不是简单地从亲身体验和互动中总结出来，那么在这一项大工程中，报纸就成了其中的原材料。报纸通过印发共享词汇、图片和故事等方法，帮助并说服读者相信他们和自己的邻居们正在共享同一个城市的现实。

写给编辑的信访专栏中透漏出读者有许多不同的意见和分歧。然而，这些社论版面的争论往往以参与者之间的共同利益和共同投资为出发点。最明显的是，读者和投稿人可能对某个特定的政党表现出同样的忠诚，但更加微妙的一点是，他们也可能拥有共同的未来、共同的责任感和相互依存的道德观。变化多端的报纸版面，除了社论版，还有事件清单、揭发丑闻的文章、游记和慈善报道等，这些都为成千上万的城市读者构建了相同的利益和共同的命运。

世纪之交的报纸版面上所描绘的"意识共同体"似乎非常具有包容性，穷人、富人、移民，甚至罪犯都出现在报纸上的文章中，成为城市大众的永久合法成员。报道中也经常把这些人当作读者的邻居，认为他们应该对这些人感到好奇，也应该会尽可能地为这些人提供帮助。公民运动把所有城市居民所关心的问题都聚焦在一起（他们也因此联系在一起）而报纸所举办的慈善活动则给人留下了这样一种印象：一个团结一心的城市社区关心着城市中最需要帮助的人。当这些文章假定读者会自然而然地对他们所在城市的政治、基础设施和最弱势人群产生兴趣时，它们也在无形中培养了一种全民管理的文化。

　　然而，有一些人却没有得到报纸的关注。许多东部城市的报纸对非裔美国人的社区生活几乎保持沉默，表现得好像这些人根本不存在。其他地区的报纸要么保持沉默，要么通过一些严苛的活动逐渐将亚洲人和西班牙人排除在它们的报道范围以外。更常见的情况是，报纸按照严格的社会等级制度，给少数民族和少数种族群体划分了具体的位置，似乎只有白人中产阶级的读者才能在城市中的不同空间和各种人群中自由穿梭。因此，报纸对城市社区的报道是具有包容性的，但却是不平等的；它们笔下的城市由演员和话题人群、主流市民和边缘人物构成。

　　从报纸头版来看，处于世纪之交的城市都是非常混乱的地方。文章展示了许多城市居民生活中的贪婪、暴力、孤独和贫困。报道了大量负面消息，但在某种程度上报纸却成功地将城市描绘成能让读者产生主人翁精神并以之为傲的地方，这就很奇怪了。但编辑和记者们仍然煞费苦心地去报道其他不那么耸人听闻的都市故事，故事里的人们彼此之间慷慨热情。一种以人类利益为主题的新体裁文章鼓励读者体察各种各样的城市生活，欣赏每一个地方的优雅和悲伤。

　　报纸对城市比较乐观向上的报道为人们提供了逃避现实生活的机会。读者可能会躲在一个比真实世界更可知、更通畅、更受欢迎的印刷世界中。读到一篇和谐社区的介绍他们会感到放心，虽然这不切实际。但报纸上有时出现的乌托邦式的城市愿景，并非简单地与现实的城市平行存在。报纸真正的力量在于它可以改变人们对城市和各个社区的看法。当报纸需要为那些因研究城市而获奖的人们颁奖或者要选出特别有趣的社区时，它们可以组织读者到城市的街道上举行这些活动；当报纸提供一些危险数据和临界距离时，也可让城市居民能够有系统、有组织地改变他们的城市。值得注意的是，新闻报道教会了读者把数百万的大城市邻居当成自己社区的一员。这一点即使在美国最不和谐的城市纽约也很明显。

纽约市的发展进一步将这个城市分割成富人区和穷人区、种族聚居区和特别商业区。富裕的纽约人搬到越来越远的纽约上城区——一片越来越排外和单一的地区。由于新移民来到这里和亲人团聚，再加上曼哈顿街区的郊区人口，使得这里的人口迅速膨胀。从记者雅各布·里斯 1890 年所拍摄的照片中可以看到下东区聚集着大量的意大利人、波兰人、犹太人和中国人。城市中非裔美国人居住中心从曼哈顿下城区转移到了面积更大的哈莱姆区，到 20 世纪 20 年代，这一地区从南向北延伸了 35 个街区，从阿姆斯特丹大道一直延伸到东河。在纽约市人口密集而又区分严格的行政区，居住在同一个社区的居民可能很少与其他社区的居民之间产生互动。

在断断续续的发展过程中，纽约市的多个行政区和岛屿组成并融合成了一个更加一体化的大都市。宏伟的布鲁克林、威廉斯堡、曼哈顿和昆斯伯勒大桥将纽约人和东河连接在一起。20 世纪一二十年代的一系列建筑工程打通了桥梁、隧道和马路，为汽车的通行提供了便利。在某种意义上，更加便利的交通促进了城区的融合，人们可以轻松地游览城市中的不同区域。与此同时，扩张的空间带来了更加专业化的社区。比如：出身工人阶级的波兰家庭搬到日落公园；中产阶级的意大利人搬到了湾脊区；中产阶级的犹太人搬到了菠萝园，来自工人阶级的犹太人搬到布朗斯维尔。

这座城市广阔的地域及其居民的多样性表明，居民们可能很难在这座大都市形成一个连贯的身份认同，也很难与数百万纽约人产生共鸣。即使密集的城市发展蔓延开来，这座城市仍然是如此的广阔，广阔到它依然拥有几乎所有类型的定居场所。在纽约，人们居住的地方有可能是史坦顿岛上的一处地产，也可能是皇后区的一个奶牛场，还可能是遥远的洛克威上的一个海滨避暑别墅，或是市中心高耸的摩天大楼。纽约成功地培养了自己独特的个性，并激发出居民心中对纽约深深的依恋之情。

报纸充斥着纽约，通过读报，读者对这个越来越广阔的城市更加熟悉，人们感觉这个大都市就像是一个大村庄。19世纪90年代末，《纽约世界报》和《纽约新闻报》的知名度达到了顶峰。每三个纽约人或者每四个曼哈顿居民手中就各有一份《纽约世界报》和《纽约新闻报》。20世纪20年代，《纽约世界报》《纽约新闻报》和《纽约每日新闻》得到了广泛传播，并为当地居民提供了公用语言。其他报纸则开辟了更加专业化、更有针对性的受众。例如《纽约论坛报》吸引了富裕的郊区共和党人；《纽约环球报》吸引了中产阶级女性和妈妈们；《晨报》也赢得了"洗衣妇公报"的绰号。来自工人阶级的保守派会读《纽约太阳报》；大多数商人会读《纽约时报》；知识精英们读《纽约晚报》。另外还有九份用外语发行的日报——四份德语版，两份法语版，捷克语、依地语和意大利语版的各一份。社区、种族、贸易、宗教和政治团体的周报也加入了进来。所有这些报纸都建立起并巩固了城市内的小社区。

即使是最大的报纸也没有覆盖到所有的城市居民，因此，并不是所有的城市居民都会对纽约身份和社区产生一定的认识。但从《阿姆斯特丹新闻报》到《犹太前进日报》再到《纽约先驱报》，每一家纽约报纸都为市民展现了纽约市整体的风貌，以供纽约市民浏览、评判和保存。每份报纸都把自己的读者与更广阔的城市联系起来。出现在报纸上的城市和市民帮助纽约人在头脑中构建出一个大的都市，并在努力让自己生活的地方变得更有意义。

城市文化的蜕变

19世纪后期，纽约大众化的都市日报采用最激进的报道方式——也就是"揭发丑闻"——为读者勾勒出了一个城市的社区。编辑们揭发丑闻，部分原因是出于自身利益，因为这些揭露了以前深藏不露的、令人不齿的丑闻或城市问题的文章促进了报纸的销售量。与揭发丑闻相反，报纸上发起的慈善活动改变了城市的文化，也以一种非常真实的方式改变了城市的生活。这两种报道结合在一起，形成了这样一种观点，即城市大众，无论任何阶级、任何政党，都应有共同的关注和责任。

在19世纪中期的新闻界，对阶级和政党的忠诚胜过任何一种更为广泛的公民身份，报纸把这种忠诚看作一种选择的立场，而不是解决问题的办法。例如，纽约报纸报道1836年海伦·吉维特被谋杀的事件时，《纽约太阳报》就团结了工人阶级的读者，声援可怜的被害人——妓女吉维特，而更绅士的《纽约先驱报》

则要求它的读者支持这次谋杀事件的犯罪嫌疑人理查德·罗宾逊。两家报纸都没有从更广泛的公民视角来看待此案。两家报纸都没有研究过为什么治安体系竟允许那么多女性在托马斯街上沦落风尘，也没有人讨论过应该采取何种措施才有可能阻止像吉维特这样的女性继续从事如此危险的职业。

在19世纪80年代末和90年代，纽约的编辑们努力想要在政党或阶级之外发展更多的读者，这就意味着他们必须用新的方式争取读者的忠诚。一些报纸还在努力想要让纽约人产生这样的感觉，即每当他们买下一份报纸，就相当于加入了一个读者群体，在这个群体中，人们选择的是纽约"最好的"报纸。林肯·斯蒂芬斯解释说："一个独具特色的叙事应该是这样的……能逐渐让读者对'他的报纸'取得的成功产生兴趣和自豪感。一份读者共享的优质报纸对于新型报业所起的作用就像人们共同的观点对旧新闻所起的作用一样。"[80]约瑟夫·普利策和威廉·伦道夫·赫斯特都会利用报纸的版面大小和知名度，让读者觉得自己是非常重要的。他们还在报纸的头版和大厦的标牌上大肆宣传自己的发行量。

19世纪后期，纽约的报纸也开始使用平民化的非党派类语言，为的是将许多不同类型的读者聚集在一起，而不是让他们相互对立。1883年，约瑟夫·普利策用其中立的语言阐述了报纸的使命："一份报纸，应该争取进步和改革，不能容忍不公或腐败；要与各党派的煽动者作斗争，不要加入任何党派；要反对特权阶级和公共掠夺者，对穷人绝不能缺乏同情；永远致力于公益事业，不要只是满意于印刷新闻；要保持完全独立，不要害怕抨击不公，

不管是富人阶层还是工人阶级。"[81]这一宣言将《纽约世界报》
与绝大多数纽约人的利益联系在一起，并将敌人定义为一小撮煽
动者、掠夺者和享有特权的都市人。普利策创造了一个比党派报
纸更广泛、更包容的"我们"，并要求读者团结起来为公众谋福
利，而不要去追求政治目的。

《纽约世界报》以及它的竞争对手《纽约新闻报》和《纽约
太阳报》，为了扩大发行量，都采取了平民主义的立场。这些报
纸表明他们想要关注所有城市人民的利益时，读者也开始求助于
报纸来解决城市问题。1889 年的《纽约世界报》发表文章说：
"如果你发现任何人或任何公共事务出了问题，请简明扼要地把
问题写下来，寄给'爱发牢骚的人'。"[82]接着受访者开始抱怨
各种各样的城市烦恼，从男孩子们喧闹得让邻居整夜睡不着觉，
到电车售票员的口臭。《纽约世界报》1889 年的一项调查显示，
读者对报纸通过调查和舆论活动来解决问题的能力非常有信心。
当《纽约世界报》问读者它能做些什么来改善自己时，许多读者
写信来并不是建议改变报纸的模式或者它的风格，而是建议报纸
想想自己应该从事什么样的事业。比如他们希望改革城市的垃圾
处理行业，调查工厂污染的证据，为更好地善待动物而奔走。最
富想象力的读者还把《纽约世界报》描绘成一支国家性的甚至是
国际化的力量，要求该报在大西洋上架起一座大桥，甚至还想把
这个国家的名字改为"哥伦比亚合众国"。

党派报纸会刻意避免去报道一些市政问题，因为他们不想让
人们注意到他们自己党派的缺陷。党派报纸也无法调查当地民众
所关心的问题，因为他们都在忙于谈论自己党派在州府或全国的

政治宣言和竞选活动。纽约市根深蒂固的政治体制导致大量城市问题得不到重视，该市庞大的规模和复杂的程度也掩盖了这些问题。信息往往无法在城市的各个层面传播。工人阶级移民在肉制品加工厂使用着肮脏的设备，或者在服装厂的剥削环境下工作，但他们的信息很少传出朋友和同事的圈子。政客们自己也知道，在纽约错综复杂的选区、议员和委员体系中，存在着贪污和腐败问题，但大多数选民对这些问题并不知情。这样一个复杂而阶级分明的城市隐藏了许多秘密等着记者们去挖掘，尤其是当记者们愿意打破党派政治束缚的时候。

当纽约的报纸开始揭露剥削和欺诈时，也就是当它们开始揭发丑闻的时候，它们成了城市的管家。揭发丑闻要求记者不能简单地等待新闻自己浮出水面，而是要自己去寻找这些隐藏的问题。有些记者挖出了有关城市、州和国家政治制度的丑闻；有些人则揭露了城市企业中的不道德行为，如牛奶掺水、私自制定火车票价格等。伊丽莎白·科克伦以"耐莉·布莱"为笔名为《纽约世界报》撰文，她经常去当卧底，揭露精神病院、监狱、医院、工厂和疗养院的恶劣环境。《纽约论坛报》和《纽约太阳报》都报道了雅各布·里斯对警察总部的采访，他在书中描写了他在纽约最贫困社区的廉价公寓、血汗工厂和监狱中目睹的苦难。

揭发丑闻的文章让人们体验到了偷窥的乐趣，而当它们从读者的眼皮底下揭发出政治腐败或极度贫困的问题时，可能会令人感到加倍震惊。记者们也期望，读者会觉得联系不仅存在于自己的阶级、政党、社区、种族或贸易之间，他们的城市作为一个整体，彼此之间也是有联系的，而且这种联系可以转化为解决城市问题的一种责任。他们的文章不断地提到相互联系和相互依存的城市。1897 年，《纽约世界报》的一篇社论描述了来自贫民窟却正在向外蔓延的危险："天花、麻疹、猩红热、白喉、肺痨以及所有最致命的疾病从这里蔓延出去，直到最干净、最富有的地区也卷入其中……古语说，当下一堵墙烧着的时候，也正是我们应该担忧的时候。这句话用在这里正合适，如果我们不改善贫民窟，那它就会拖垮纽约。"[83] 在这种城市视角下，某一个地方的问题也是每个人的问题。

虽然纽约市的报纸在 19 世纪 90 年代和 20 世纪初淡化了它们火辣辣的语言和精力充沛的各种曝光，但热心公益、侧重无党派新闻报道的模式逐渐成为全国主流都市报纸的典范。报纸也把这柄火炬传递给了杂志，由杂志进一步将其发展成为一种既是文学体裁又是一种全民意识的报道模式。报社把自己定位为公共利益的十字军，他们加入了许多进步组织，这些组织绕过传统的政党政治，建立起新的机构来解决城市的问题。改革家们设立了新的指定政府职位，如城市管理者、学校管理者和卫生委员等，这样官员们就可以有更多的时间来解决地方性问题，也不用担心连任问题了。报纸鼓励并报道这些行为，其实是将城市推向了一个充满活力的改革时代，并建立了一个无党派参与的解决问题的机制。

都市报纸成立了自己的慈善机构，也承担了更多的责任。教堂的捐赠和服务不能满足世纪之交日益增长和日趋多样化的城市需要；社区集会的影响力又太过微不足道，无法有效解决城市中的大问题，如肺结核、营养不良和童工等。与此同时，许多较老的市政援助组织，如收容所、贫民院、孤儿院和免费医院，也已沦为穷人的仓库。相比之下，报纸能很好地为那些需要帮助的人提供帮助。编辑们可能比大多数教堂或志愿者组织更了解这个城市中穷人的状况，因为记者每天都在报道这个城市的贫民窟。利用报纸的页面，他们还可以发起大规模的募捐活动，可以很快从成千上万的读者那里筹集到资金。报纸慈善机构成为读者参与和改善社区的工具。1882 年，《纽约论坛报》赞助了第一个报纸慈善组织"新鲜空气基金会"。《纽约论坛报》一直为基金会的经理发放薪酬，而这位经理撰写的征集捐款的文章，不论春夏几乎每天都会出现在报纸上。《纽约世界报》《纽约新闻报》和《纽约先驱报》紧跟《纽约论坛报》的步伐。在 1893 年和 1897 年的大萧条时期，这些报纸都设立了基金，提供免费的冰、衣服、煤和食物。

尽管这些慈善机构都把读者塑造成互相扶持的社区成员，但他们的方式却并不相同。《纽约世界报》《纽约新闻报》和《纽约美国人》发起的慈善组织为在紧急危机中受难的人提供了暂时的救济，在冬季寒冷的天气里向贫困家庭分发煤炭，或者为一名被杀警察的家人募捐等。在这方面，它们类似于工人阶级社区的互助社团。与此同时，《纽约时报》和《纽约论坛报》的中产阶级和上层社会读者，也逐渐融入这种渐进式的文化改革中，他们开始重视这些高度系统化的救援，而且他们也有资金能够连续多年支持这些救援，尽管这些报纸的读者可能对穷人还不够了解（但在读报过程中可能会对穷人感兴趣）。

慈善类的文章为读者提供了一种零风险的方式去了解和同情

纽约市最贫困的居民。在大街上，中产阶级和富裕的纽约人在穷人面前常常会保持高度警惕，认为穷人会乞讨、兜售，甚至偷窃。但读报纸的时候，那些纽约人便会放松警惕，因为印刷品里的人比较安全，不像站在眼前的人那样具有太多的不可预见性。作家们会经常关注儿童问题，因为儿童对读者的威胁似乎比贫穷的成年人要小，而且很少有读者会因为贫穷而责备孩子。文章鼓励读者将报纸中出现的人物视为值得帮助的、可爱的个体，而不是单纯的类型。"没有人会不喜欢 11 岁的吉米·夏普，也没有人能不笑着面对这张快乐的小脸，棕色的眼睛，宽阔的嘴巴，笔直、狭窄的鼻子。"1918 年的一份"助贫"档案这样写道。[84]

在慈善类文章中，编辑们巧妙地将这个支离破碎的城市描绘成一个充满爱心的社区。读者可以通过向报纸发起的活动进行捐款的方式参与到对纽约的憧憬中。几乎所有的慈善机构每天或每周都会在报纸上刊登捐赠者的捐赠清单。1890 年的《纽约论坛报》上有一份"新鲜空气基金会"的捐赠者名单：

> 牧师住宅……$7.00
> 范德比尔特夫人……$1000.00
> H.N.G.……$5.00
> 星期日——在达勒姆的教会学校的年轻女孩们，康涅狄格州……$2.25[85]

将这些不同的名字聚集在同一个页面上，让人们围绕着一个共同的目标，这些行为会让人觉得社区中的每一个成员都很重要。

与此同时，报纸慈善机构通过重新印刷捐赠信件来展示纽约人的慷慨和爱心。"请把这笔钱捐给最需要帮助的人，"《纽约时报》刊登了纽瓦克的埃利胡·罗宾逊的来信，"姐姐和我本想把这笔钱存起来买圣诞礼物，但我们觉得这些人会更需要它。"[36] 当这些活动结束之后，编辑们还会详细报道那些受助人因为读者的捐赠所经历的让人振奋的改变。一篇后续文章这样写道："这是一位丧偶的母亲，她的七个孩子因为营养不良而导致身体虚弱，不过现在他们已经有了足够的食物，孩子们看起来就像来自另一个家庭，他们是那么健康红润。家里虚弱的祖母，似乎也恢复了青春活力。"[37] 每当报纸将其慈善事业的成功归功于读者的集体行为时，投稿者就会感到自己是慈善组织的一分子。

报纸的编辑发起慈善运动并非仅仅出于慷慨，他们也是为了改善自己的公众形象。在世纪之交，都市报纸已经成长为强大的公司，批评家们指责出版商的盈利策略与石油和钢铁大亨的策略没有什么不同。批评人士还指责报纸耸人听闻的报道拉低了公众的道德感。一个相对简单的方法可以帮助编辑改善报纸的声誉，那就是建立一个慈善机构。1890 年的《纽约论坛报》上说："我们需要慢性悲观主义者的关注，因为这样的人会不断抱怨，认为媒体攻击个人声誉，侵蚀公共道德，助长无聊的八卦之风，尽管列出了'新鲜空气基金会'的成功结果，但报纸上所谓的专题报道也不具备任何意义。"[38] 报纸刊登耸人听闻的故事和图片，报社的工作人员则冲进来拯救绝望的家庭，这时他们就可以把自己塑造成英雄。关注儿童的慈善活动也有助于为报纸剥削童工的坏名声正名。分销经理雇用了年纪很小的男孩，有时甚至是孤儿，在街角卖报。男孩们的工资很低，很多都睡在人行道上。如果纽约人没有亲眼见到这些小报童所遭遇到的麻烦，那么可以从"儿童保护协会"的创始人查尔斯·劳瑞·布雷斯那里了解的他们的情况，这位创始人在19世纪50年代开创了他们的事业。另外读者也可以从小说家霍雷肖·阿尔杰那里了解到儿童的情况，因为在这位小说家的英雄故事和畅销书中，报童都被塑造成了小英雄的形象。

纽约市的报纸似乎成功地将自己定位为慷慨和慈善的机构，因为有需要的纽约人都会向报纸的编辑寻求帮助。写给约瑟夫·普利策的信件档案中有数百封信是关于求职、赚钱和宣传方面的请求。一些信件在请求援助前特意赞扬了《纽约世界报》的慈善报道，如"贵刊在自己的重要专栏中帮助了这么多人，我也希望你们能帮我一点忙"，路易莎·贝克太太这样写道："请问贵刊能向公众介绍一下我的情况并请求公众捐款吗？"[89]

揭发丑闻的人把读者的注意力集中在政客和党派报纸多年来一直忽视的城市问题上，并鼓励读者批判性地思考如何解决这些问题。相比之下，报纸慈善文章则充当了更多的临时角色。他们没有调查贫困、饥饿或招募童工的原因，只是为了减轻受害者的痛苦。当然，这两种类型的新闻都产生了类似的预期效果，并渗入纽约的政治和社会。雅各布·里斯的文章和照片激发起市民和政客们的共同努力，大家希望通过童工法、建造城市运动场以及扩建为城市提供无污染饮用水的克罗顿渡槽。伊丽莎白·科克伦曝光的内容引发了人们对该市疯人院的调查和改革。《纽约时报》发起的反对人寿保险公司滥用商业行为的运动，说服了立法者对该行业进行改革。慈善文章成功动员了纽约人。例如，《纽约论坛报》的读者在1882年至1912年期间每年向"新鲜空气基金会"捐赠1.8万美元至5.2万美元，每年派送4000名至1.5万名租住廉价公寓的儿童到乡村度假。尽管报纸对城市社区的看法在很多方面都从未被居民接受过，然而通过强调城市居民应该关心其他所有人的健康和福利，纽约报纸确实让他们的读者变得更投入、更有改革意识。

见证城市的发展历程

在世纪之交，纽约人生活在一个和巨大城市相比越发渺小的角落内。如果居民想要想象和把握住整个城市，他们必须发挥自己的想象力。日报让读者接触到这个城市的许多方面，而这些方面是他们从未亲眼见过的，这也能帮助读者把这个城市想象成一个整体。报纸记录了这座城市的文化扩张，介绍了许多新的职业、娱乐和特色。它们还报道了这座城市的地理扩张，让读者熟悉了新社区的街道，以及摩天大楼有多高、下水道又有多深。多年来，记者们琢磨出了一套复杂的技巧，不仅能告诉读者在某个特定的地点和时间发生了什么事，而且还能让读者觉得自己身临其境。这些文章没有明确唤醒纽约人的社区意识，也没有像揭发丑闻和慈善类的文章那样呼吁改变。然而，这些文章的信息可以加深读者对整个城市的联系感，加大他们的投资。一旦这座城市看上去超越了读者的认知水平，大都市的报纸就会承担起自己的责任，报道纽约的方方面面，构建"意识共同体"，但不是通过小镇上的流言蜚语，而是通过大城市的新闻报道。

在19世纪中后期，作者报道当天最重要的公民活动和会议时使用了特殊的报道技巧，让读者对每一件事都能产生更多兴趣。记者们详细地描绘了图书俱乐部的会议现场，让读者可以想象出这一活动的场景。他们列出了数十位主持和出席活动的杰出人士的名字，然后把会议的演讲、贺词和谈话等逐字逐句地打印出来，这样读者看到的谈话就会和真正的与会者听到的一样。19世纪70年代出现了另一种文章类型，这种类型的文章在20世纪开始大量出现。在这样的文章里，充满好奇心的记者找到并采访了一些对这个城市某一特定区域很熟悉的纽约人，并详细描写了他们进入区域现场的情景。有些记者将他们的问答录制成对话的形式，让读者感受到这些对话就仿佛发生在自己身上：

> "纽约有很多秃头吗？"
>
> "比想象的还要多。"假发制造商回答道，脸上带着意味深长的微笑。[90]

当记者采访这座城市中的专家并挖掘他们的专业知识时，他们把读者变成了某个稀有领域的临时鉴赏家。假发制造者、马戏团演员、救援人员和演员、导演的世界都向读者敞开了大门。

到了世纪之交，许多报纸开始超越"你在现场"的公民会议报道和"好奇的记者"的采访文章，并尝试使用插图。起初，编辑们在文章旁边印了一些图片，帮助读者想象场景。举个例子，1889年发表的一篇关于长滩救援人员的文章，展示了站房的内部结构，描绘了人们下水的情景。当人们使用半色调来复制照片时，《纽约世界报》已经开始使用合成照片展示中央公园康尼岛白天和晚上的细节俯瞰照。编辑将城市博物馆和美术馆中展出的画凹印到光面报纸上，这样读者就可以简要地"访问"每一个展览。这些插图与文章报道新闻的处理方式相同，都把读者带到了那些最生动、最逼真的场景中。

令人兴奋的是，编辑们把他们的报纸打造成了一个能让读者更好地体验城市的通道，他们为戏剧、体育和商业领域制作了不同的版面。每部分都激发了读者对城市生活的兴趣，促使他们去投资。在世纪之交出现的大剧场版面，让记者们有了更多空间进行更加深入的评论。文章将他们的评论变成了自娱自乐的戏剧表演，因为他们首先列出剧本的大纲和主要人物，然后揭示人物的秘密。1906年，《美国人与杂志》上的一篇评论这样写道："在第一幕中，他们都吓坏了，因为他们发现她已经被一个名叫安斯利·穆雷的已婚军官的魅力彻底征服，而且她跟这位军官的孩子都快出生了。"[91]《纽约美国人》甚至把目前在百老汇上演戏剧的整个场景都印发出来了。一位因病而无法出门的纽约报纸读者解释了她为什么欣赏这种全面的报道，她说："由于我不可能参观艺术表演、戏剧、歌剧音乐会或讲座，所以我只能从对图片的评论、新剧目的情节、将要出现的演员和著名歌手那里得到消息。利用从报纸上收集到的信息，我就可以有准备地并且机智地去讨论其中任何一个问题。"[92]记者们把读者带到后台，让他们在《戏剧八卦》或《休息室里的对话》这样的专栏中收听行业对话。文章还介绍了戏剧行业的技巧，具体说明了演员们如何在舞台上塑造自己的愤怒情绪，或者解释了演员们如何用纸张、颜料和布料制作出优雅的服装等。

体育版块也采用了类似的技术来报道城市中的众多赛事，把读者变成了观众和球迷。19世纪早期的体育文章只报道一些简单的事实，而19世纪后期的记者则开始挖掘赛事更多的细节。一位报道1889年手球比赛的记者首先在报道中描述了每位选手的外形："劳勒中等身高，重约160磅。他的身材很匀称，穿着合身的蓝色制服显得很好看，与他的小对手形成了鲜明的对比。"[93]然后，作者一分钟一分钟地转播了比赛："罗勒拿到球后独得15分，在一次短距离击球时，却丢了球；但在考特尼的二次传球时，他做了相当大的努力，切断了他重量级对手的强大阻截。罗勒的对手得到8分之后，想把球从自己头顶上远远抛给队友，但球居然瞬间被罗勒抢走。"[94]纽约的报纸在报道洋基队或道奇队的每一场比赛时，都会按照惯例刊登一段相应的文字。20世纪一二十年代，充满俚语和活力的体育专栏文章，传达了（甚至可能是夸张了）现场直播中的澎湃激情。到了20世纪头十年，报纸上还刊登了一些精彩纷呈的进球动作，传达了比赛所带给人们的能量和刺激。

体育类文章不仅把读者带到了现场，也把读者带入了体育迷群体。首先，主场球队背后的作者、读者和观众们都使用一样的语言，这样的体育报道会创造一种共同的兴趣感。报纸上的文章通过分享体育知识和词汇，将读者带入了纽约激情四射的啦啦队的角色。他们制定表格记录击球、投球和防守等。1920年的《纽约每日新闻》向读者展示了布鲁克林的投手如何投出球，中锋队员如何握球棒，游击手如何接住直线球等。看完体育版后，读者会知道纽约的棒球教练是"罗比"或"威尔伯特叔叔"，他们会知道洋基队的巴比·鲁斯就是斯瓦特魔鬼、钻石泰山和班比诺。

1889 年的世界锦标赛上，纽约队对阵布鲁克林队，当时各大报纸都对这场竞争进行了大肆渲染，但却没有选择站在任何一方。《纽约世界报》用并排的两列专栏，分别从布鲁克林队和纽约队两个视角，对每一场比赛进行了不同的描述：

> 快到下午2点30分时，勇敢的布鲁克林男孩出现在了场地上，受到了热烈的欢迎。他们花了十五分钟的时间做热身练习，然后坐下来看纽约队的队员试图模仿他们。他们失误了。
>
> 铃声一响，布鲁克林的队员们跟跟踉踉地走到他们的位置，像乡村集市上的九头了不起的牛。他们看起来像是赢了比赛吗？嗯，不像。但他们中间没有一个人把自己当作比赛失误的大男孩。[95]

尽管这系列赛事在布鲁克林被并入纽约之前就已经结束了，但该报还是将布鲁克林队员和布鲁克林球迷视为大纽约社区的平等成员。报纸上的体育报道很清楚地表明，球迷对自己球队的支持与其更广泛的纽约身份是相符的。

即使是商业版块，虽然看上去枯燥乏味，但也可以通过让读者间接参与到城市中某个专业领域中加强读者与城市之间的联系。有关纽约大宗合同和销售的报告，让普通商人得以参与他们自己永远不会参与的大型商业交易。在"经理人对市场前景的看法"的定期专栏中，《纽约美国人》采访了多家公司，进行市场评估和前景预测。读者可以将自己对马歇尔 - 斯帕德公司的判断与对 J.S. 巴什公司的判断进行权衡，就好像读者亲自咨询过这两家公司一样。《华尔街闲话》或《华尔街八卦》等栏目提供了内幕消息，并提醒读者关注经理人和银行家之间的热门话题。

随着纽约市的向外扩张，报纸将读者带进了整个城市的新空间。报纸上的专题把读者带到了这座城市新建的摩天大楼的顶端，向他们展示令人炫目的景色。《纽约世界报》招募了工作人员清洗圣帕特里克大教堂外部，并从最高的塔尖上拍照；《纽约时报》和《纽约先驱报》刊登了从飞艇和飞机上拍摄的城市景观。在成千上万的纽约人之间流传着一组常见的图片，这些人居住在不同的城市片区，但报纸建立了共享的精神图景、视觉商标和一个公认的关于城市的现实世界。这些视觉图像在纽约具有特殊的价值，它们帮助读者勾勒出他们自己走过的道路，了解他们生活的圈子以及如何融入城市中的其他部分。报纸读者现在可以想象他们的生活与整个大都市之间的关系。

房地产版块也让读者了解到了这座城市的扩张，并帮助他们对这座实体城市有了更全面的认识。建筑行业快速和多样化的发展让市中心看起来像一个无政府主义的、永不停息的建筑区。但房地产新闻却披露了一个不为人知的计划。文章解释了为什么要清理遗址，以及为什么把即将建在那里的建筑物草图印发出来。法拉盛街区的公寓楼、布朗克斯维尔的独栋住宅以及曼哈塞特湾令人印象深刻的庄园照片，都在帮助读者想象出郊区社区的模样，并且确切地了解到这座城市的发展历程。

其他的报纸上的文献可以让读者一层层地剥开城市的表面，

系统地、深入地了解城市。记者们会尾随下水道检查人员、隧道挖掘机和排水工程师去探寻城市的各个角落。一篇介绍纽约"七层交通"的专题向读者展示了维持这座城市持续运转的错综复杂的基础设施。在每一个案例中，记者们都在关注大多数纽约人使用或受益但从未见过的系统。1925 年，新麦迪逊广场花园的建筑师向记者解释道："这里是用意大利大理石镶嵌的，当我们想要玩曲棍球或滑冰时，只需把水浇在上面，打开地板下面的冷冻设备，在你尖叫着喊杰克·罗宾逊之前，我们的冰就做好了。你脚下的冰冷管道足有 35 英里长，这是你做梦都想不到的。"[96] 人们关注纽约隐藏着的建筑物，这种关注可以帮助人们更好地去理解这座城市，并激起了人们对纽约这座现代奇迹之城的赞叹。

1880 年至 1930 年间，纽约报纸上几乎每一篇报道当地新闻的文章都会附有一个地址。例如，一篇报道车祸的文章可能会列出司机、受害者和所出现的任何证人的地址。地址还可以让读者去定位一个抢劫犯或与其有关系的潜逃犯。有了地址，不仅可以在地理空间中定位发生的事件，也可以在社会空间中定位人的位置。像曼哈顿 103 号西街、布朗克斯阿瑟大道或布鲁克林的太平洋街这样的地址，也在暗示着这个人的居住情况、收入状况甚至种族归属等。最重要的是，地址在字面意思上也告诉了读者每个人都属于某个地方。它们在提醒读者，尽管白天的街道和地铁里吵吵闹闹，但到了傍晚时分，城市总会慢慢归于平静，所有人都会回到自己的住处——城市中某一个固定的地方。

报纸越来越详细地描绘和解释这个城市，它们为读者提供了原材料，可以把纽约这个巨大而神秘的地方变成他们的家乡。报纸的老读者知道这座城市发展的方向，不同的地区看起来是什么样子，楼房能盖多高，地下能有多深，以及所有的一切如何产生联系等。报纸也为不同的读者群体提供了全面而丰富的城市体验。报纸让读者分享了对主场球队的热情，对纽约剧院或歌剧院的自豪感，以及对纽约令人印象深刻的基础设施和高耸的摩天大楼的敬畏。当然，并不是每个纽约人都能（或选择）以这种方式来看待纽约。读外语报纸或根本不读报纸的纽约人，就不会对大都市产生上述的感受。但对于数百万纽约人来说，主流日报确实是他们的工具，可以让他们定义自己的城市，并感受到自己对这座城市的依恋。

进步时代下的城市改革

城市报纸也会刺激到读者的感官、伤害到读者的情感。尤其是头版经常把城市描绘成充满暴力、分裂、冲突和孤独的地方。为了报道所有重大事件，报纸不断地报道死亡、抢劫和事故等事件。西奥多·德莱塞在《纽约世界报》做记者时发现，报纸对极端财富和极端贫困的报道"有时是如此严厉和冷漠，让人麻木"[97]。麻木并不是简单的报道或阅读新闻的副产品，而是一个关键问题。当阅读新闻的读者学会了屏蔽、过滤和调整让人不安的信息时，他们正在学习一种至关重要的城市生存技能。与此同时，编辑们学会了小心地平衡所有这些令人不安的消息，他们在这一过程中创造出了迎合人类兴趣的体裁。因此，报纸给读者提供了两种截然不同的观点：一个是阳光灿烂的城市，一个是黑暗的城市，但每个城市都以自己的方式发挥着作用。

　　记者们从报道一篇让人心情愉快的新闻转而报道一篇令人心碎的新闻时，需要保证自己的情绪不会受到干扰。如果新闻报道对记者造成的影响颇深，那么对他们来说，记者这个职业是不会长久的。以德莱塞为例，他是一个注重细节的熟练作家，但他发现这份工作容易让他感情用事，随即就放弃了。

　　记者们还需要从新闻中毫不留情地删除一些不必要的信息、事件和人物。展览目录上这样解释道："他们一眼就能看出一篇文章中哪些东西有趣、哪些有用、哪些有必要、哪些无关紧要，所以他们'杀人'的时候不会手下留情。"[98]生活中发生的事情对个人生活而言，并不像报纸对读者的兴趣那么重要。约翰·吉文认为："如果一个人从六楼的楼顶上摔下来，摔死了或身受重伤，这种情况肯定是新闻，尽管不是很重要，因为在大城市里这种普遍的事故每天都在发生。但是，如果一个人从六楼的楼顶上掉下来，安然无恙并且逃跑了，那么这一事件对所有的编辑而言，其价值远远超过了一条普通的新闻。"[99]《纽约世界报》的布拉福德·梅里尔向人们展示了编辑在权衡事件"新闻价值"时的技巧：不能夹杂任何个人情感、道德判断和政治因素。在给他的老板约瑟夫·普利策的笔记中，他讨论了哪些可以作为头版丑闻，哪些只是一般性的，哪些值得占用两个专栏的篇幅，哪些只需要一个专栏就够了，以及最近发生的一次中毒事件是否值得登上头条等。记者为了专注于眼前的任务，将他们故事中的悲剧因素、重大的或令人不安的成分排除在外，因为如果过多考虑这些因素或成分，那么记者本人就会受到严重的影响。

记者和编辑已经编辑好的报纸也需要读者进行略读和过滤。当一份报纸扩版到 20 页、50 页，甚至 100 页的时候，人们就不可能逐字逐段地去细读了。然而，这份报纸的每一部分似乎都想要抓住读者的注意。比如，一些耸人听闻的字眼，像"惊悚""遗弃""丧钟""引诱"等都用大写字母做成了标题。一个名为《请稍等一分钟》的专栏上登满了当地新闻，似乎是在恳求读者能抽出一点点时间看看它们。阅读一大堆乱七八糟的文章不仅让人感到混乱，而且也很费时。读者茉莉亚·麦克奈尔·赖特在 1882 年的时候这样问道："在一座你并不熟悉的城市里，读一些婚姻和死亡的信息有什么用处？本来就不想买的东西，看广告有什么用？不想旅行的时候看旅行时间表有什么用？……还有陌生地方的治安新闻，关于陌生人的丑闻等。在一份报纸上想要读到所有的文章其实是很危险的，因为这样做会让你的大脑充满很多不连贯的琐事，而且让你几乎不能进行持续的思考和学习。"报纸增加了标题和版块，这些都有助于读者快速找到那些与他们最相关的文章，但报纸仍然要求读者在各种不相关的内容之间快速跳读——这是麦克奈尔·赖特总结的一种经验，不但令人厌烦甚至有不良影响。

新闻语言和布局安排也可能会让读者感到震惊；报纸报道的事件规模也同样如此。1883 年《纽约论坛报》的当地新闻专栏告诉读者：

警方上周逮捕了 1496 人。

上周，共有 7157 名游客抵达卡斯特花园。

上周共有 191746 名男性和 78831 名女性进行了免费沐浴。[100]

随着这些数据统计起来越来越方便，也随着城市规模越来越大，这些数字一度膨胀到令人瞠目结舌的地步。据《纽约世界报》报道，1912 年，这座城市消耗了重达 45 亿磅的食物。据《纽约时报》的统计，1916 年共有 763574085 人乘坐地铁。与纽约各种巨大数目和数字相比，个人生活看起来微不足道，即使是分类列表也显得另类又让人崩溃。每个分类广告都是由一个想要求职的、卖东西的或者想要提供服务的人发布的。但在报纸上，每个广告在大众眼中都显得微不足道，几乎是被无视的。在纽约，那些发生在小城市里的，可能登上头版的事件往往会被拖到其他版面去。比如，水族馆里一头刚出生的小鲸鱼第一天亮相就吸引了两万名游客，但《纽约世界报》只是简略地报道了这件事。读者可能会问，如果一万个人当中都没有任何新闻发生，那么在纽约生活，一个人能起的作用到底有多重要？

毫无疑问，虽然纽约新闻的本质和规模令人担忧，但它为城市生活的超负荷感官体验提供了有用的训练。正如读者如果想要读完一份报纸就必须学会屏蔽信息一样，走路的行人如果想要好好地走完一段路，就得学会不要去仔细研究每一个路人，也不用停下来去查看贴在栅栏上的各种标语，更不必去驻足观看每一家商店橱窗里的罳设。报纸上的各种奇思妙想、内容上的兼收并蓄，对读者的城市体验来说也不失为很好的演练。从肮脏的街道走进奢华的商店，从混乱不堪、吱吱作响的地铁车厢走进安静的大理石图书馆，这种对比已经成为生活中很正常的，或者至少是可以控制的一部分。每一天的新闻让读者在了解大都市生活的同时也带来了失望和悲剧色彩。这座城市可以对街道上的暴力和居民的苦难漠不关心。1889 年《纽约太阳报》的一篇文章写道："谋杀案发生时，人行道上到处都是来来往往的人，他们高喊着新年的祝福，还吹着铁皮喇叭。没有人知道这个地区发生了什么好事、什么坏事。"[101] 死亡的气氛让这座城市显得格外荒凉和残酷。许多纽约人似乎都是孤独地死去，没有朋友、没有家人，甚至没有一个身份。《纽约世界报》收到了很多关于失踪人员的报告，它开始在每周日印刷一份失踪人员的名单，上面附有头发颜色、年龄和他们最后一次露面的地点的信息。

报纸的黑色幽默教会读者在生活中如何与纽约的残酷、单调和危险共存，甚至对其一笑置之。在 1898 年的《纽约世界报》上，有一篇题目为《美国的摩天大楼就是现代的通天塔》的卡通专栏中，每一件可能发生的事情似乎都不对劲：工人们互相扔水泥，打架斗殴，从脚手架上掉下来，用钢梁互相打斗，甚至意外触电等。《黄孩子》的创始人理查德·奥特考特把城市的残酷现实变成了一种娱乐。在他的卡通形象中，人们被马车碾过，被汽车撞过，被棍棒打过。在奥特考特的一幅名为《霍根胡同里光荣独立日的没落》的漫画中，失去了胳膊和腿的孩子们包裹着绷带，拄着拐杖。这些漫画丝毫没有夸张。这些年来，纽约的建筑工地杀死了大量的工人和行人，交通事故也造成了巨大的损失。如果读者充分考虑和吸收新闻中的每一场悲剧，那么报纸会让他们悲痛欲绝，直至崩溃。相反，他们必须学会看到"自杀"这个词后不去读这篇文章，或者可以继续往下读，但要带着同情心去读。在大街上，纽约人从破旧的公寓旁边走过，但顾不上去想是谁住在那里；他们掠过街头小贩和报童，也假装看不到坐在路边的乞丐。

尽管报纸每天发布的坏消息可能会让读者对城市里发生的悲剧逐渐变得麻木不仁，但这些消息实际上也让读者对系统性的城市行为做好了准备。更加抽象的资料把纽约变成了一堆数字和图像，帮助读者理解和评估整座城市。这些统计数据可以拿来分析，也可以用来改善城市生活。大多数进步时代的改革者会采用这种调查、分类和优先排序的逻辑。城市规划者们设计了诸如桥梁和公园等市政项目，改善了更多人的生活。实施区划法和劳动法的立法者给一些房东、建筑商和雇主带来了不便，但也让更多的租户和工人受益。关注公共卫生的医生和社会工作者从个别病例中抽身而退，转而去评估更为广泛的威胁，如水源污染、细菌滋生的垃圾和慢性营养不良等。报纸同时从横向和纵向两个方面促进了世纪之交的发展趋势，即从道德主义转向数据式的思维方式，从不定期的改革转向更全面的进步。

除了所有的坏消息和庞大的统计数据，纽约的报纸编辑们还在文章中穿插了一些有人情味的小故事，在以前人们通常都认为这些小故事根本没有什么新闻价值。19世纪70年代到80年代，《纽约太阳报》的编辑查尔斯·达纳改善了这种琐碎但有趣的新闻报道的艺术，并定期将有人情味的文章放在头版头条。例如，1881年《纽约太阳报》头版刊登了一篇题为《丘比特与鸡蛋的故事》的文章，文中讲述了一个田纳西州的家禽农场主，因在蛋壳上写下自己的地址而与一个布鲁克林女人相遇并结婚的故事。到20世纪早期，人性化已经成为一种独特的报告流派，其本身就有各种传统和规约。一本新闻手册解释道："一个有人情味的故事，主要是去尝试描绘人类的情感——把一个人当作人来探讨，而不是把这个人当作一个名字或一个东西。"为这些故事（有时甚至要放在头版）申请报纸版面，暗示了日常生活中的戏剧性事件值得我们关注，即使在纽约这样的大城市也是如此。编辑们刊登这些文章可能是为了增加他们报纸的吸引力。读者只能了解到那么多当地发生的事件和国际外交关系，如果能读到更多文章他们当然会喜欢。有人情味的故事提供了比其他新闻更丰富的东西，它们给读者提供了一个机会，让他重燃同情心，以及重新拾起对邻居的信心。

与许多其他的新闻报道相比，有人情味的新闻报道刊登出来之后效果往往是很好的。1897 年有一篇这样的故事："赫塔·霍尔斯特 5 岁了，住在霍博肯哈德逊街 130 号。昨天下午她在街上玩耍时，遇到了许多男孩和女孩，后来就和他们一起走了。"[102]这个故事记述了她母亲找不到女儿时的恐慌，以及为寻找女儿所采取的所有措施，最终幸运的是赫塔在傍晚的时候回了家。

这些文章经常报道纽约人的慷慨行为，与纽约人读到的、看到的，甚至可能参与其中的冷漠和残忍形成鲜明对比。《纽约先驱论坛报》让衣衫褴褛的记者前往精英社区的教堂，测试教会里的人在基督教慈善事业上的表现，结果发现教会对记者表示欢迎并做出了非常理智的接待反应，于是便在文章中对其进行了赞扬。记者还注意到当地的屠夫会把圣诞火鸡送给附近的贫困家庭，还有市民捡到贵重珠宝又将其归还失主。他们对模范公民进行了报道，如照顾癌症患者的社会名流或志愿者等。

人们感兴趣的故事与头版上最显眼的故事形成了一种对比，在这里，人们内心的情感和善意实际上并没有完全消失。《纽约时报》的一篇特写中说，尽管新闻标题中会出现暴力事件，但报纸办公室每天都会出现一个更加安静、更加慷慨的故事。编辑们也会采取人性化的报道，来唤醒疲惫不堪的记者们心中的人性。记者格兰特·米尔诺·海德解释说："记者在法庭或医院里工作一段时间后，慢慢地丧失了自己的感受力，对人类生活中更严酷的事实变得麻木不仁。渐渐地，他的故事失去了所有的同情和仁慈，他描写苦难的人们，就像描写许许多多的木头柱子。" [103] 根据海德的说法，寻找有趣和感人的城市生活瞬间的任务可以让记者们从愤世嫉俗和超然中解脱出来。刊登人类感兴趣的文章并不会像慈善类文章那样积极地改善这个城市，但是它们让城市居民——包括读者和记者能时刻注意到优雅的瞬间。

悲剧新闻和人性化故事结合在一起，传达出一种超然与情绪共鸣的奇妙感觉。这种平衡性代表了进步时代的城市改革。灾难性和震慑人心的新闻训练读者思考城市问题，迎合了人类利益的故事则提醒读者为什么这些问题值得解决。

开放的社区

就像新闻作家们踏遍城市的各个角落并进入不同的专业领域一样，他们也跨过了不同的社会分区。记者们描述了纽约许多穷人、富人以及少数民族聚居地的生活。这些专题文章构建了一种城市的世界主义，让记者和读者在不同的社会阶层中感到轻松自在。在某种程度上，读者可以将这种世界性的态度带入他们的日常生活中，这样他们会对邻居更加好奇，也会在旅行中更有冒险精神。当然，在现实中读者仍然生活在一个支离破碎、有阶级区分的城市里。报纸提供的是一种替代式的体验，通常是从白人、土生土长的中产阶级的角度来叙述的。虽然文章似乎在告诉读者可以暂时性地冲破阶级界线，但也强调了这种更为持久的社会等级制度。报纸对阶级、种族和民族的态度从来都不是一种越界行为，甚至还有可能是进步的。报纸的确以前所未有的程度颂扬了这座城市的阶级和种族的多样性，它们为城市公众展示了一种令人瞠目的包容性。

报纸在纽约的戏剧、商业和体育世界的特写，以其密集的专业领域和丰富的专业知识，表达了都市生活带给人们的愉悦感。有关移民机构的专题报道也传达了一种国际化生活的快乐，在这种生活中，居民们也开心地享受着自己城市的全球化特色。许多文章都把去移民区旅行当作真正的环球旅行。《纽约太阳报》的记者在拜访了一家坐满巴黎人的咖啡店之后写道："对于那些想在纽约体验外国生活的人来说，移民区是一座名副其实的宝库。他们把胳膊肘支在插图版的法语报纸上，啜饮着绿色的混合饮料，懒洋洋地吸着自己制作的香烟。"[104]

一方面，像这样的记者对移民给纽约带来的文化产生了真正的兴趣，他们的详细报道也让读者产生了兴趣。一位记者就像他社区里那些居民每天的日常生活那样，满口意大利语，一出口就是一小段情节："哦，悲伤的一天啊！哦，邪恶的时刻啊！当星星在天上释放出邪恶的光芒，地上的人们也受到了影响，赫尔曼·拉什梅尔、弗朗西斯科、多梅尼科·梅西纳，还有来自巴比里的名流之间起了冲突，虽然这些人的理发店点缀了列克星敦大道 1648 号。"[105] 记者们小心翼翼地让读者熟悉种族和移民文化，并暗示这些文化值得人们去了解。

另一方面，记者也经常将其他文化当作一种消费品，让更多有特权的游客都能来品尝和享受。记者们把移民区域当成是一种发现，值得仔细品味，因为这些地方都很神秘。一位报道维也纳歌舞表演的记者在其文中说："到目前为止，只有少数美国人发现了这一点，他们小心翼翼地保护它，不让它被乌合之众入侵，以免它失去旧世界的味道，也避免染上曼哈顿的风味。"[106] 大多数读者必定是某个特定的纽约团体或某一地区的局外人。出于这个原因，就连在移民读者中很受欢迎的《纽约世界报》的记者在撰写有关移民群体的文章时，也采用了外部观察的视角。然而，这一视角却忽视了对读者和主题可能进行的微妙的判断，它将想象中的读者定位为文化中立者，而将想象中的主题定位为异域文化。外国出生的人似乎总是被描写和报道的对象，但写出的文章并不是给这些人看的。这些文章也忽略或抹去了移民可能带给纽约的暴力和苦难。记者们对外国人感兴趣的主要原因不在于他们是不是难民、是不是经济移民、是不是刚刚崛起的美国的臣民，而是因为他们独特又丰富多彩的生活。

纽约的报纸对非裔美国人社区的关注远不及对移民社区的关注。唯一一个出现在主流报纸上描写纽约非裔美国人生活的特写报道是蒂莫西·托马斯·福琼的专栏，名为《非裔美国人》。1895 到 1898 年期间《纽约太阳报》上连续刊登这个专栏。福琼本人就是黑人周刊《纽约世纪报》的编辑，该报主要报道非裔美国人取得的成就。他撰写游记，报道已经去世的著名美国黑人。他评论非裔美国人的社会和政治地位，为南方的私刑制或黑人大学提供统计数据。然而，这个专栏持续的时间并不长。我们可以想象一下为什么《纽约太阳报》关停了这个专栏。也许是这个专栏所表达出来的观点和态度无法与这个城市中报道少数群体的其他专题保持一致。在这篇专栏里，没有色彩缤纷的人物、没有带着口音的英语，更没有偷窥到隐私的空间。对于大多数白人、中产阶级的纽约人来说，非裔美国人的文化并没有带来太多的异国情调，至少在爵士乐时代之前是这样。

尽管存在缺陷，有关纽约少数民族（以及更为少数的种族）社区的新闻文章确实在 20 世纪初推动公众文化转向包容性和多元化。为了保证让移民一直活跃在公众的视野中，新闻文章可能鼓励读者考虑移民将会以及能够被同化到何种程度。他们对纽约各种各样的种族、宗教和语言的庆祝活动，有助于引发更加广泛的辩论，讨论如何在纽约和这个国家扩大文化的包容性。正是在这种氛围中，贺拉斯·卡伦和伦道夫·伯恩等作家对所谓的"美国人"提出了全新的定义，为移民保留其种族传统创造了空间。

20 世纪一二十年代，新闻报道仍然认为读者不了解纽约各民族所有的传统，但他们也不太可能把这些传统当作奇特或让人惊讶的东西。到 20 世纪 20 年代，许多移民社区已经存在了很长一段时间，也许他们对记者或读者来说并不那么奇特或令人惊讶。与此同时，1924 年颁布的移民配额限制了新移民的拥入。因此，更为中立的新闻基调反映记者对移民者越来越认同了（也越来越不担心了）。1920年《纽约每日新闻》的封底上有一份关于当地活动的索引，直截了当地宣布了当地宣布了犹太节日"住棚节"的开始，以及在布鲁克林举行的盖尔人舞蹈展演。同样，报纸在没有做出任何判断和没有阐明任何观点的情况下重印了周末圣公会、天主教、卫理公会和犹太服务的摘录。文章越来越强调文化间的理解，而不只是去简单地享受其他文化。1925年的一篇文章报道了住在布鲁克林的立陶宛人，包括他们的语言、宗教、政治党派和典型的职业，报道还解释了立陶宛人佩戴琥珀珠子的意思，甚至还讨论了移民过程中经历的困难，这在早期是一个很少提及的话题。

构成特稿新闻核心部分的不是那些报道移民的文章，而是报道纽约市那些最有钱的人的文章。对于那些相对少数的精英阶层的读者来说，这些文章就像是普通的新闻，只是简单地讲述他们的熟人最近做了什么。对于工薪阶层或中产阶级的读者来说，这些报道富人的文章能够让他们看到这个靠自己永远也进不去的圈子是什么样的。纽约的报纸密切关注洛克菲勒家族和范德比尔特家族的举动，并在他们的婚礼、爱好和商务上都有大量专题报道，这让任何一个纽约人都可以像谈论邻居那样谈论这些家庭。报纸还刊登了一些商业大亨的简介，让读者觉得他们好像和纽约最富有的人聊过天、还亲自观察过他们。在社会版面上，读者可以看到谁乘船去了欧洲，哪些家庭正在举办这个季节最奢华的舞会。

许多关于富人世界的文章，让读者可以间接地享受它的乐趣。细节性的描述吸引读者去关注富人的聚会、衣着和房子。报纸的摄影师得到允许进入精英人士的住宅时，他们会带回一些室内的照片，里面有镀金的装饰、挂毯，还有丝绸的座垫等。社交版面上的结婚公告展示了时尚的年轻夫妇庆祝活动中的礼服、餐桌装饰和花束。新闻报道在某种程度上修正了城市中真正的社会障碍。正如《曼哈顿中转站》中一位被压抑的人物在评论报纸上关于纽约上层人士时所说："看这些东西可以消磨时间，而且我也想要跟上纽约的步伐，了解一些正在发生的事情……你知道，就算是猫也有权利欣赏国王，所以每个人都有权利。"[107]

有关富人的文章偶尔也会表达出对他们这种过分放纵的方式的怀疑或厌恶态度，这强化了报纸隐含的中产阶级观点。一位作者曾指出："七十四大街上新建的新佩尔大厦所占的土地面积可以盖六栋普通的大厦，或十栋公寓楼。也就是说，可以容纳928人在这里生活，而现在也确实有纽约人在这里生活，但只有他自己和妻子，以及一大堆瓷器而已。"[108]《纽约世界报》上用一两页的篇幅描绘了纽约阿斯特房地产公司在纽约的每一笔交易，生动地再现了这个家族巨大的财富和权力。虽然有关城市精英的文章可能会传达一些批评的态度，但他们很少直接表达出愤怒或谴责，丑化富人不符合报纸的利益，因为许多报纸的股东、广告商和编辑本身就是这个城市的上流社会成员。此外，大多数中产阶级记者和他们的读者对资本主义制度的激进批评并不感兴趣，而且资本主义制度也能让他们受益。

与此同时，报纸并没有将他们对纽约穷人的所有报道转变成慈善类文章。书中有各种各样的特写，可以让那些害怕或不愿亲自前往参观贫民窟的读者能够读懂贫民窟。作者还把这个城市最贫困的地区，如下东区、湾脊区和地狱厨房等描绘成令人生畏的异族的地方。一名访问下东区"杀人犯的小巷"的《纽约世界报》

的记者解释道:"街道通往小巷的低矮入口,还不如马厩门大,不足十英尺宽,路面上铺着石块,上面还覆盖着一层层的污物。"[109] 报纸上刊登了一张地图,为读者指明小巷的确切位置,并附了巷道逃生路线、垃圾站和衣衫褴褛的居民。

特写文章还为读者提供了有关公寓文化的课程,里面详细描述了纽约穷人的表情、口音和消遣方式,同时又一次将读者从跨阶级的个人互动中隔离出来。记者通过与街头儿童交谈或采访流浪汉来收集新闻报道的素材。星期日漫画《霍根的小巷》把读者带到一个虚构的公寓附近,黄孩子和他的乐队朋友在那里举行体育比赛、聚会和打架。工作日的时候,黄孩子出现在一个小专栏,名为《黄孩子日记的传单》。这部连环画在读者和孩子之间提供了一种想象中的友谊——在这个阶级分层、互不信任和分裂的城市里,这种友谊是难能可贵的。

特写文章向读者介绍了他们社区的最后一个派系——黑社会。关于犯罪的文章仅仅通过揭露城市最黑暗的角落,就让人们觉得这个城市不是一个神秘的威胁。特写文章明确了赌博的术语,解释了纽约黑手党如何选择杀手,以及教会读者区分"笨蛋""粗人"和"情妇"(不同类型的女性共犯)。照片把读者带到罪犯居住的地方,从密谋对付警察调查的地下室到布莱克威尔岛上的活动现场。小报《纽约每日新闻》和《纽约新闻报》定期打印房屋犯罪现场的照片和可能会出现的罪犯或受害者的肖像。对话片段给读者和城市之间留出了一个安全的距离,同时还让读者学会了城市硬汉和瘾君子使用的词汇和口音。当编辑们向他们的读者提供关于黑社会的看似非法的信息时,他们同时传达了要遵纪守法的道德准则。记者们常常从执法人员的角度出发，从警察打击铁路犯罪到侦探抓到藏在旅馆的贪污者，也在传递这样的信息：违法者最终会被抓到并受到惩罚。

纽约的报纸将许多居民描述为城市中的有用公民，甚至暗示，国际知识可能不仅仅属于中产阶级和上层阶级，但很明显，纽约人不能随意地或永久地进入其他社会阶层。特写中引用了各种各样的纽约人对他们形形色色的邻居的评论。《纽约美国人》的一篇文章援引了一位酒店老板对阿斯特家族的观察，该家族去看贫民窟的途中曾经去过他的酒吧。理查德·奥特考特描述了霍根胡同里的孩子们举办的模拟上流社会的活动，如歌剧、高尔夫锦标赛、文学社团还有宠物狗展。然而，这些特征最终凸显了这座城市的社会差异，也表明传递知识和短暂接触永远无法抹去社会差异。

记者们只是从不同阶级之间短暂又甜蜜的碰撞之中挖掘出一些有趣的特点。当纽约人以更持久的方式跨越社会隔阂时——不同种族、阶级和民族之间建立恋爱关系——报纸并没有把他们看作令人艳羡的世界公民，而是把他们当成可耻而危险的典型。

当报纸上的文章以中产阶级的视角看待城市的其他部分时，他们认为，这个城市的特点来自所有其他群体，而不是中产阶级本身。正是穷人和工人阶级的口音给了这座城市独特的声音，正是移民社区给这座城市带来了无穷的变化，正是那些坐着马车和穿着皮衣的富人让城市变得富有魅力。文章鼓励读者去尝试所有这些群体所要表达的内容，但也要限制他们的互动，让互动只停留在短暂的旅行或替代式的报纸采访上。特写新闻鼓励读者密切关注身边的人的同时，也做了其他两件事。首先，它培养了人们对跨阶级和跨文化的好奇心，使纽约朝着一个更开放的社区和公民模式转变。其次，它也使中产阶级观察家成为最合法的城市公民。对于报纸来说，中产阶级才是最适合享受、理解，甚至可能改变其他人的阶级。

城市的品牌

20世纪一二十年代，纽约的报纸开始在它们的"大都市"版块自觉地为这座城市塑造自己的身份，虽然报纸有时用"大都会"作为城市包括周边地区的标签，但在这些地区，这个词也是城市性格的标志。在世纪之交时，《纽约世界报》首次出现了大都会版块。到了20世纪20年代，几乎所有的主流日报都有相同的版面。大都会版块和其他专题故事通过描绘城市中正在形成的礼仪和自由文化，塑造了一个城市的身份。这个时代的记者、专栏作家、插画师和漫画家与来自其他圈子的演员、音乐家和制作人有了更加广泛的联系，这些纽约人变得更加圆滑、老练。与前几十年相比，作家们表现出了更加超然和愤世嫉俗的态度。他们的文章也标志着一个时代的转变，从城市改革中凸显出的进步文化，转向更私人、更会享乐和更富怀疑精神的20世纪20年代城市生活。

纽约市的报纸也通过寻找让纽约生活与众不同的线索，为这座城市创造了一种身份。在这一点上，报纸与其他组织合作，将城市包装起来，并为城市建立了自己的品牌。为了吸引游客和投资者，旅游机构和商业机构对纽约的特色进行了提炼和界定。艺术家和电影人为纽约开发了一种可视化的简写方式，让全国乃至全世界的观众都能理解。大都会版块在图文并茂的标题中优雅地传达了他们的城市"品牌"，展示了熙熙攘攘的街道和高耸入云的纽约标志性场景。

在 20 世纪一二十年代，编辑们精心构建的专题让大都市看起来就像一个小城镇。从这些专题来看，它的小镇特色把纽约市变成了一个友好、联系紧密并易于解读的地方，而它的规模是它真正伟大的地方。《纽约时报》开辟了一个刊登城市小说集的专栏，名为《我们的小镇及其民间故事》。《阿姆斯特丹新闻报》则印发了城市观察报告。这些专栏坚持要把纽约刻画成一个"城镇"，因为这样看上去会让城市大众变得友好而谦逊。

报纸越来越多地采用小城镇报道居民日常生活的做法。20 世纪 20 年代，纽约报纸首次派记者参加了高中体育比赛。春天，他们打印了当地大学的毕业名册——尽管花了好几页才打印出几千名学生的名字，这些名单让这座城市感觉更像一个小城镇，小到每个读者都能在当地报纸上看到他们的侄子或邻居的女儿。

许多进步的改革者生活在现代大都市，但却并未觉得舒适。因为他们需要努力让这座城市更像小城镇，而不像大城市。到了 20 世纪 20 年代，报纸编辑和作家们似乎发现纽约的小城镇和大城市之间并没有冲突，并开始庆祝纽约市的大规模化。报纸将纽约人所做的一切都变成了令人印象深刻的统计数据，从他们吃的鸡蛋数量到在这个城市登记的司机数量——每一次统计都暗示着巨大规模正在把这个城市变得不同凡响、出类拔萃。1925 年的一篇关于麦迪逊广场花园的文章认为，纽约的建筑相当于科罗拉多大峡谷。这些文章提醒读者，他们所在城市的建筑是世界上规模最大，也是最令人印象深刻的。

就像 19 世纪晚期散布在报纸上的旅行见闻一样，都市版块的文章将都市小短文变成了一种娱乐形式。《纽约论坛报》专栏《在我们的小镇上》的一位读者写道："这些描写似乎表现出敏锐的观察力和生动的观察方式，我原以为我知道这个村子的每一个角落和每一个角度，但事实却并不是如此。"大都市的专题可以把城市变成一种审美体验，但这需要训练才能懂得欣赏。

根据报纸上的报道，纽约是一个可以成就一个人也可以毁灭一个人的地方。报纸（连同小说、电影和其他形式的媒体一起）将这种"要么成就，要么破坏"的品质融入城市的身份，它们实际上是让人们慢慢学会接受纽约这种极端贫穷和极端富有的两极分化，并保证不要对其产生愤怒。19 世纪中后期，城市或促进或摧毁年轻人生活的这种潜力一直令人担忧，甚至引起了恐慌。报纸的记者似乎证实了许多世纪之交的美国人应该害怕的东西：城市有能力让普通人陷入困境。报纸上的文章讲述了年轻女孩当了小偷的学徒，被卷入一个有组织的犯罪团伙，以及在操场上第一次接触到毒品后成为吸食海洛因的瘾君子。讣告勾勒出一些纽约人的没落人生："约瑟夫·兰甘生前是布鲁克林杰出的政治家和富有的商人，他将休·麦克劳克林和法官约翰·考特尼视作自己的朋友，昨天在迪卡尔布大道警察局关禁闭时朝头部开枪自杀。"[110]这些报纸也讲述了纽约人取得的巨大成功以及他们的成名之路。从瑞士移民、纽约一家高档餐厅的创始人伊曼纽尔·索拉里，到德国移民、房地产大亨约翰·雅各布·阿斯特，报纸统计了移民取得成功的案例的数量。多年来目睹这么多纽约人的成功与失败已经教会了读者宠辱不惊地对待生活中的这些极端事实。

　　报纸上那些高耸入云的摩天大楼的图片含蓄地将这个城市定位为一个现代化的大都市。文章和广告偶尔会把纽约人描述成走在时尚和文化领域最前沿的人。1930 年，《纽约美国人》将观众描述为"成千上万具有现代意识的纽约人""对纽约及其迷人生活充满热情的城市居民"。[111] 尽管纽约的报纸从未叫嚷着要获得现代世界之都的称号，但他们却一直在谈论纽约无与伦比的财富和光鲜的现代化。早在世纪之交，纽约的报纸就不再那么高调地进行自我吹捧了。"知道这里是纽约，这就够了。"《纽约论坛报》解释说，"让孩子们在他们中间尖叫吧。对于一个自以为了不起的城市来说，这一切又算得了什么呢？"[112] 纽约，这个正在成为世界上最强大国家的最大城市，似乎对自己的崛起泰然处之。

　　纽约市的记者生活在美国最大、最多样化的城市，他们在文章中特别努力地唤起市民的认同感和自豪感，并鼓励公民去管理城市。其他几十个城市的报纸也在告诉读者，如何用我们在纽约看到的策略和发展趋势来照顾、应对和享受他们不断发展的城市。因为其他大多数城市的地位不如纽约那么稳固，所以他们对城市公众的看法可能就不那么乐观了。在纽约以外的报纸上出现的公民辩论，都反映了这一点，并有助于建立读者对"他们的"城市的感觉。许多报纸为这样的民众评论设立了官方专栏，其中包括《费城晚报》中的《特别查询》，以及同一年代《密尔沃基新闻报》中的《读者的想法》，以及 20 世纪 20 年代《芝加哥论坛报》上的"人民之友"。揭发丑闻的文章更加明确地设定了这样一种期望：城市居民会关心他们的邻居，并对他们负责。在堪萨斯城，《星星报》揭露了垄断电车系统的企图，并为公共公园和免费浴室努力奔走。然而，仍有许多编辑认为揭发丑闻只会让他们的城市蒙羞。一位读者赞扬了《查尔斯顿新闻速递》对国家政治的大胆看法，但不明白为什么它在地方报道中不能同样大胆。

纽约市的报纸引导他们的读者走向一种有权利和被赋予权力的世界主义，允许他们对纽约的思想、文化进行取样调查。其他城市的报纸并未以同样的方式运作，因为这些城市在国家不断增长的财富和权力中所占的份额较小。也许只有在南部和西部，报纸才有可能把某些人写进特写新闻，甚至把他们妖魔化。大多数报纸采用了某种"旅行见闻"的写作形式，并用它向读者介绍他们可能不熟悉的人群和社区。这些文章，即使是小规模的，也激起了人们对种族差异的好奇心，并把多样性看作城市的特色。他们还把白人、中产阶级、本土出生的读者奉为模范观众和公民，并把其他所有人都贬为次要角色。

许多城市的新闻记者以读者无法企及的方式跨越不断扩大的阶级鸿沟，他们的报道使城市暂时能够被读者读懂。社交记者会带着读者走进豪华的舞厅和时尚奢华的上流社会。《密尔沃基日报》上的一篇关于圣诞舞会的文章解释道："厄尔林夫人穿着白色蕾丝的长袍，伊莎贝尔·厄尔林小姐穿着天鹅绒长袍。舞厅里有一棵圣诞树，乐队就在圣诞树的后面。"[113] 然而，中型城市的报纸往往不会收集穷人社区所有令人厌恶的消息，也不会在有关富人的文章中表达太多的嫉妒或愤慨。在匹兹堡、密尔沃基和布法罗等较小的社会圈子和较小的经济体中工作，编辑们必须小心，以免失去读者、广告商。中等城市的编辑们可能也不愿意关注他们周围的丑陋和不平等。纽约的编辑不必担心他们的曝光会影响人们去纽约参观、搬家或在纽约进行投资。其他地方的编辑对自己所在城市在国家和全球的地位并不那么自信，他们很可能就会担心这个问题。

在每一座城市中，大声疾呼的头条新闻、可怕的细节和大量的坏消息都可能使读者和记者变得麻木。一位圣路易斯的读者说道："我自学了扫描标题，并尽可能地忽略丑闻和犯罪。我发现忽略这些东西会让内心更加平静。"[114] 寻求安慰和稳定的读者可能会特别注意新闻中的地址。即使在没有网络化和编码化的城市（因此需要更多的知识才能在地图上找到一个地址），打印地址的做法也有助于在空间中定位新闻，把原本可能会让人感到混乱的事情组织起来。全国各地的编辑们还委托人们撰写有趣的故事，以平衡每日新闻中透露出的残酷和冷漠。报纸上的坏消息总体上训练了读者理智地对待和分析那些他们不感兴趣的东西，并能够积极地解决问题的能力；而好消息则拯救了人们心中的凝聚力和社区意识。

在这几十年里，除了纽约以外，很少有报纸刊登都市版的文章，但大多数报纸都通过刊登自己的专题来定义和宣传其所在城市的独特之处。许多城市根据当地历史构建了当地的特色——通常是以城市创始人和一些显赫家族为主。不同于纽约那些很少拿自己的城市去跟别人对比的记者，其他地方的作者则用对比甚至对立来凸显自己家乡的特点。H.L. 门肯在《晚间太阳报》的社论版上写道："让我们为自己是巴尔的摩人而高兴吧，假设我们在匹兹堡遭遇了无情的命运。"[115] 门肯的报纸通过自我褒奖式的方法培养了公民的身份认同感和自豪感，还为市民颁发了年度最佳花园奖和年度最美新建筑奖。

这种城市品牌的多样性为城市社区留下了丰富的遗产。它通过强调和颂扬城市的独特品质，加强了读者与城市之间的联系。有些报纸经过对城市的巧妙包装和报道之后，将城市文化从进步主义者的热切参与和改善城市社区转移到了观察城市、享受城市和自我满足的城市文化。报纸对当地新闻的广泛报道，以及对家乡日益成熟的解读，催生了一种新现象：即只要看一份报纸，任何人都能体验到这座城市的内在，或感觉到自己属于这座城市。

■ 第四章 区域经济的发展

1909年，作家詹姆斯·爱德华·罗杰斯指出美国新闻报道的一个奇怪模式，"从纽约出发穿越整个美国，人们会经过好几个不同的'时区'"，他还说，在不同的时区，人们会读到不同的城市报纸，"从纽约启程后的一段时间里，看到的都是纽约的报纸，比如《纽约时报》《纽约太阳报》《纽约先驱报》之类的。第二天，涌向我们的就是芝加哥的报纸，然后是盐湖城的，然后是奥格登的，再然后是旧金山的。返程时经过旧金山和圣达菲，穿越洛杉矶时区、丹佛时区，还有新奥尔良时区"。[116] 这些国内线路的火车开过了农场乡村和沙漠前哨，又穿越了山区城镇和茂密的森林，然而不论所在的地方离大城市有多远，人们最终总是能从城市的报纸上读到近日新闻。

十几年后，社会学家罗伯特·帕克和查尔斯·纽科姆也描述了类似的现象。帕克和纽科姆在地图上绘制出了城市主要早报的覆盖范围，发现每个城市的信息扩散距离都有数百英里。从他们的地图上可以看出，日报的覆盖呈向外扩张式，若没有撞上其他大城市报纸的"领土"，就会跨越州界一直扩散。比如，洛杉矶的报纸就一直扩散到亚利桑那州的东部边界，明尼阿波利斯的报纸一直扩散到蒙大拿东部，新奥尔良的报纸流通于佛罗里达州的狭长区域，而芝加哥的报纸在十个州都有分布。少数美国城市占领着全国的新闻市场。

19世纪末20世纪初的时候，城市的报纸出版商开始大力吸引居住在城市之外的读者。从城市搬到郊区的中产阶级和富裕人家自然选择城市报纸，因为他们经常在城市里工作，或是经常到城市里去。对于城市报纸出版商来说，想吸引在都市区以外的城镇住户就有点难度了。不过既然广告赞助商们想要开拓这部分市场，出版商们也就开始尽力吸引这群客户，不惜使用特快列车、轮船，甚至是飞机等交通工具，每天将城市报纸送往好几英里外的读者手中。许多都市报纸在城外地区的销量甚至超过了城内，然而，这些报纸并非完全覆盖这些区域。报纸的销售网完全没有包含那些住在郊区的工薪阶层和贫穷的农户人家：对于报纸上宣传的那些产品，这些人几乎没什么购买力。

报纸不仅在适应郊区化的趋势，事实上还对郊区的发展起到了推进作用。它们通过住宅区的广告和邮购户型介绍，不断推进中高级郊区社区的建设；它们还从家居装饰和园林园艺方面宣传郊区特色的生活。在20世纪一二十年代，报纸覆盖的郊区新闻、图片和价值观相当全面，甚至成为整个都市区而并非只是面向市区发行的媒体。同时，这些报纸也帮助读者尽快适应郊区生活。有了报纸上的列车时刻表、百货商店宣传页和招聘广告，人们过着具有城市和郊区双重特色的生活，都市地区的报纸则通过在郊区生活中保留城市特色，缓冲了从城市到郊区的变动。

　　除了推动郊区的发展，城市报纸还能协调区域经济，把距离市区遥远的读者拉进了城市的文化和经济圈。报纸上的商品价目表和运货时间表为农民们打开城市市场提供了便利条件；广告和专栏提升了乡村居民的口味和生活标准，也逐渐把他们转变成城市商品的销售对象。报纸不仅改变了产品的销售，还引发了人群的变动，小城镇里的年轻人开始向往都市的生活，并且努力实现他们的都市梦想。

　　在不断传播的过程中，都市报纸一直把读者的目光集中在城市本身，它们将城市描绘成都市和区域生活的绝对中心。每日由市中心向外扩散信息的方式则进一步巩固了城市的中心地位。报纸上的报道把市民、郊区住户和乡村住户介绍给彼此认识，还不断强调大家共有的优势和共同的利益，打造一个区域性的共同身份。在报纸的作用下，美国经济和文化与城市的关系比任何时候都要紧密。

　　19 世纪末 20 世纪初，芝加哥的市中心、外围郊区和边远地区都得到了迅猛的发展。芝加哥的创始人早就预料到这所城市将成为美国中西部，甚至是整个美国西部的中心，他们在密歇根湖岸打造了这座城市，有水路运输，到达偏远地区也方便，开发商们希望周边各地的产品——北部森林的木材、草原上的牲畜、附近农场的牛奶、整个中西部的粮食——都能够为这所城市贡献价值，为其所用。芝加哥的铁路系统将中西部的货物运到更靠近西部的地区，船运系统能够以更快的速度把货物沿着伊利运河或密西西比河运往东部或南部地区。芝加哥及其郊区之间的关系在美国非常普遍：纽约郊区的农民把产品运到休斯敦，再拿到纽约市区的市场上售卖，或是从纽约的港口运往别处。俄亥俄州的农民们把他们养的猪送到辛辛那提，在那里屠宰、加工，然后通过铁路运往全国各地。芝加哥的面积相当大，当地的创业者们也梦想着将这里打造成区域内规模最大的都市。

芝加哥人一直在追求一种都市文化，从很多方面来看，他们的确做到了这一点。到了世纪之交，这所城市拥有全美国最现代化的建筑，覆盖面非常广的交通系统、豪华的购物区，还有风景优美的公园。1893 年芝加哥世博会在这里举办，规模盛大，广受赞誉，堪称美国历史之最。芝加哥孕育了新兴的现实主义都市小说流派，形成了新闻报道中的一种全新的人情味儿风格。然而，与其他东部城市相比，芝加哥还是太年轻，其经济对农业产品和原材料的依赖性较强，芝加哥市中心仍然留有周边乡村地带的特点。一些芝加哥人为这座土里土气的城市感到尴尬，但也有许多人明白，这座城市的繁荣很大程度上取决于周边的农场和"穷乡僻壤"，他们选择以包容的心态接受这种中西部的乡村文化。

移民刚到芝加哥，房地产投机者们就开始开发城郊住宅区，而郊区也随着城市扩大更加流行起来。芝加哥的人口在 1870 年到 1900 年间增加了五倍之多，几十万原先在工厂工作和从事服务业的移民拥进了这所城市。[117] 在市中心，遮天蔽日的摩天大楼建起来了，上涨的房价也使得门前的庭院和门廊成了买不起的奢侈品。噪声、灰尘和大规模的工业园区让许多家庭不得不搬到郊区地段或是一些偏僻的地区，以寻求更宽敞或更安静的居住环境。19 世纪末到 20 世纪初，芝加哥的郊区不断发展，你可以在那儿见到那个时期几乎全部种类的郊区。城郊的规模和多样性同样意味着，大批芝加哥人的人生某个阶段在郊区居住过，体会到的不仅仅是"芝加哥市区"的生活，更有"芝加哥地区"的生活。

区域经济的兴起

大多数芝加哥人搬到郊区始于一份报纸。以往的找房途径都是在橱窗上寻找"待售""出租"的字样，跟着当地中介现场看房，或是搬进亲戚居住的楼盘。这些对于在郊区找房的人来说，都不适用。芝加哥人把目光汇聚到报纸上集中的信息列表上，这就使得郊区房产开发商能够与潜在客户沟通，同时在郊区化的进程中起到了更大的推进作用。芝加哥日报上有许多特写栏目，讲述这些新的房产开发项目。它们推着读者浏览这些房产信息，也终于开发出了房地产专栏，在那里投放了无数的文章描写居家生活，又投放了更多文章描绘都市房地产市场，这些都传播了郊区的理想与郊区的模式。

报纸的编辑们愿意与房地产经纪人合作，一部分原因是他们想要靠广告增加收入。编辑们也与房地产开发商合作，因为郊区的发展于他们也有利。每增加一个新的街区，就意味着又增加了一批潜在读者。编辑们不断宣传郊区和房地产的另一个重要的原因是，他们真的相信郊区能够提供一种真正的高质量生活。许多都市报纸的编辑和出版商本身就住在郊区，他们很高兴与那些开发商合作——因为这些开发商，城市的中产阶级才得以享受到郊区的绿植、静谧和清新的空气。

　　然而，在世纪之交的芝加哥，"郊区"是个模糊的概念。城市并入了大块大块的土地，最终将郊区、工业区和农村统统纳入麾下。许多最初私人开发的中高档郊区社区，包括海德公园、湖区景观、罗杰斯公园等，最终都成了都市社区。然而这些地区在并入城市之后仍然保留着之前的特点——漂亮的公园和蜿蜒的小径等，这些房子也有宽敞的庭院和门廊。工作的话，人们就通勤到市中心去上班。即使这些地区属于芝加哥市区，但仍然可以把它们看作郊区。

　　这些郊区也有规划不那么整齐的街区，那些都是工薪阶级好几年甚至好几十年一点点建起的房子，它们的建筑风格并不一致，也不像典型的郊区社区那样草坪修剪得整整齐齐，还有通勤的火车站。那里没有卫生间，人们都使用屋外的厕所，外面养着鸡或是羊，还能从窗户里看到芝加哥郊外工厂的烟囱。然而这些地方像梅尔罗斯公园、罗宾斯和加菲尔德高地等，对于许多工薪阶层来说，差不多就是他们心中理想的郊区生活。在修建这些零散街区的过程中，芝加哥的报纸几乎没有起到什么推动作用，因为售卖这些廉价地皮的利润很低，经纪人们不太会在主要报纸上刊登这类社区的广告，报纸出版商们也没有专门招揽这类生意。因此，报纸与这些工薪阶层的郊区社区发展之间，并没有什么关联。

　　然而，报纸与中上层芝加哥人对于房屋所有权的追求和如何实现这种追求，却有着千丝万缕的关系。对于 19 世纪的芝加哥人来说，买房仅仅是多种选择中的一种，而且还不一定是最受欢迎的选择。到了 19 世纪后期，各类报纸读物开始大力宣传在郊区买房的案例，开发商们也在广告里描绘郊区整洁的土地，就等人们在那里盖上漂亮的房子了。报纸上加粗的分类房产信息还带有图案和照片，很快吸引到人们的注意。一份 1889 年的报纸上刊登着这样一则广告："我要不要买套房？这个问题是否让你白天惆怅、夜晚难眠？嗯，答案应该是肯定的。"[118] 一定程度上，报纸也通过罗列租房的种种劣势激发人们买房的兴趣。1913 年，《芝加哥先驱报》的一则广告"咆哮"道："快把租金收据烧掉吧，过去的十年里，它们都未曾给你买来任何东西，把钱花在你自己的房子上吧！"这些广告说租房不稳定，还表达了对被迫搬家的读者的同情。1897 年，《芝加哥论坛报》的一则漫画把搬家描绘成抢椅子的游戏，游戏中的芝加哥人历尽千辛万苦，发现搬前搬后其实没有什么差别。《芝加哥先驱报》周日版的一则整版广告承诺要解决租客们的烦恼——不管是居住的稳定性，还是搬迁产生的花销一下子统统解决。它这么写道："你对搬家的痛苦仍然记忆犹新吧，现在再搬一次，然后就可以在属于你自己的家里享受漫长的幸福岁月。"[119] 许多租客，因为受够了马虎的房东、吵闹的邻居和上涨的租金，就买了他们的账。

为了宣传郊区社区，报纸把人们的注意力吸引到那些城市社区缺少的便利与舒适上。有些郊区社区非常便利，住宅宽敞，房前有庭院、林荫大道，还有排水系统和煤气供暖。即使郊区也像市区那样还需要建造和修缮，但是郊区看起来就像与工业化城市对立却又自然和谐的另一种存在。1888 年的一则广告将埃奇沃特的住宅区描述成了一个田园诗般的天堂："这里没有尘埃、没有噪声，你在这里找不到任何令人不悦的东西。我们的孩子们在外玩耍，即使无人看护也毫无危险，我们觉得若是在这里和湖畔之间修条铁路，就会打破这里的美好。人们可以在湖中沐浴，好好享受一番……居住在湖畔附近冬暖夏凉。"[120] 急着逃离狭窄拥挤、污染严重的工业区的人们兴冲冲地听着开发商们夸大其词的承诺。

打消人们对于郊区孤独生活的恐惧，也是推销郊区理念的其中一步。每到春夏季节，周末报纸上就会刊登出免费远足的通知，当地人可以坐上专线火车或有轨电车，游览在售的郊区地产，参观样板房，还可以来一次野餐。借力于周日下午明媚的阳光，城市的人们在游览中领略到了郊区生活的美好，也熟悉了通勤的线路。广告商们煞费苦心地描述通勤系统如何方便快捷，他们说，坐火车到卢普区只要 18 分钟，每天有 50 趟火车，坐一趟只要 7 美分。许多广告还会附上当地的地图，并通过一些处理技术，让那些地方看起来紧挨着市区。1888 年，一则奥本公园的地产广告中写道，城市由市中心呈环状向四周辐射，从奥本公园到卢普区只需要穿过两个环区，或是两个"区域"。[121] 这些广告试图缩短两地之间的距离，弱化交通方面的困难，从而让消费者相信，他们能够拥有一切：既有祥和安宁，又有繁华热闹。

因为担心郊区的美好生活不足以让人动心，芝加哥报纸又将郊区住宅当作一种投资手段开始大力推销。在 19 世纪大部分时间里，投机者们都在芝加哥的土地上对冲套利，芝加哥市中心的繁华很大程度上也要归功于他们。然而，报纸把普通百姓也拉进了这场竞赛。1889 年的一则广告写道："一年以内，这块房产的价值将实现 25% 到 50% 的自然增长，你能原谅自己错失盈利的良机吗？"[122]

报纸所说的郊区最后一点好处就是：社区的排他性。广告上写的"房子好、邻居好"或是"理想组合"其实说的就是郊区经过层层筛选后的单一阶层人群。[123]广告上提到周边的教堂，告诉读者去做礼拜很方便，暗示他们周边住的都是常去教堂的好居民。报纸在描述郊区学校的时候，也特意加上了对身份感的渲染。1890 年，《芝加哥纪事报》的一篇文章是这么描述的："这里的学校非常棒，具有公立学校的所有优势，而没有城市学校汇集各种人群的弊端。"

到 19 世纪 90 年代，许多德国家庭已经在芝加哥定居了二三十年，也已经在某一职业或行业中立稳了脚跟，许多甚至能够住得上"高档"社区。于是开发商们开始把广告刊登在本市的德文报纸上，比如在 1891 年，人们能够在伊利诺伊州报上读到罗杰斯公园、雷文斯伍德、欧文公园、诺斯费尔德、萨默代尔和埃文代尔的地产广告。而相比较而言，开发商们针对南欧、东欧移民的推销力度则要小很多，这些移民刚刚搬来，还几乎没怎么被同化，口袋里的钱不多，没准恰恰是那些稍富的芝加哥居民想要远离的对象。

报纸上的文章也指出打造单一、排他性郊区社区的好处。一方面，开发商和记者们认为，许多城市居民更愿意与自己相似的人住在一起。与纽约的情况一样，芝加哥报纸也鼓励中产阶级读者去他们的移民邻居家拜访，但是几乎没有文章告诉读者，该如何与这些移民邻居共同生活。另一方面，开发商们不断推销单一阶级的居住模式，因为对他们来说，那些看起来风格一致的街区建造起来更容易。许多郊区地产开发商把地皮划分成同等大小的多份，通过公共设施将各部分连接起来，经纪人们则根据能够享受到的公共设施，比如学校、邻近的火车站、社区公园等，对这些地方的房子加价。如果开发商的地产在郊区，他们不会直接售卖空地皮，而常常会在这些地方建造许多样式相似的房子，为的就是降低成本。在报纸的影响下，芝加哥人开始相信开发商们做出的决定，即出于社会偏好及经济需求做出的决定，可以引领一种理想的居住状态。当然，广告描绘的画面与现实并不相同，中档及高档郊区社区内其实居住着多种社会阶层的人群，加上住在雇主家的佣人，这种单一就被打破了。即便如此，在报纸的作用下，单一阶级的社区仍然是芝加哥乃至美国最普遍的居住模式。

相应地，房产中介、开发商和户主中的白人开始在黑人可以购买或是租住的街坊周围画上清晰的界限，黑人或许知道大多数郊区房产，并不太欢迎他们这样的消费者。然而，芝加哥黑人周报还是标记出了一些安全的住宅区。芝加哥最大的黑人周报《芝加哥卫报》就为读者勾画出了中、上层阶级的郊区梦想，虽然这个梦想不大可能实现。1913年，一篇利德尔的南区开发项目特写中这么写道："虽然大多数是商人，但所有人都很快乐，这里就像一个夏日度假胜地，所有人都会去教堂。"[124]

《芝加哥卫报》的文章和小说展现出一种单一阶层的繁荣郊区，也是一种理想模式，然而，这其中实际提供给黑人的选择却少之又少。一心想要住在郊区的读者在《芝加哥卫报》上也只找到了为数不多的房源，而且大多数位于芝加哥南部或是印第安纳州加里的工业区，所以更多人选择在市区买房——像是在芝加哥的黑人区多户住房或是公寓楼。这些房子可以提供给住户一种

"有房"的安稳感，甚至能给他们带来稳定的收入，《芝加哥卫报》着重强调了这一点。南部一家房地产公司写过这样一则广告："要想独立，就得先拥有房子。拥有房子能够使我们更有信誉，在社区更有发言权。房地产是所有财富的根本。"[125] 然而，这些房子与理想中树荫浓密、闲适安逸的郊区生活完全不一样。

报纸几乎没怎么鼓动工薪阶层的黑人和白人搬到郊区。开发商们的确也针对工薪阶层的消费群体打过一些广告，只是稍微有所不同。这些开发商们在推销房产的时候没有配上修剪整齐的草坪图片，而是处处显示出一种"自己动手，丰衣足食"的味道。

在打造单独的房产版块时，芝加哥的报纸根据郊区房产中介的步调做出了调整。这些版块的大小和出现频率随着市场形势有所不同，然而，到了 20 世纪 20 年代，这些版块在各家芝加哥日报上都固定了下来。在芝加哥市中心、市区住宅和郊区的发展方面，这些房产版块起到了至关重要的作用。它们刺激了城市投资，但并非单单把资本和住户从市中心搬到城市边缘；它们着重强调了拥有房屋的重要性，还介绍了郊区发展的理念和各种手段。

通过展示对于芝加哥发展潜力的充足信心，报纸上的地产版块极大地推动了市场发展。1916 年，一则广告描述了芝加哥可以预见的未来："昨日的大草原，今日变成了价值 300 万美元的住宅，小平房、农舍、公寓楼……不经意间，都实现了 20% 到 150% 的增值。"[126] 这些版块上的文章写着芝加哥市场对房产的极大需求，以及绝对的升值空间。1925 年，《芝加哥每日新闻》曾这样报道："芝加哥的房产建造速度令人头晕目眩，城市发展过快，出现过度建设。"[127] 有一个开发商的广告配图里不是他们的房子，而是一袋一袋的钱。在这些令人兴奋的广告词旁边，更是列出来诸多细节，让读者决定到底该投资什么。前一天的成交表加上标价和售价，让投资大户能够了解投资方向。开发商们还鼓励普通读者也像投资者一样思考，试着预测城市哪里房价涨得最多，或是哪种户型、哪种风格的房子以后最受欢迎。接着，这些版块就向读者介绍了一些能够帮助他们制订投资计划的专业人士。最后，报纸开始邀请读者投资他人的房屋贷款，预测说芝加哥房产将会增值，投资人可以获得巨大利润。

对于买了房的芝加哥人，这些房产版块还会给他们物质奖励，鼓励他们首先把房子看作投资，其次再当作居所。在《芝加哥论坛报》的《房产手册》上的一个购房计划目录中，对潜在建筑商做出了这样的警告：个人喜好可能导致房产二次销售中的贬值。手册中对于重建的专题同样强调了转售的价值会超过户主的实际需求。这样的专题把房子看作临时的住所和投资手段，而并非人们更为舒适和愉悦的固定居所，这种认知在 20 世纪深入人心。

报纸上的房地产版块给城市带来了复杂的转变。在印出这些房产投资信息时，它们使得这些投资过程不再神秘，更加大众化。贷款经纪人在报纸上找到的这些客户，能够给他们带来更多财富。有了贷款，芝加哥人就可以买房，然后随着房产的增值，最终还清贷款。与此同时，报纸上的版块文章不断鼓动并向读者承诺保证他们快速致富，这样导致流通量增大，整个行业因此而变得极不稳定。报纸报刊鼓励人们疯狂投机，想象无限的发展可能，进一步膨胀了房地产泡沫。1929 年的秋天，这些泡沫瞬间破灭。

在不断吸引广告商、向房屋业主出售商品的同时，报纸的编辑们不但炒起了买房潮，还掀起了"有房潮"。在 19 世纪的城市里，只有地主和有房的上层阶级需要购买天花板的瓷砖、烧水壶、放煤槽一类的东西，而到了 20 世纪，城郊社区几乎家家户户都需要买这些东西。由于郊区房子比之前面积大那么一点，人们又需要购置更多家具、设备，甚至更多窗帘。《芝加哥论坛报》的《数据年报》中写道："在这些社区，人们把拥有房产看得尤其重要，这也反过来鼓励了那些广告商的销售活动。"不论是否在《芝加哥论坛报》上刊登过广告，广告商都能收到这样的年报。在 20 世纪二三十年代，报纸上的房地产版块针对广大房主对产品和服务的需求，从车库工人、装窗纱工、室内装修工、庭院设计师、粉刷匠、水管工，还有各类公共事业公司手中都赚到了广告费。

编辑们推动了房地产版块的销售功能，还提供有关家居装饰、美化和保持的课程，迎合了读者的兴趣。20 世纪一二十年代，各报都推出了家居布置的《专家》意见专栏，比如《芝加哥先驱报》就推出了《梅森夫人》。《芝加哥论坛报》的《和谐家居》版块强调了房间中每样物品和家里的每个房间都应该保持与整个房子的和谐，这种美学理论鼓动读者把不和谐的物品换掉，换成当时在售的全套家电或者亚麻制品。报纸上的文章和广告一遍又一遍地强调漂亮的内部装潢有多么重要。市中心的一个百货商店在广告中说可以制订"室内装修和装饰"计划，从而"根据问题提供个性化解决方案"的"漂亮家居服务"。[128] 这些家居专题和广告让人们对室内装潢产生了兴趣，在"漂亮家居服务"的作用下，越来越多的人开始购买广告中的产品。把家居装饰定义为一种"问题"，把设计说成是自我表达，这些房地产版块推进了广告商的业务，吸引更多读者的购买欲。

房地产版块的这些专题把读者的目光集中到郊区生活——而非城市生活的愉悦和需求上。在这些文章里，似乎每位读者家中都有阳台和门厅，尽管事实上大多数城市公寓中没有这些设计。一些家居装饰专栏，比如《芝加哥每日新闻》，就提出了一些装修过程中能够省钱的小诀窍。这些专栏把郊区住宅看作美学理论的理想化身，教读者把市区的房子也装修得至少看起来像郊区房子。"我在今天的图片中展示的是一种乡村风格，"多萝西·艾瑟尔·沃尔什，《芝加哥每日新闻》的居家专栏作者写道："但是就算在城市里，窗外仍然有值得我们欣赏的风景。"[129] 在这些专栏作家看来，读者要么就住在独户独栋、室外空间宽敞的房子里，要么就会想住在这样的房子里。

对于郊区的想象和渴望在报纸上的其他许多部分也有所体现——尤其是在广告上。吸尘器、钢琴、窗帘和客厅套装的广告都描绘着宽敞的房子、微风轻拂的门廊、蜿蜒的私家车道和藤蔓缠绕的窗户，精致厨房或是洗手池旁的都市主妇们被换成了看得到花园景观的宽敞厨房里的郊区主妇。汽车广告商也让广告中有魅力的驾驶者把车停在郊区住宅前。这些图片在《芝加哥每日新闻》上突然出现，即使它的大多数读者都住在拥挤的市区还暂时看不到这些图片；《芝加哥卫报》上也突然冒出来很多图片，尽管这份报纸的读者大多数连郊区的地都买不到。这些图片使报纸页面呈现出一派惊人的郊区气质，也加深了大多数读者对于郊区生活的渴望。

这些房地产的专题文章猜想所有人都想要修建属于自己的房子，所以就在修建房子方面给予他们帮助。《芝加哥每日新闻》把房地产版块的一部分取名为《建房者门诊部》，并且设置了一个固定专栏，叫作《为建房者提供帮助》。这些专栏回答有房读者的提问，可能是有关挡风雨条、好看的灌木丛或是基础材料等方面的问题。《芝加哥论坛报》和《芝加哥每日新闻》每周都印出单户房子的设计图，读者如果喜欢可以邮购。《芝加哥论坛报》甚至还举办了一个建筑师大赛，专门设计五居、六居的房屋，参赛作品被印在报纸的房地产版块和一本专门的书上。事实证明这本书在芝加哥相当受欢迎，仅仅在1926年这一年，就卖出了3399本。报纸上的这些房型设计，像大多数房地产主题的文章一样，的确使很多读者实现了让社区更宽敞、健康、安静祥和的梦想，但这些版块同时具有新闻和商业的特征。这些版块鼓励郊区单户生活，部分原因在于这符合广告商的利益，它们的作用稳定而有效。若是没有这些都市报纸一直以来的推动作用，芝加哥的郊区不可能唤起读者如此广泛的幻想，也不可能吸引如此多的顾客。

报纸还以一种不易察觉的方式刺激了郊区的发展：每天早晨，它们将城市的消息送到家家户户，这样广泛的覆盖面和里面描绘的都市生活，意味着读者搬到郊区后不会与城市生活完全脱节。每天成堆的都市讯息缓冲了从城市到郊区的转变。记者们从可能吸引芝加哥和其他地区读者阅读兴趣的角度描写都市生活。这些专题文章不但帮助住在市区的人们充实自己的城市生活、更好地体验生活，还使得住在郊区的人们不用亲自来到芝加哥，也能想象住在那里大概会是怎样一番情景。1896 年《芝加哥论坛报》刊登了《城市今日事件概览》和《芝加哥传教士言论》专栏，郊区住户便由此踏进了市区生活。许多鼓动性的文章更是加强了这种效果。20 世纪 20 年代《芝加哥论坛报》曾经在头版刊登了一系列短篇故事，每篇都围绕城市生活的各种巧合与机遇展开。

正如我们所见，报纸上这些替代性的都市生活营造了一个印刷版的社区，读者可以想象自己是其中的一员。但是，这对于每日上下班和长期待在郊区的人们来说有些许不同。通勤者们往往没什么时间游览或是享受城市生活，他们对于芝加哥的直接体验仅限于火车车窗外看到的风景，或是从车站走到办公室、在午餐台上吃饭时的所见所闻。通过这些报道，通勤者们感觉从文化和社会层面与城市生活有所连接，一定程度上，这也能够弥补他们每天两点一线错过的都市体验。对于待在家中的郊区住户——尤其是女性住户——报纸可以缓减他们的孤独感。都市的各类故事使得读者得以感受都市大街小巷的能量和活力，或许也想象着过上都市生活会是怎样。通过这些细小的方面，报纸让芝加哥人眼中的郊区生活看上去宜人美好，这也让他们搬离城市时或多或少地带着城市的影子。

独特的经济互动模式：郊区连接城区

最开始，芝加哥报纸所做的都是为了让郊区读者跟上城市的步伐，然而在 20 世纪早期，芝加哥报纸改变了策略，开始调整报道以吸引郊区读者。这种调整的结果就是，报纸开始同时具有城市和郊区的特征。出版商们在广泛的范围内发行报纸，将分离开来的社区织进了一张都市的网络。

到了 19 世纪八九十年代，芝加哥的报纸出版商不用花费很大力气，就能让郊区住户们订阅他们的报纸：毕竟，是这些报纸，以及铁路和有轨电车，让早期郊区生活成为可能。有了获取城市信息的渠道，人们才可以一边住在城市之外，一边在城市里赚钱消费，在市中心上班、游览。在上班之前，他们通过报纸了解国家大事、商品价格和城市里发生的事情。郊区的女性住户往往通过百货商店的广告页决定到市区买什么。她们也可以寻找提供送货服务的商店，因为郊区商店的衣服和家居用品库存都很有限，有些甚至完全没有库存。郊区的住户们还会浏览城市的娱乐广告，看看有没有可以周末观看的歌舞杂耍或是音乐会什么的。一些郊区也发行了自己的报纸，可每周寥寥几篇的报道完全无法与都市报刊丰富的每日资讯相提并论。许多郊区住户认为城市报纸对于每天的生活实在太重要了，于是他们便订了两份一样的报纸，每天早上送来后，丈夫拿一份在路上读，妻子留一份在家里读。

为了使报道能够覆盖到这些新的地区，芝加哥报纸的出版商们把记者派往郊区住户们会经过的地方，这就意味着这些报纸覆盖的新闻北至湖景区和埃文斯顿，西至格罗斯代尔和莫顿公园，南至海德公园。在《芝加哥论坛报》的本地新闻常规专栏《城市》下面，印上了一个《郊区》专栏，报道郊区的礼拜日布道、俱乐部会议或者新建的学校。19 世纪 80 年代的《芝加哥论坛报》报道了新发展的董事会议和郊区铁路服务的变化。城市日报里详细报道了人们关于郊区的讨论，有时不是从城市居民的角度，而是从郊区住户的角度来报道。芝加哥的报纸把郊区新闻和郊区公告纳入它们的常规栏目中，这也反映出芝加哥的市区和郊区住户慢慢地在日常生活中融为一体。郊区富有的父母们把女儿们的舞会首秀定在市中心，有的甚至在冬天的社交季租下市中心的公寓，因此，社会新闻栏里的茶会婚礼报道可能在威尔梅特镇和文纳特卡市，也可能在芝加哥郊区。

芝加哥郊区的发展离不开城市的劳动力，因此也依赖城市报纸把这里和劳动力市场连接起来。都市报上的信息交互栏上，郊区的房主可以张贴招聘保姆或园丁的告示，洗衣女工和马车夫们也可以向郊区读者展示他们的技术和在郊区工作的意愿。芝加哥日报认识到郊区读者对于分类讯息的依赖，因此在城市不断扩大的时候，仍然没有放弃这个专栏。《芝加哥论坛报》在市区开了数十个分社，《芝加哥每日新闻》收集了数百条药店老板的信息以满足人们对于分类信息的需求，并且把他们的电话标注在每天的报纸上。一系列范围庞大的业务通过报纸得到了流通，郊区住户甚至开始利用城市报纸与彼此交流。比如，埃文斯顿的一个水管工想在附近找活干，南区的牙医想要吸引当地患者，或是奥斯丁的超市老板想要发展业务，他们都会在芝加哥报纸的分类栏目里投放广告。

在 20 世纪初的几十年里，芝加哥郊区发展的是一种更加独立的身份和经济。在 19 世纪 80 年代，芝加哥兼并了许多土地。小镇——尤其是富裕的小镇——逐渐重视他们在芝加哥城市服务中的独立性与独特性。郊区开始建设独立的教育体系、政府以及市政公用事业。随着原先的小商店旁建起了办公楼、银行以及大型商场的分店，郊区约经济也得到了发展。在这样的变动中，芝加哥报纸也不得不更加努力，以保证不与郊区生活脱节。而努力的方式各有不同。《芝加哥每日新闻》决定专注于报道都市新闻，并开始针对都市读者选择广告。《芝加哥美国人报》同样将报道的重点集中在城市范围内。《芝加哥先驱报》扩大了其覆盖范围，尤其照顾郊区住户的兴趣关注点。《芝加哥论坛报》将全能的都市报定为目标，同时服务于市区和郊区读者。1925年，该报的郊区订阅量达到了104661份，约占市内总发行量的四分之一。

　　各大报纸出版商们为了吸引偏远住宅区和郊区的客户可谓费尽心思。对于这些客户，他们收取与城市客户同样的价钱，提供同样的配送选择，这一就意味着芝加哥人在搬到郊区的时候，不必担心新闻质量或是传递速度会受到影响。《芝加哥论坛报》流通部门的负责人"花了几百万美元"找到送货马车、火车、卡车和送货员，就是为了把报纸送到郊区的报摊和各家客户的家门口。报纸向送货员支付额外的费用，以便向遥远的用户提供送报服务。为了维护自己为城市地区所有居民提供可靠新闻来源的良好形象，有时还会面临订阅量大幅减少的损失。《芝加哥每日新闻》把运输路线集中在市中心，他们聘用了专门的郊区流通专员，调动四架飞机把报纸运往偏远地区，同时在市区西区和北区增设了两个车间，以确保各区居民都能够及时收到报纸。这些报纸中，没有一家向郊区读者收取过额外的运费。

　　《芝加哥论坛报》和《芝加哥先驱报》的策略都获得了芝加哥郊区住户的赞同，从而也有了更大的订阅量。这些都对这座城市的都市化大局起到了重要的推动作用。每份报纸的城市愿景都将郊区发展包含在内，甚至将郊区视为发展重点。

到了 20 世纪 20 年代末，除了来自市区的读者，芝加哥报纸还拥有了一大批的郊区读者，这份报纸的性质也随之发生改变。读者可以读到郊区高中体育比赛的报道、写满郊区婚礼公告的专栏，还有郊区剧院的演出剧目等。读者能看到舒适的单户住宅的照片，还有郊区乡村俱乐部的高尔夫比赛分数。报纸的许多部分都不再想当然地认为读者对芝加哥市中心非常熟悉。1925 年，《芝加哥每日新闻》的一则西尔斯百货的广告中标出了从四个方向前往这里的电车路线和驾驶提示，商店的各类广告也都提到了免费的停车服务和充裕的停车位。1929 年的《芝加哥每日新闻》里，针对那些对于市中心购物的日常嘈杂感到不适应或是厌倦的读者，皮茨菲尔德大厦的商铺在广告中承诺："仍然是在卢普区，你可以感受到悠闲购物的愉悦，而不用忍受那份喧哗与嘈杂。"[130]在吸引郊区读者的过程中，报纸编辑和广告商们在市区的报纸里也融入了郊区读者的期待、口味以及价值观。

然而都市报纸并非仅仅宣传郊区的状况和作用，它们还将郊区与城市中心联系了起来。火车把郊区的人们载到市区再载回来，却没有把他们载到其他郊区小镇，报纸也是如此，报纸把信息从市区运到了郊区，而没有在彼此紧邻的郊区之间流通。这种模式深化了这样一种观念：郊区最重要的关系是与市区之间，而不是与其他郊区之间。"恩格尔伍德与斯托克雅兹没什么共同之处……肯伍德与普尔曼也没有什么共同点，"一位郊区的牧师在给《芝加哥论坛报》编辑的一封信中写道，"这些地方有什么共同点呢？芝加哥，芝加哥，它们都是芝加哥。"[131]报纸推进了郊区与芝加哥市区之间的交流，却没有顾及郊区与郊区之间的互动，因而造就了完全以市区为中心的都市地区。郊区发展，城市因此而繁荣。

小城居民的"都市化"

即使芝加哥数家都市日报都想把内容和读者拓展到最大范围，它们还是无法在都市圈里的所有郊区、城镇、城市都保证百分之百的新闻覆盖，其他报纸就投身于这些信息覆盖不到的地方。在以中、上层阶级为主的郊区，周报孕育了一种本地的社会和公民生活，也让郊区"富有的白人核心家庭"形象深入人心。在众多外围城市中，日报稳固了各地的地区经济，这当然包含在芝加哥市区更大的影响范围之内。各个社区内的芝加哥新闻与本地新闻的比值就能反映出这里与城市中心在文化和经济方面的联系。

郊区通勤

乍一看，芝加哥报纸的郊区市场似乎并没有什么竞争余地了。芝加哥的日报充斥着城市北部和西部的富裕社区，并在其他的郊区报纸立足之前已经占据好了领地。20 世纪 20 年代，这些地区70% 到 90% 的家庭都订阅了周日《芝加哥论坛报》，这还没包括订阅其他周日报和日报的人数。但是在郊区的出版商们的确发现了收集、营销本地新闻的机会。他们打造了专门的周报，针对妇女和母亲、老年人以及本地的企业家，这些整日待在郊区而非芝加哥城中心的人。一些郊区报纸，包括《威尔梅特生活报》《埃文斯顿索引》以及《湖畔新闻》等，针对这些人群的需求提供了本地及物流信息。

郊区报纸未曾想要跟都市报纸抢独家新闻。它们通常不报道国际或者国内新闻，没有商业版面，报道的大部分体育赛事也往往局限在当地，郊区周报里也没有芝加哥报纸里常见的时尚版面、咨询栏目或是短篇小说。当地报纸的编辑甚至还会贴出芝加哥日报的广告，他们将这些日报看作互补的伙伴，而非竞争对手。这些编辑们深知他们的报纸永远发展不到超大型或者高利润的程度，他们雇用的记者也不多，主要靠当地人写信或是打电话来提供新闻线索。许多郊区报纸通过小型的印刷业务维持生计——在各版报纸之间印上本地婚礼请柬和出生公告。

在报道本地新闻、推广本地广告之外，郊区编辑们还通过印刷郊区悠闲生活的图片开拓了市场。郊区报纸在当地政府和社区的运转中起到了至关重要的作用，这些报纸报道当地的选举、学校委员会的动议、俱乐部会议，还有图书馆刚到的新书等。各种专栏向读者介绍刚刚搬来的家庭、告知他们邻居生病了或是搬走了等。自始至终，郊区编辑们都在报纸中将社区描述成人们希望的样子，而并非真实的样子。在郊区周报里几乎完全找不到都市报纸中常见的色情不雅内容，也很少能找到犯罪之类的报道，这些报纸上更多的是比较温和的内容，比如1929年《海德公园先驱报》报道的自行车偷窃事件和晒衣绳衣服被盗事件等。都市报纸上刺激挑逗的电影广告在郊区周报上也没有体现。

在周报上把郊区描述成他们所憧憬的样子时，出版商们也在吸引想要吸引的那部分读者，他们办报纸面向的是住在城镇富裕街区的房主和生意人，而不是那些工薪阶层或是黑人居民——在通勤郊区里住的也有园丁、建筑工人、司机、修理工和住在雇主家的仆人等。而对于工人阶级和黑人居民来说，他们要获取信息则需要通过其他报纸，要么是芝加哥各大日报，要么就是《芝加哥卫报》。比如，《芝加哥卫报》上就专门有一个《埃文斯顿》专栏，为占郊区人口大约 5% 的黑人提供信息。在郊区周报上，即使招聘广告也很少针对黑人，郊区居民如果需要女仆或是园丁，就在芝加哥的报纸上打上告示，想在郊区找工作的工人们也会在上面贴上"求职"广告。这样的模式很有统筹意义，家政工人找到了工作以后，往往就会搬到工作的郊区住下。把劳动力市场外包给都市报纸以后，就能轻而易举地把工人阶级、黑人和少数族裔拦到郊区报纸之外。

都市报纸丰富的内容中还包含针对女性、男性读者的版块，然而郊区报纸有所不同，郊区报纸针对女性读者的版块非常大。这些周报用很大的篇幅报道学校、社会和购物方面的内容——这些都是郊区女性生活的核心。1929 年，《海德公园先驱报》有一次竟然把本地小学未出勤的情况——写了出来，《威尔梅特生活报》专门出版了一份由镇上的小学生们撰写的迷你报纸。一些女帽商店、美发沙龙和中国画课程的广告也都针对女性读者。这种新闻策略在当时以女性为主要生活群体的状况下是行之有效的。监督孩子学业的主要是女性，到郊区图书馆或是购物区的群体也主要是女性。编辑们时不时地会流露出那么点"他们没有指望男性读者对郊区新闻有多大兴趣"的意思。

周报上的广告商认为他们的核心读者不常到市中心去，于是开始通过介绍到市中心去的交通非常便利来吸引郊区读者到那里购物。"前来购物的人们会发现，高架桥非常方便，"一则 1913年的铁路公司广告中写道，"通过高架轨道，到卢普区所有的大型商场都只有几步之遥，部分商场更是与车站站台直接相连，并设有遮阳遮雨走道。"[132] 广告还有线路乘坐的详细说明，从郊区去看歌剧表演的人们尽管放心，演出结束后还有晚间列车把他们从剧院载回家。通过这些广告，读者逐渐与市中心建立了一种特别的郊区关系：人们白天准时、安全、有序地到市中心购物消遣，晚上则回归安静祥和的郊区生活。

郊区的报纸发展成了非常特别的混合体：既有公共领域的内容，又有单独的女性版块，还有排外的特征。由于篇幅有限，郊区报纸上报道的真实发生在通勤郊区的事件也有限，但其中的内容仍然构建了许多郊区读者憧憬的生活方式。周报上的文章描绘的地方人种单一、繁荣，人们专注于家庭、社区健全完整。编辑们选择的内容也传递了这样的信息——究竟什么样的人和事才属于郊区，从而进一步塑造了人们对家乡的印象。

卫星城

芝加哥的日报也在这座大都市周围较小的卫星城里流通。这些城市距离芝加哥市中心 30 到 50 英里不等，其发展都依赖于这座大城市。卫星城里的炼钢厂、表厂、机械制造车间经由芝加哥获得原材料，再把成品经由芝加哥投放到市场。还有一些城市，比如伊利诺伊州的埃尔金、奥罗拉、沃基根、乔利埃特、南芝加哥[133]以及印第安纳州的哈蒙德以等城市，因为人口充足，形成了真正的市中心，成了城市枢纽。新闻报道在这些卫星城市的流通反映并促成了它们与芝加哥既独立又相互依赖的关系。

每座卫星坛都有一两份自己的报纸，从通讯社买来国内、国际新闻，开设各种女性专栏，报道国内体育赛事，也会刊登一些重大事件的专题报道，报纸上的社论在国家政治和本地新闻事件中达到平衡。这些报纸也为人们的日常生活提供了详细的物流信息，周边商店和商家的广告中包含了各种各样的商品，从日用杂货到保险业务应有尽有。连锁企业觉得哈蒙德或是埃尔金的读者不会读他们在芝加哥日报上的广告，于是在这些报纸上也分别刊登了广告。由于这些报纸承担了本地读者所有的消息来源，也可以满足本地广告商的需求，所以它们在各自城市中的流通比芝加哥日报更加广泛。

这些城市报纸同样迎合了小城镇以及乡村居民的兴趣，人们通过新闻报道了解县域政治政策动态，像《乔利埃特每日新闻》的《从煤田和周边城镇》栏目就是关于地区社会生活最为集中的消息来源。《乔利埃特每日新闻》还针对乡村读者将周五的版本塑造成周报的形式。报纸上还特别开设了农场栏目，编辑们把乔利埃特镇的乳制品和禽肉价格指标进行汇总，供当地售卖农产品的读者查看。周日的百货商店广告会把接下来一周每天的特价商品列出来，读者可以据此计划哪天到市中心采购。

芝加哥的日报上报道埃文斯顿或是海德公园的新闻，但是没有报道埃尔金或是哈蒙德的消息，其社会版面没有卫星城的茶会或是婚礼通知，体育版面也很少谈到卫星城的体育赛事。这些城市社会人口多，相对独立，芝加哥的编辑们也知道每个卫星城都可以养活一份本地的报纸，于是也就不怎么在那里卖力地吸引读者。而且，如果说芝加哥报纸的理想读者是购买芝加哥产品的人群，那么卫星城的居民们或许不算是非常理想的读者。工薪阶层的工厂工人和他们的家人更倾向于在本地购物、在本地剧院看演出、在本地圈子社交。他们偶尔才去芝加哥，并且即使去了，大多数人也不会花很多钱。初看上去，卫星城的居民们可能没什么动机去阅读芝加哥的报纸。

然而，即使芝加哥报纸没有卖力地去吸引卫星城的读者，大部分居民还是同时订阅了本地报纸和芝加哥报纸，不是日报就是周日报。这些人想要了解、参与到这座更大城市的经济和文化之中。商人们可能会浏览芝加哥商店的广告，从而在奥罗拉或者沃基根推出类似的产品。商人们还可以追踪芝加哥日常用品的价格，从而规划何时到芝加哥去批发这些产品。卫星城的居民们可以在芝加哥报纸上读到世界新闻。因此，加里、埃尔金或是南芝加哥的许多居民都会一直跟着芝加哥的动向，从而踏进这座城市的文化和经济轨道。芝加哥报纸也提醒了他们，他们是生活在大都市边缘的小城市的居民，这也让他们的生活向着"那座城市"的方向发展——即使他们很少，甚至从未到过那里。

令人意想不到的是，在订阅报纸的习惯方面，小城市的居民比一些芝加哥人还更加"都市化"。罗伯特·帕克将1928年芝加哥和卫星城市的报纸流通情况标注在地图上后发现，在一些地方，人们只读卫星城市当地的报纸。这些地方看起来是在卫星城内，其实是在这些城市之外。住在这些地方的人们如果要到芝加哥去，先要经过更小的城市。这就意味着在他们眼中，乔利埃特和沃基根就像是小城市人眼中的芝加哥，是大城市，是重心。"跟本地报比起来，小城市的人们更愿意读都市报纸，"帕克道，"但是，农民们读的报纸似乎还是在杂货市场上买到的。流动性更强的城市里，人们阅历更加丰富、视野更广、注意力更独特，他们会读都市报纸。"[134]卫星城的读者与芝加哥保持联系，而住在附近更小的村子里的人们则不会参与到芝加哥文化中。所以，尽管芝加哥报纸主导了都市圈的信息生态系统，它们的"统治"不完全也不彻底。住户们试着阅读写给各类读者的信息，最后留下来的是更有本地色彩的体制和文化。

向外延伸的经济触手

1907 年，在中西部的一条乡村小路上，一位犁地的农民和一位路过的乡村编辑发生了一段对话，这两个人站在密苏里河以西两百英里、离铁路十二英里的地方，农民在有人走过来时说道："今天我在堪萨斯城的报纸上读到，俄罗斯又出什么事了。""你怎么知道堪萨斯城报纸上写了什么？""哦，我们一个小时从送报的那里拿到的。"[135]编辑被这位与时俱进的农民吓到了，因为在 19 世纪大部分时间，住在这么偏远地方的人们是不可能读到最新的消息的。然而到了 20 世纪早期，农民们常常在报纸印出来的当天就能读到了。这些报纸从芝加哥拥入中西部的家家户户，改变了区域经济和文化，城市和乡村读者也因此具有了一种区域特征。

发展乡村读者

住在偏远农场的人们非常渴望获得外界的新闻，这种渴望是绝大多数城市读者无法理解的。身边没有其他主妇和母亲的女性读者在报纸的女性版面寻求陪伴与帮助，农场人家的孩子们在青少年版面的冒险故事里得以暂时逃离家里多年如一日的生活。看到周日报上彩色的漫画、照片栏、时尚推送和生动的体育版面，家里的每个人都看得津津有味，沉浸在一个更为狂热的城市世界中。卡罗尔·D.克拉克来自堪萨斯小城，她说："报纸让我见识到什么是振奋，还有大城市各种各样的丰富生活，我很奇怪，如果每天都能遇上抢银行和持枪抢劫这种事，而且还是经常遇到，那人们又该如何找回生活勇气？"[136] 同时，城市报纸也为农民提供了大量真实有用的信息。气象地图能帮助农民计算出作物种植和收割的时间；物价列表能帮助他们决定是立刻卖掉玉米还是先囤起来过段时间再卖，或是决定把鸡蛋送到芝加哥的市场，还是印第安纳波利斯的市场；列车时刻表告诉他们什么时候进城，把农产品装上货运车。

住在城市里的居民接触到大城市报纸的理由，似乎比乡村居民要少，毕竟他们每天都有本城市的报纸可以看，上面既有本地新闻，也有全球新闻。比如，20世纪早期，在圣路易斯、纳什维尔、孟菲斯以及辛辛那提这些大城市，报纸上的头条浮夸，专题栏目篇幅长，国内和国际新闻十分丰富。大城市的报纸吸引着自认为家乡太过闭塞的读者。订了大城市的报纸，人们就能够读到更有市区气息的消息，也能表达自己对都市的忠心。

19 世纪的最初几十年里，地区读者想要读到大城市日报，的确困难重重。城市日报送到这里需要很长时间，往往失去了时效性，成本也超出人们的预算，每一份报纸加上几分钱的运费，价格可能就翻了一番。报纸要先用火车运几天，然后用马车拉到镇上的邮局，如果订阅报纸的人还没有来取——可能因为他住在离邮局几个小时路程的地方——这些报纸就会在邮局堆成堆。等到人们读到这些报纸，可能已经是印出来以后的一周了，上面的国家大事已不再新鲜，天气预报也没什么用了。如果说读报的某种乐趣在于，你与千千万万其他人同时获取信息，那么不妨想象一下如果有个人属于这样的报纸会是什么感受，这样一来小城镇和乡村的读者就会完全失去这种乐趣。在 19 世纪七八十年代，一位前报社作家回忆道："三百个农民里，大概连一个读日报的都没有。"[137]

因此，住在农场上的人们在其他类型的报纸上寻找乐趣，他们大多数订阅了新闻周刊，这是为乡村读者特别撰写的。这些报纸的编辑们汇总本周大事，主要报道本州和本地区的政治，并且尤其注意编排农业内容。编辑们不会在报纸中加上太具有时效性的内容，因为他们知道这些报纸到了读者手中也得几天甚至几周后了。他们在报纸上加上小说和笑话，这样不管到读者手中要花多长时间，这些内容都会保持娱乐的功能。

到了 19 世纪八九十年代这样的情况开始有所不同，当时的报纸出版商开始与邮局合作，缩短把城市日报送到偏远地区所需要的时间。1884 年，邮局与地区铁路部门合作，开设了第一列开往芝加哥以外地区的特快邮政火车。芝加哥、伯灵顿和昆西专列每天早上三点出发，车上载满了邮件和芝加哥早报。人们在不同的站点接车，就能购买许多报纸。"《芝加哥论坛报》的销路特别好"，一位作家说，"车到站十分钟，所有的报纸都卖完了，卖报的已经把明天的《芝加哥论坛报》订单增加了三倍。"[138] 于是，住在爱荷华州伯灵顿的人们头一次在吃早餐的时候读到了芝加哥的报纸，而同一州的沙里顿的人们则沉浸在"晚餐时间阅读《芝加哥论坛报》的喜悦之中"。[139] 芝加哥城市东部和北部的铁路上也各自开起了特快专线，各种汽船、轮船也开始把芝加哥报纸沿着密西西比河加速运往各地。

报纸出版商们觉得，如果在小城市居民每天工作之前把报纸送过去，他们就可能买下这些报纸，因为里面内容的时效性还在。"如果在城市内外建设起运输线路，那么芝加哥方圆 200 英里范围内的读者都可以在早上上班前读到《芝加哥论坛报》。"一位《芝加哥论坛报》的编辑说道，"对于盖尔斯堡、伯灵顿或是密尔沃基的人们来说，《芝加哥论坛报》会成为一种生活必需品，就像在芝加哥一样。"[140]

邮局在报纸的分发流通方面也扮演了积极的角色，还把这当作广泛流通信息的联邦任务的一部分。在整个 19 世纪，邮局对报纸征收的运费也相对较低，到了 1885 年，更是再次下跌，跌至每磅一分钱。这样的运费让迪比克和皮奥瑞亚订购芝加哥报纸的花销只比芝加哥居民高出一点点。然而，仅仅运费低还不足以吸引乡村地区的读者，为了读到报纸，他们还得专程跑到遥远的邮局去。邮政部长约翰·沃纳梅克提议在乡村地区设立免费邮递站来改变当时的局面。沃纳梅克认为住在乡村地区的人们不应失去体验现代生活思想和物品的机会，他建议雇用专门的邮递员把报纸送到乡村地区路口的邮箱里，并且大力改善乡村道路条件，从而保证邮递员们一年四季都可以递送报纸。他的想法得到了乡村地区代表的支持，他们其中有格兰其这样的农民组织，还有沃纳梅克这样的商人，他们想要把商品目录和广告传播给潜在的客户。1896 年，国会通过了这项议案。

自从乡村人民在自家门口的台阶上或是路口的邮箱里就能拿到城市报纸之后，他们就开始成群结队地订阅都市报纸。"在乡村地区免费邮递设立之前，城市报纸的流通量从未有过现在这般增长。"1902 年《编辑与出版商》的一篇文章写道。上面还说，许多农民一个人就订两到三份日报。到了 1911 年，邮局每年通过乡村铁路运输的报纸杂志超过 100 亿份，刊物的数量超过了所有乡村邮件数量的总和。[141] "所有人都可以读，所有人都在读，"《编辑与出版商》这么写道，"因为刊物种类多价格又便宜。"

乡村读者格外喜欢城市报纸，可城市报纸却不总是欢迎来自乡村的订阅者。"由于车次安排、距离等因素，导致本地广告商每天的广告推送不能充分在乡村读者中发挥作用，"一位报纸负责人说，"那么这种流通十有八九是毫无意义的。"[142] 人们没有随机把报纸投放到郊区，而是在地图上标记出了"业务半径"——在这个半径范围内的读者有可能购买广告商品。随着交通和邮递业务的发展，城市不断扩大，这些半径也在一直更新。后来，芝加哥报纸出版商们把报纸变成了一种向几百英里以外的读者出售商品的工具，在盈利的同时打开了一片区域市场。

19 世纪中期，芝加哥的商铺与城镇消费者的业务往来十分活跃，不过报纸在这之中几乎没有发挥什么作用。东海岸来的人们往往在芝加哥补充一下供给，然后再往目的地进发——可能是爱荷华州东部的什么地区，也可能是威斯康星州拉辛市的亲戚家。返程的时候，他们也会先到芝加哥这座大城市购物一番。报纸上的广告偶尔也会想要吸引游客的注意力。

到了19世纪晚期，报纸出版商们逐渐意识到，在这些乡村读者到城里购物之前，他们也可以通过广告向这些人推销芝加哥的产品。出版商们尤其重视住在芝加哥方圆五十英里以内的读者，因为他们往往每周或是每个月都要到芝加哥来，所以出版商们开始说服广告商与这些潜在的消费者之间建立联系。百货商店会定期进行促销，而且会提前打出广告，方便乡村读者安排行程。如果购物达到一定的数量，一些百货商店还能为他们报销火车票。这些针对乡村消费者的广告中没有暗示性的描述或者某些风格化的图片，因为那都是为了吸引城市读者到店浏览才设置的。但这些广告会真实而详细地展示服饰商品或是家居用品。有了这些图片，住得远的读者也能有效地制订购物计划，买到所需物品。

乡村地区免费邮递在把报纸快速送往家家户户的同时，人们邮购芝加哥商品也变得更加方便。因此，芝加哥的零售商开始通过日报，尤其是周日报来发展邮购业务。他们免费为读者提供商品目录，在广告里印上邮购优惠券。还利用保证书的形式，让读者放心地购买"看不见"的物品。史密斯小镇市场的广告上写着："假如对购买的商品不满意，就退货退款。"[143] 1913年，邮政包裹大幅降低了小件包裹的邮寄费用。于是，在广告商的眼中，报纸似乎变成了他们的邮购目录和印刷详细的彩页。比如，一家店铺打出了餐具套装的广告，彩页上的标注可能详细到每个咖啡匙的价格。《芝加哥先驱报》的周日报在 20 世纪 20 年代推出了针对广大乡村消费者群体的特别邮购专栏，上面附有结实的鞋子、实用的家常便服以及帆布工装裤的图片广告。报纸促进并受益于邮购业务的发展，而邮购业务已成为农村生活的主要内容。

　　小轿车的发展再一次扩大了芝加哥报纸的"业务半径"。20 世纪一二十年代，超过 200 万的乡村家庭购入了第一辆小轿车。1916 年联邦拨款改善乡村邮政道路条件，使得农场到城市的道路畅通起来。1921 年的美国高速公路法案投资建设了州际公路，从此美国中西部条条大路通芝加哥。到了 20 世纪 20 年代中期，因为有了汽车，伊利诺伊州、爱荷华州、密歇根州和印第安纳州数以百万计的居民们每年都要去芝加哥一到两次，在那里购买各种商品。[144] 在成为区域交通枢纽后，芝加哥各种商品的零售商可以把广告传播给整个中西部的读者。因此，芝加哥出版商们也重新调整了他们的流通策略，用周日报取代传统的新闻周刊，把周日报打造成更加独立的版本。如果编辑们在周日报上连载小说，他们就把小说的下一期印在下一期的周日报上。这么一来，周日报的读者就能够很快找到上次读到了哪里。编辑们还特别为周日报的生产设计了时间，以便快速运送到偏远地区的读者手中。大多数周日版的内容是已经提前准备好的，在周六晚上就可以把新闻头版和准备好的一叠专题文章组装起来，一捆一捆地送上午夜的列车。自从将周日版改造成了结合娱乐、传统周报的内容和城市报纸时效性的刊物，它的发行量迅速增长，最高时期的发行量是日报的两倍多。

由于芝加哥各家报纸争相吸引乡村客户，这种城市报纸的发行范围也一再扩大，最后竟然到了原先城市的几百英里以外。罗伯特·帕克在地图上标出订阅的报纸中超过半数为芝加哥报纸的城镇。"这样的边界划分出一个平均直径约 200 英里的区域。"他解释道。与 1920 年的城市分界线相比，芝加哥区域面积在各个方向都有所延伸。

成为区域性报纸

在城市报纸追求远离市区的读者，地区读者开始成为报纸受众的重要组成部分时，报纸本身也在变化。由于乡村客户所占比重较小，《芝加哥每日新闻》和《芝加哥美国人报》并没有刻意迎合乡村读者的口味。报上的内容告诉乡村读者城市的模样，却鲜少把他们介绍给城市的读者。《芝加哥论坛报》和《芝加哥先驱报》调整了报纸的内容，转而面向小城镇和乡村读者。当这些内容与提供给城市读者的内容融合在一张报纸上的时候，这份报纸就变成了一个真正的区域性媒体，也促使了地区意识和地域身份的形成。

城市报纸造就了都市专栏和分类广告以吸引郊区读者，同时也为地区读者量身打造了对口的地区版本。在 20 世纪 20 年代，《芝加哥论坛报》就推出了斯普林菲尔德特别版，其焦点不再是芝加哥的政策法规，而是对准了整个伊利诺伊州。印刷厂们也把特别版早早印好，确保伊利诺伊州中部和南部的读者能够一早在家门口收到。《芝加哥论坛报》和《芝加哥先驱报》都撰写和润

色专题文章，想以此吸引更多都市区域以外的读者。在 20 世纪
一二十年代，他们扩展了周日版的农业版块。《芝加哥先驱报》
每周发行一份家禽养殖专版；《芝加哥论坛报》则是单独售卖一
本叫作《农场与花园》的书，汇集了这个版块的大多数有用的小
技巧，并且在 20 世纪 20 年代在广播站开设了农业广播。同一时
期，《芝加哥论坛报》还组织了写作大赛和选美比赛，不但选出
了总冠军，还选出了爱荷华和威斯康星的地区冠军，这显然是在
吸引整个地区读者的参与。当中西部人读着彼此的情感困惑、最
喜欢的笑话、公众舆论和窘迫瞬间的同时，也突出了整个地区读
者生活的共同特质。[145]

　　从远处收集消息后，再送回消息来源处，芝加哥报纸让这座
城市始终处在中西部信息、经济和交通网络的中心位置。威斯康
星的人们在芝加哥报纸上读到威斯康星商业交易的信息，爱荷华
州的农民在芝加哥报纸上读到爱荷华的天气信息。这种所有地区
的信息都包含在内的做法将地区意识融入城市居民的观念。尽管
添加这些地区新闻和乡村小提示对于地区读者来说似乎只是微不
足道的调整，没有产生多大影响，但是这帮助所有读者建立了一
种地区的意识，每份周日版都是如此。

　　《芝加哥论坛报》对于地区性的兴趣也做了更多公开陈述，
报社在日报的每日政治栏目《芝加哥专栏》的旁边，添上了《中
西部专栏》，内容包括区域高速公路系统、伊利诺伊水路扩建、
密西西比河防洪工作，还有地区再造林项目。《芝加哥论坛报》
在中西部推进了一种政治和经济的集体感，在这里，人们思想观
念一致。在《芝加哥论坛报》的描述中，芝加哥不是把地区内其

他人才、注意力和资源统统吸来的大城市，而是中西部真正意义上的都城。同时，《芝加哥论坛报》自我定位为终极的地区倡导者和区域性机构。

在帮助，甚至是鼓励乡村居民在城市里找工作的同时，报纸也巩固了区域内的联系。许多从较小的中西部城镇或是郊外的小村庄来的工人或是追梦的人在早些时候就动身来到了芝加哥，不过20世纪早期都市报纸让他们迁移起来更加顺利。读者通过阅读那些描写芝加哥百货商店的售货女郎或是工人的文章得以初步认识城市人的谋生方式，剧院版块、体育新闻，还有餐厅的各种广告展示出在城市度过夜晚和周末的种种诱人选择。报纸还为人们提供了获取城市信息的方式，这样即使他们搬过来，也不至于对周围的生活环境太过陌生。即将来到芝加哥的人能在"房屋出售"列表里找到寄宿公寓，订到房间；在招聘广告上搜寻自己可能适合的工作。《芝加哥论坛报》还明确地把分类栏目写给那些希望孩子在芝加哥长大的乡村父母。报纸让更多的农村人口想要拥入城市生活，也让更多家庭的生活横跨了整个中西部地区。1928年，《芝加哥论坛报》的一则广告生动地描述了芝加哥报纸给整个地区带来的关系变化，人们与城市之间从此建立了联系，但也在他们身上留下了阴影，这样的互动关系对于双方皆有裨益，但并非完全平等。

为了迎合芝加哥周边地区，《芝加哥论坛报》在某些方面开始夸大自身的存在——尤其是造出了"芝加哥地区"的这个说法。1926年记者詹姆斯·奥唐纳·伯奈特在《芝加哥论坛报》的指示下进行了一场中西部之旅：

到以芝加哥为中心东西南北 200 英里的区域内游览，从历史、工业、文化角度了解这个区域，这就是"芝加哥"。要确保读起来有趣，要确保开车的人们除了旅馆还有其他地方可去，除了鸡肉晚餐还有别的可以吃。

要让游客们觉得密西西比河谷很有趣，湖岸也很有意思，不要让他们懒散地躺在那儿，让他们坐起来看看外面，跟他们讲讲有趣的地方和了不起的人物。[146]

"芝加哥地区"这个词在原先从未出现过，不过在伯奈特的游记中篇篇都有。很快，这个词就通过报纸进入了中西部人民的词汇表。1927 年《芝加哥论坛报》出售了芝加哥地区的地图；旅游局也堆积了好多芝加哥地区地图，供员工和游客们在计划地区旅行时取阅；《芝加哥论坛报》还在它们的 WGN 电台上讲述芝加哥地区的旅游线路。其他作者也开始使用这个词，比如哈利·B. 米歇尔就在 1928 年写了一本题为《早期芝加哥地区的历史碎片》的书。伯奈特的系列游记主要是想激起芝加哥人在整个地区旅游的兴趣。在他到访过的地方引发了一场关于区域身份的讨论。《皮奥利亚笔录》曾经收到过这样的一封读者来信，信中表达了对于伯奈特将纳府小镇并入芝加哥地区的不满，报纸编辑在回信中写道：

伊利诺伊州的每一座城市、每一个村庄，都应该以被纳入"芝加哥地区"为荣。芝加哥不但是美国第二大都市、世界第四大城市，更是美国最为民主的城市。它超级发达的工

业和企业让伊利诺伊州的小型社区更加繁荣，这些社区也让
整个城市更加繁荣。

然而，芝加哥不仅仅是一座城市，更是一种象征。它代表
着中西部地区的政治、宗教、教育与经济理念。库克县统领着
整个州的政治，在某种程度上，整个伊利诺伊州，甚至威斯康
星州、爱荷华州、印第安纳州和密歇根州的许多地方，都属于
"芝加哥地区"。[147]

这位编辑完全把芝加哥看作他心中的首都，他心目中中西部
的中心。通过芝加哥报纸的日常流通，像皮奥利亚编辑这样的人
才能体会到那种亲切感，才能自豪地把自己想象成芝加哥的主人。

中心与偏远地区

20 世纪一二十年代品牌营销市场上发生了大变动，但芝加哥
报纸一如既往地追求它的地区化目标。在 19 世纪，报纸上就已
经有了许多品牌产品的广告：专利药品、小苏打，还有早餐可可
粉等。然而 19 世纪末到 20 世纪初的这段时间，由于大批量生产
的普及，芝加哥报纸尤其是《芝加哥论坛报》，开始疯狂地向品
牌制造商征求广告。报纸上的广告越多，就越不用担心"业务半
径"的影响。不管是买还是卖都不需要再穿越整个芝加哥，人们
在家乡就可以买到品牌商品。报纸上数量增加的品牌广告似乎微
不足道，但却逐渐重塑了报纸的商业策略和流通方式，并最终影
响整个中西部地区的经济。

《芝加哥论坛报》的员工们研究了地区经济，其目的是想要找到最繁荣、最具连接性、最有潜力的地方出售他们的报纸。他们发现，地区的贸易活动正在远离小城市，而逐渐集中在较大的区域中心。铁路线路在各城镇中形成了新的等级制度，有火车站的小镇很快就变成了市场中心，农民们到那里把生产的牛奶和粮食装上货车，然后购买一周内需要的东西。小汽车也把商业集中在地区内较大的城镇。在20世纪一二十年代，住在农场的人们周六时会开着车到最近的大城镇，在那儿买衣服、吃冰激凌、看电影。《芝加哥论坛报》的员工们意识到，这些城镇上的居民有很强的购买力，不论是购买每天的报纸，还是购买报纸上的广告商品。他们还发现这些城镇上相对密集的人口有利于报纸的流通。把成捆的报纸寄送给几百个小镇，比用火车、邮寄和邮递员把报纸送到中西部地区几千个邮箱里，可要容易得多。《芝加哥论坛报》加大印刷力度，把报纸送到地区的各个中心，并且在很大程度上获得了成功。这些城镇上几乎一半的居民都读过《芝加哥论坛报》的周日报——想想他们中的许多都离芝加哥相当远，能做到这一点已经是非常了不起了。

《芝加哥论坛报》告诉他们的广告商，要用同样的方式看待区域市场，并且帮助他们向大容量的市场投放产品。从1917年开始，《芝加哥论坛报》每年都会寄给他们的广告商一本叫作《数据年报》的小册子。不单单分享关于中西部人民的需求、消费习惯、收入等数据，还提倡一种特别的营销策略，告诉商人们要在地区内寻找并实现如下目标：高购买力的大型人群；集中与销售人员及货品订购联系密切的零售商；统领周边有竞争力的城镇。

《芝加哥论坛报》帮助商家打出产品的广告，也说服地方商铺开始售卖这些商家的产品，还派自己的销售人员协助广告商的销售代理商，毕竟听说某个商品在报纸上打了广告之后，地区零售商会更愿意在自家商铺售卖这种商品。

各个城镇的经济在《芝加哥论坛报》的影响下逐渐变得和谐一致。《芝加哥论坛报》的报纸在这些城镇上发行流通，并推动了经济的发展；而在这样的经济中，买家和卖家——往往都住在距离芝加哥几百英里以外的地方——都依赖于芝加哥的信息资讯。如果消费者们在报纸上读过广告，到了商店以后，他们往往就有了自己的想法和偏好，而不怎么会询问商家的意见。在《芝加哥论坛报》针对地区零售商的一项调查中，许多人都说顾客们要买在报纸广告上见到过的商品，有些顾客甚至把广告剪下来，直接带到超市里。密歇根州布坎南的一位商店老板说广告极大地改变了顾客们的消费方式。"《芝加哥论坛报》的广告帮助我卖出了好多商品，"他说，"在我们这儿，人们之前是不用这些商品的。"[148] 由此一来，超市老板们也开始在购货和上架之前先看看报纸上的广告里都有什么。"我们读周日《论坛报》，"密歇根州斯托克顿的 E.D. 米勒公司的一位店主说道，"然后在周一专门推出那些广告中出现的产品。"[149]

《芝加哥论坛报》将月刊《合作者》投放给 15000 位零售商和店主，积极地推动了这种特别的销售方式。这份月刊中提出了"两个目标：一是帮助店主们找到更好的营销方法；二是强调处理广告商品的智慧与重要性"[150]。月刊中介绍了成功的零售商们，让读者去模仿他们的做法。在一篇讲述一位成功的药店老板的文章中，有几段描述了店主如何布置橱窗里的货品，如何安排货架，如何安排冷饮柜台后面的产品等。有了这些文章，五个州的读者或许都能在当地的杂货店里见到一样的货架和一样的产品。芝加哥报纸就是这样逐渐统筹伊利诺伊州以及整个中西部地区的小城镇经济的。

《芝加哥论坛报》有意识地略过了中西部较为贫穷和偏远的地区，并且鼓励广告商也这么做。《数据年报》印出伊利诺伊、印第安纳、威斯康星和密歇根的地图，并将各地的县按照"优""良""中""差"来评级，评级的依据包括当地私家车数量和居民的收入和纳税情况[151]。印制这些地图的目的是帮助商人们为销售力度的分布制定策略，也是为了展示其读者的财力。同时，《数据年报》还催促零售商们不要再在艰难挣扎的乡村商店推销商品了，上面还写道："有时在小城镇花费太多精力是耗时耗力的战略性错误。"[152]

《芝加哥论坛报》，还有其他报纸，不仅加深了已有的财富和获取信息的差距，更实实在在地重塑了整个地区。从电影评论到"白速得"牙膏的广告，报纸上各种各样的内容将一种新的大众文化传递到了许多读者的手中。但是他们只在最繁华的地区大力推广自己的出版物。乡村地区居民接触这种文化的机会也因为报纸受到了限制。报纸把一些城镇转变成了金融中心，而把其他的抛弃在贸易圈之外。这样的策略逐渐让许多乡村读者脱离了地区的经济网络，而那些都市商品和信息资讯都到达不了的地方又沦为了新的偏远地区。

乡村和地区报纸依然存在

在世纪之交，一些观察者开始注意到都市日报向周围地区的扩散对其他报纸的生意造成了不良影响。专门写给乡村读者的传统新闻周刊很快失去了读者。批评家们担心，这样的扩散也会伤害到本地的日报。一位乡村编辑说过："与大城市靠得太近和火车跑得太快这些因素对地方日报来说是致命的。"他发现都市报刊正毁掉方圆几百英里内所有日报的商业前景。

一些人认为，都市信息的扩散可能完全抹杀本地文化的特色。1909 年，杰姆斯·E.罗杰斯这样描述都市方圆一百英里内所有小镇的模式："居民们过着越来越都市化的生活，最后成为主流人群的一部分。"[153] 作家舍伍德·安德森这样描述受到都市讯息的影响并被其深刻改变了的美国乡村偏远地区：

> 在我们这个时代，站在村庄超市里的火炉旁的农民脑子里装满了别人的话，报纸和杂志把他的脑子装满了，那种原始、直白并带有一种美好的孩童般的无知从此一去不复返了。这位农民成了城市人的兄弟，听他讲话，你便能发现他那油嘴滑舌和愚蠢无知与我们城里人一模一样。[154]

在 1920 年的普查中，人们第一次发现，住在城市里的美国人超过了住在城市外的。人们越来越相信，乡村生活和乡村文化正在缓慢地、不可逆转地消失。1929 年，罗伯特·帕克说道："在某些乡村，比如新英格兰地区和太平洋沿岸地区，我们所说的乡村社区和乡村人已经不复存在。"[155] 城市报纸——就像邮购目录或是小轿车一样——似乎将一个农业大国变成了一个由城市和以城市为中心的地区共同组成的国家。

然而，城市报纸并未直接用都市生活习惯代替乡村生活方式，它们重塑了这些生活方式，而并未将其统统消灭。在小城市和小城镇，城市报纸仍然主导着清晨的报纸市场，其覆盖的国际、国内新闻也比任何一份当地报纸更加全面。不过，大多数读者还是想要听一听身边发生的事情，因此，一些小规模的日报加强了对本地新闻的报道，并且改为下午销售，以避开早晨与城市报纸的竞争。本地报纸也继续发行周报，即使城市报纸已经早早取消了这一做法。[156] 这些周报上刊登的内容在大城市的报纸上是见不到的：戏剧演出的详细信息、镇上要举办的培灵会、患难之时获得帮助的家族感谢信，还有农民家里添了新丁的喜报等。"尽管这些乡村运输公司每天早上运来大批快递邮来的日报，"查尔斯·M.哈格，一位来自堪萨斯州的编辑说，"人们还是在周报运来的那些个早上，一如既往地围在路边，兴奋地迎接这些家乡的报纸。"[157] 对于那些在本地长大、却已不在此处居住的人来说，这些当地周报还是让他们产生了一种特别的怀旧之情。"在城市里经商的人们抛开手里的金融期刊和耸人听闻的小报，"哈格继续说道，"拆开用铅笔写着收件地址的家乡报，扑面而来的是对那种新割的干草、休耕地和少年时代的回忆。且不论这些报纸的文体、语法或是政治立场如何，它们对于读者的吸引力就能让城市里的报刊编辑感到嫉妒。"[158] 因此，在城市报纸向地区报纸的转变中，它们并没有抹杀当地的新闻行业或是文化传统，而是创造了一种新的劳动分工：小规模报纸把大篇幅的新闻报道交给了都市报，而专门致力于报道本地新闻。

20世纪20年代，城市报纸的广告部门在图中将他们的报纸标在美国都市地区和更大区域内的中心。报纸似乎是从市中心均匀地沿着圆圈向外扩散了。这些图片有效地描述了这些城市报纸传播的距离有多远，以及它们地区化的程度有多高。在1929年的一篇文章中，罗伯特·帕克似乎就在描述这样的现象，他说都市报纸的扩散以及相应增加的流动性和传播力度，让大量住在城市之外甚至远地区的人口都变得城市化了。他还评价说："城市化可能将要到来，城市将要走进农村，农村人口也将要进入城市。"[159] 而事实上，都市报纸并没有让整个地区都变得都市化。报纸穿越了城市边界之后，并没有沿着平滑的圆圈扩散，也没有把方圆一百英里内的所有读者都拉上城市的经济和文化轨道。这样的图片掩盖了地区新闻的混乱不均和瞬息万变。尽管城市信息的确在向外扩散，小规模报纸仍然报道一些事件，满足被城市报纸忽略了的读者需求。但人们全都读着一样新闻的单一地区，从未真正出现过。

不仅在芝加哥，在整个美国，数百万人得以了解并倾心于未来的郊区生活，报纸都是这中间的媒介。1889年，费城的一则广告就展示了一段街道的横截面，从而清晰地展示了人们为获得便捷的生活而做出的改良：煤气总管、砖制排水沟、碎石铺成的道路，还有明亮的路灯等。[160] 报纸上还贴出搬往郊区的各种理由，把郊区生活这一种选择变成了城市家庭的一种普遍合理的决定。1927年《密尔沃基新闻报》上的一则广告这么写道："让孩子远离城市的危险，在能够培养他们的思维和健康的环境里，以自然的方式抚养孩子。"[161] 芝加哥以外的黑人报纸的广告证明了郊区梦对黑人群体的吸引力，尽管这也是许多郊区想要远离的人群。《巴尔的摩非裔美国人》的一则摩根公园的广告对一个全是显赫住户的街区做出如下承诺："在各种限制下的一方理想净土，由最好的白人社区开发商打造。"[162] 然而，由于大多数开发商对黑人顾客没有兴趣，黑人的郊区选择仍然很有限。

通过一些园林、装修、建筑以及翻新相关的文章，许多城市房地产版块将读者的注意力集中在整幢房子（而非公寓）上。《费城公共记录报》上的"愉悦与利益并具的家中花园"针对的就是郊区的园丁们；专栏作者也说他每天在城市里工作十或十二个小时以后，就回到家里打理花园。[163] 《巴尔的摩非裔美国人》上居家栏目的一篇题目叫作《让你的家体现出所在的季节》的文章，教读者如何布置他们的家，从而使得一年四季都有所变化。而希切纳墙纸公司的广告这样解释家居装潢的艺术："在将家具、照片和房间里的其他物件连接起来的过程中，墙纸最为重要。适当的反差、设计与颜色的联系、房间的大小和照明情况都要考虑在内。"[164] 《纽约太阳报》举办了一场小户型房屋设计的竞赛，在报纸上的标题是《期待能够实现舒适、艺术、高效的住宅且花费不高的方案》。[165] 这对《纽约太阳报》来说或许只是一场竞赛，但同时它也巧妙地推动了房地产、建造和家装行业的发展。

读者真的买了郊区房子之后，报纸就开始面临失去这些读者的风险，因此都市报纸想尽办法让郊区住户也离不开它们。1895年《密尔沃基新闻报》的"郊区新闻"版块报道了城市边界以外繁华郊区的各种造访、搬家、晚宴、教堂服务，还有俱乐部会议等活动。《费城调查者报》在外沿地区，比如瓦萨黑肯、诺里斯顿和里弗顿，共开设了数十家分社，以保证这些地方的人们在自己的报纸上印发广告，而不会选择社区报纸。到了 1927 年，《纽约先驱报》印制了 8 页的社会新闻，覆盖自治市镇、韦斯切斯特、康涅狄格州和新泽西州，都是为了留住城市里数百万的郊区读者。

芝加哥报纸覆盖的地域范围极其广大，这也是《芝加哥论坛报》非常乐于提到的一点。1927 年，《芝加哥论坛报》在招揽广告商时说道："芝加哥与其他任何大都市都不挨着！但不管什么方向，这位贸易巨头都可以拓展其影响力，成为美国市场的主导者。"[166] 中西部、南部和西部其他一些报纸也可以在广大郊区销售。19 世纪末，《辛辛那提问询报》在行业内被称作"问询报联邦"，它的流通范围包括俄亥俄州、肯塔基州和西弗吉尼亚州。《匹兹堡邮报》在 1885 年的时候开设了一条报纸列车，每天凌晨两点五十分将早报运往哈里斯堡。到了 20 世纪 20 年代，《德梅因纪事报》和《芝加哥论坛报》头版重印多达 20 次，以吸引爱荷华州不同地区读者的阅读兴趣。

东海岸的城市之间相对距离较近，这些地方的报纸传播范围不那么广，但仍然正在努力成为区域媒体。19 世纪末，《费城纪事报》试图通过从《国家农民与农业评论》上剪裁汇总成的农业专栏来吸引地区读者。在 19 世纪 90 年代，《纽约世界报》每周发售三次专为纽约和新泽西乡村读者设计的版本。《纽约世界报》的广告里仍有八卦头条和歌舞女郎的照片，然而乡村版本的广告里却承诺设立农业部门，图片里是一位在打麦的年轻姑娘。20 世纪 20 年代,《费城公共记录报》的多页社会报道覆盖了超过一百英里以外的村镇的新闻,包括卡梅尔山、莎莫金和谢南多厄。

与芝加哥的情况一样,整个美国的城市报纸都只发展那些可能购买广告商品的读者,因此邮政包裹的出现极大地刺激了报纸在乡村的传播。在此之后,《纽约世界报》发布了这样一则广告:"为何还花钱月马立?无所不能的拖拉机可以比马在农场上完成的工作多得多。因为它可以犁地、培土、装运、操作各种割草机,还能为传送带的工作提供六马力的功率。"[167] 这则广告提供给读者一个地址,他们可以写信过去索取产品目录。20 世纪 20 年代,小轿车再一次扩大了报纸的业务半径,报纸与乡村及区域内人们的生活更加密切。《费城调查者报》上公布了宾州农场食物展的获奖名单,《费域北美人报》组织开展了产蛋比赛。[168] 一位订阅了《杰克逊维尔时代联合报》的佛罗里达州农民在来信中写道:"我为什么要读?因为这是唯一一份在本地新闻服务中覆盖了所有州内报道的报纸。报纸上还有一个很不错的交流论坛,农场页面报道了佛罗里达州农民近来所忙的事物,市场报道还有写给农民的编辑建议,这些让我感觉像是'重返土地',非常有趣。"[169]

在试图同时取悦都市、郊区和整个地区的读者时,许多都市报纸学会强调地区的兴趣和地区的荣誉感。《波士顿邮报》称其在世纪之交具有新英格兰地区最大的周日流通量,《哥伦比亚州报》在周日版上详细探索了南卡罗来纳州的历史。1911 年,一位读者感激地说道:"本年度已经印发了多期有趣的人物特写,一系列鸟类的精彩故事,还有深入研究南卡罗来纳大学历史的系列文章。"[170] 到了 20 世纪 20 年代晚期,《密尔沃基新闻报》的乡村读者不断壮大，报纸揭露了一些公司将贫瘠的土地售卖给满怀希望的威斯康星农民的事实。这些文章让报纸成为地区身份和地区人民利益的保护神。

在城市报纸向城市之外发展的时候，对郊区和地区读者的影响毫无疑问是最大的。日报将这些读者拉进了一个以城市为中心的国家体制，在这样的体制下，郊区和乡村读者有必要定义自己与"城市"的关系。然而，都市报的扩展同样影响到了城市读者。增加的郊区图片和郊区视角让市区人开始了解郊区的理念。加入乡村内容让都市读者对其农民邻居们有了更加清晰的认识。都市报纸使得城市、郊区和乡村的读者有了共同的词汇和共同的阅读经历。在某种程度上，并且在一定范围内，让中西部、大西洋中部以及新英格兰地区的不同文化实现了统一。更重要的是，这些报纸使得三种类型的读者意识到了彼此的存在，通过身边的交流和互动，建立了他们的地区身份意识。

■ 第五章 辛迪加推动下的全球化

　　1892年，一位纽约的新闻工作者约翰·科克里尔[171]，在《利平科特月刊》中畅想了"报纸的未来"。他写道："过去几十年来，新闻采集工作颇有进展，但效率似乎仍有待提升。"由此他萌生了这样一个想法："我们何不发挥自己的想象力，假设可以以纽约为中心安装一系列气压输送管，将其与波士顿、布法罗、罗契斯特、奥尔巴尼、特洛伊、特伦顿、费城、巴尔的摩、威尔明顿、哈里斯堡等城市连接起来。如此一来，一份印刷于纽约市的晨报，就可以做到各地新闻、社论与专题特写一应俱全了。每座城市的分社届时都提供当地新闻和社论，然后信息就可以整合一体（通过更多渠道）送往周边城镇。"[172]

　　科克里尔气压输送管网络的设想并未成真，但在接下来的几十年里，新闻报道的确沿着他所制定的路线，一路输送传播。美国最大的报社总部虽在纽约、费城、华盛顿和圣路易斯等大城市，却已开始向小城市的报社出售新闻报道、版面特写乃至整个专栏。这些大型报纸，如《费城公共记录报》以及《华盛顿邮报》，成立了报业辛迪加，专门负责国内新闻的重新分配。新闻报系也同样利用了规模经济的特点。威廉·伦道夫·赫斯特和 E.W. 斯克里普斯等出版商发展了多份报纸，组成报系，从而实现了新闻报道和专题特写的内部共享。报业运营的最终发展与科克里尔的预言如出一辙。大企业包揽了大部分的新闻采集与特写工作，地方编辑要做的，不过是在已购新闻的基础上再加上本地报道罢了。

20 世纪早期的都市报并未因报业辛迪加和新闻报系垄断整个市场。报纸订阅者需要且期待读到地方报纸上的本地新闻，也没有哪份报纸完全废止过本地的新闻报道。然而辛迪加提供的新闻报道的魅力，不论是地方编辑还是读者都无法抗拒。对于孟菲斯、圣安东尼奥、布法罗和博伊西等中型城市的报社而言，要他们自己写出类似的报道，经费就是一道无法逾越的门槛。地方报纸能够也的确向辛迪加订购了各式各样的报道，如日俄战争的实地报道、短跑技巧的专家指导、电影明星的美容指导等。同时，辛迪加的这一形式使得国内大型报纸得以靠着自己的新闻收取更多利润。为了写出能卖得出去的报道，大型报纸的编辑投入了越来越多的时间、金钱和人力，而在此过程中，不论是大城市还是小城市的报纸都逐渐流失了地方特色。到 20 世纪一二十年代，美国人阅读的当地报纸上的大部分文章都曾作为商品，在国内新闻市场上买卖交易过。

美国人通过阅读联合新闻，自发转变为都市化、世界化的读者。而报纸则以刊登本州、本国和国际事件作为工具，帮助读者在当前国内及国际视角下找到自身所在城市的精准定位。海外文化介绍与事件报道的描写精彩、叙述翔实，更加唤起了读者的好奇心。读报让美国民众意识到这世上还有许多地方值得了解，他们开始摒弃地方偏狭观念，转而关注国内、国际的多方新闻。

报纸不仅拓宽了读者的视野，还同化了他们的词汇和体验。供美国各地阅读的联合特写新闻类别、库存类型一致。越是经常在报纸上读到这些分类与类型，读者就越是倾向于将这些报道作为透镜，以这一视角来审视自己、观察城市、了解世界。对于传播以大众商品与娱乐为基础的民族文化，报纸的作用尤为显著，这是因为各地报纸对这些民族现象的认可是不言而喻的。每当新的时尚、音乐、电影出现时，城镇居民总会读读报纸，看看专栏作家们是如何分析看待这些新事物的。标准化新闻冲淡了地方报纸的本地特色，转移了读者对自己家乡族群文化的关注，也模糊了各地区之间有意义的差异。在弱化本地特色的同时，辛迪加和报系促进了民族特色的发展。报纸在不同地区的读者之间建立起了普遍共识，从而培育出更为大众化的、为大多数人所理解的民族文化。

为了走进报业辛迪加的历史，我们选择了威斯康星州的密尔沃基市作为切入点。不同于纽约、费城，这是一个就城市大小、人口以及报业规模而言皆堪称"典型"的美国城市。1880年，密尔沃基人口为115587人，排名全国第19位，到了1930年，人口增长至578249人，全国排名上升至第12位。钢铁业、制革业与酿造业是该市发展的主要动力。梅诺米尼和密尔沃基河岸工厂林立，工厂里的工人——主要来自爱尔兰、波兰还有德国——都居住在附近的简易住房里，这些房子本来只供一户家庭居住，后来由于住房紧张，又在主楼层之间、地下室和阁楼里挤了三四户人家。而更为富有的阶层则居住在市中心北部临近密歇根湖的展望大道的"黄金海岸"，或西部布鲁克菲尔德及瓦克夏等相对繁华的郊区。

19世纪，密尔沃基的德裔人口人数众多。自19世纪30年代起，大批来自德国的移民潮拥入密尔沃基，到了1870年移民人数达到顶点，三分之一的城市居民皆为德裔人口。德国建筑师和工程师们为密尔沃基宅邸设计了阶式山墙，在市内旅馆和剧院上修建角楼，1895年为市政厅修建的塔楼更是与汉堡市政厅的别无二致，他们在密尔沃基的建筑景观上留下了永久的印记。市内社会生活也延续了德式传统。许多生意人仍然保留着德国乡村习俗，关上店门回家吃主餐。工作之余，密尔沃基人会与同伴一起，到啤酒花园里唱着歌、喝着酒共度周末。应家长要求，密尔沃基公立学校为93%的小学生开设德语课程。

密尔沃基人亲左政治文化显著。德国1848年革命宣告失败，难民来到密尔沃基，在此建立了激进的政治传统，市内的工厂助长了强劲的工人运动。在这里，工人们有组织地集会，支持社会党政治候选人，且较之美国其他主要城市，密尔沃基的社会党根基最为牢固。两任社会党市长执政足有24年，美国史上第一个社会党国会议员也在此选举产生。在其他领域，密尔沃基人虽谈不上激进，但也致力于进步事业，从食品安全到公共办学涵盖面甚广。密尔沃基自诩为市政管理的榜样，发起公共卫生计划并引以为豪，成为20世纪30年代美国"最健康的城市"[173]。

芝加哥报社将密尔沃基视为销售市场，毕竟两地相隔不过一百英里。《芝加哥论坛报》就视密尔沃基报社为竞争对手，拒绝向他们出售辛迪加材料。但密尔沃基凭借其繁荣的区域经济和独特的地方文化，在芝加哥报纸的发行范围内，形成了自己的地方新闻业。19世纪晚期，保守派《密尔沃基哨兵报》与小型报纸《密尔沃基每日新闻》互为晨报市场的竞争对手，而《密尔沃基新闻报》和《威斯康星晚报》则是为晚报读者量身打造的报纸。市内光是德语日报就有四份，还有许多日报的目标读者是波兰人、捷克人或非裔美国人。20世纪早期，市内新闻业迎来一些新报刊。1902年，《密尔沃基自由报》开始发行政治报道连载和"左"倾社论专页；1911年，社会党成立了《密尔沃基领袖报》。尽管密尔沃基跟随国内趋势，试图巩固新闻业，却得不偿失。到1930年，已有两家英语日报和三家德语日报倒闭，报系接管了市内两家最具声望的日报社。在这五十多年里，密尔沃基人口增长了四倍，但报社之间兼并收购，只留下了最具影响力的几家。

19世纪密尔沃基德语和英语报上的广告和文章，字里行间都展现出该市显著的德国特色和亲左倾向。早在其他城市的同期同行之前，密尔沃基报纸已经开始发行周日版面，毕竟德国天主教和犹太人不像美国新教教徒那样，总是一丝不苟地举行周日礼拜仪式。

20世纪初，德国人和社会党对密尔沃基的影响开始降温，一定程度上促成了标准化新闻在该市的流通。那时，德国移民潮已放缓脚步，第一次世界大战让德裔美国人抬不起头来，也让许多政治激进分子哑然失声。密尔沃基的当地文化逐渐流失，但市内报纸并未步入后尘。除了发布辛迪加材料，密尔沃基的报社还积极地带动城市文化，使其与民族文化发展步调一致。毫无疑问，到了20世纪中期，密尔沃基的政治和文化元素依然活跃。这一切，都是在缺乏主流出版社关注或支持的情况下独立实现的。一度位于密尔沃基城市形象和市民自豪感核心的城市特色，随着报纸的渐渐稀薄，很有可能失去其中心地位。

密尔沃基的全新定位

从19世纪90年代起，密尔沃基日报开始以生动的报道带领读者了解外面的世界。与之一同刊登的，还有内容日益丰富、解析深入透彻的本地专题报道。这些故事就像绘图工具，帮助读者在心中绘制出了世界地图，并在世界城市商品、思想、人文交流网络（尽管是分级网络）中找到了密尔沃基的城市定位。

居民的迁徙史和家族史赋予了他们对密尔沃基以外的世界有了一手或二手的了解。1880年约有40%的密尔沃基居民出生于另一个国家。在世纪之交，密尔沃基的黑人人口大多由南部和中西部的多个城镇迁移而来。[174] 即使是土生土长的白人家庭，也极少有世代都生活在密尔沃基的；1880年的居民中，30年前就生活在密尔沃基的还不到五分之一。这座城市既不是死水，也不是飞地，而报纸也不是密尔沃基人了解其他地方的唯一方式。然而，报纸的确向读者灌输了新的地理知识。新闻报道关注的地点不是读者已经知道和关心的，而是编辑们认为有趣且重要的。报纸的报道和特写为读者提供了一种"正确"的、了解世界的方式，并塑造了读者在这个世界中理解密尔沃基的视角。

19世纪80年代，密尔沃基报纸鲜有报道详细介绍城市以外的世界，或是阐述密尔沃基与其他地方的关系。本地新闻与外地新闻排版杂乱，少有突出强调性的标题。报纸社论版面的信息也同样纷杂混乱。编辑们先是仔细阅读全国各地的报纸，再筛选出最喜欢的趣事或笑后，呈现在社论页面上。读者能在《波士顿环球报》上读到天气笑话，在《亚特兰大宪法报》上读到侍者笑话，在《费城新闻报》上读到关于达尔文的笑话。[175] 这些东拼西凑的笑话或许能博得读者一笑，却不能帮助他们了解其他地区的特点或特质。

到了世纪之交，报纸开始按地点对报道进行分类，将密尔沃基置于有序的新闻矩阵中。通过电报，美联社和合众国际社等新闻采集机构提供了广泛而及时的国内新闻报道。19 世纪 90 年代，新闻用纸价格下降，印刷国内、国际事件的空间变得更为充裕，编辑也开始按地区组织这些内容。20 世纪初，密尔沃基编辑将当地新闻设为独立部分，配上《本地杂闻》或《城市简报》等标题，保留第 2、第 3 页专门报道本州和本市新闻，并在周日版上预留了几页，用于报道威斯康星州特写，如《密尔沃基新闻报》的《周日獾州——新闻特写》。《密尔沃基新闻报》社论版面的新闻摘要皆按层级刊载：有市、州、国及世界一周事件回顾。只需要看看报纸的标题、副标题和排版，密尔沃基与其他地区的关系就一目了然，而本地报道和国内报道的比重则直接说明相应新闻的重要程度。

在这一时期，编辑们尤为关注威斯康星州，并将其作为重要的新闻类别。这主要是因为州立组织开始在密尔沃基人的经济社会生活中发挥更大的作用。在一份 1895 年的典型的威斯康星州专栏中，读者可以了解到有一家公司于最近成立，渔民权利发生了变化，格特鲁德镇近期开设了新邮局，鞋厂发生了罢工，威斯康星南部召开了牙医会议。对于买卖、投资或政治活动不仅仅局限于密尔沃基市内的读者而言，这些消息是十分实用的。正如芝加哥报纸上的区域新闻增强了人们对中西部的认同感，威斯康星新闻培养了全州读者作为威斯康星人的身份认同感、自豪感和活跃度。例如，《密尔沃基哨兵报》的头版连载新闻"威斯康星州市长"，全州新建公共图书馆的报道，以及新建市政水厂的通告等，都提升了威斯康星进步活跃的州、市政府的自豪感。

密尔沃基世纪之交的报纸走出了地方新闻标准的采访区域，虽未进行跨州采访，却也走向了其他城市，印刷了丰富多彩的专题报道，增强了读者的地方意识。密尔沃基虽不像纽约这类的城市那样变幻莫测、规模庞大，但也在不断发展，逐渐超出了大多数读者的直接认知。1910年至1920年间，密尔沃基合并附近郊区，占地面积扩大了逾50%。[176] 城市新居民——东欧和俄罗斯犹太移民、希腊和非裔美国移民，开始入住第三区、第六区和托里希尔，而第二代和第三代德国、波兰和爱尔兰移民则迁往更为繁荣的城市外围和郊区。由此，密尔沃基报纸开始解读这个不断壮大，更为多样化、分层化的城市，为这个成长之都定义特色。《密尔沃基哨兵报》邀一位艺术家作了一幅夏日速写，当时正值1898年8月盛夏，画中游泳者们（市长也在内）竞相跃入水中。一名记者采访了市里的信童团，向读者介绍了他们的诸多职责。《密尔沃基新闻报》会定期刊登一周新闻的漫画摘要，生动再现密尔沃基人如何应付恶劣天气、庆祝节日或游行示威。无论是密尔沃基还是纽约的读者都从这些报道中获取了实用的信息，并对密尔沃基这个日新月异的城市有了新的了解。

报纸编辑利用当地特写成功塑造了独特的城市形象，与此同时，他们也将大部分地方新闻都改放到了第3页。这一安排意味着密尔沃基已不再是报纸整体布局中至关重要的一环。因此，密尔沃基报纸转而将更多的注意力放在其他城市多个领域的报道中。例如，20世纪初，报纸的商业版块就将重点从当地市场转向了以纽约为中心的综合性全国市场。19世纪时，密尔沃基的报纸编辑通常会在他们的商业版面上首先列出当地股票和农产品价格，其次是芝加哥、明尼阿波利斯和圣路易斯等地中心的相关信息，最后才是纽约股票和债券的图表。从这一顺序不难看出，19世纪密尔沃基主要购买的是中西部生产制造的农产品及货品，同时这类商品的出售地也集中在中西部地区。然而，随着更高效货运系统的问世，美国演变为更复杂的市场，密尔沃基的贸易范围也随之扩大。纽约市的经纪人拥有推测并制定国内股票价格的能力，芝加哥交易所有权决定区域农业流动。因此，在20世纪的头十年里，每一份密尔沃基报纸都将华尔街新闻置于最显著的地位。他们首先列出纽约的股票和债券价格，接着是芝加哥，密尔沃基则排在最后。这一简单的版面重排表明，如今密尔沃基商业的兴衰与华尔街的动向息息相关。纽约也从此摇身一变，成为金融世界的中心——即使对住在数百英里以外的威斯康星读者而言也是如此。

读了密尔沃基报纸的时尚和社会特写，读者纷纷开始向外界看齐。甚至在密尔沃基报纸刊登时尚新闻之前，那里的有钱女人们就已经将巴黎和纽约视为时尚圣地了。报社投读者所好，登载这些城市的时尚新闻，传播并加深了巴黎和纽约的品位就是时尚界标杆这一理念。在社会版面，密尔沃基报纸主要仿效纽约和华盛顿同行，偶尔也会更新一些伦敦新闻。

世纪之交，报纸刊登的纽约特别专栏为全国读者提供了城市生活的原型。这些专栏，如《密尔沃基先驱信使报》的《纽约闪电快讯》、《威斯康星晚报》的《纽约欢乐见闻》，都详述了纽约的每日事件，包括房地产交易、轮盘赌、杂要表演和街头诈骗等。这些专栏让密尔沃基读者感到发生在纽约的一切都值得关注，而阅读这些新闻就能走向都市前沿。

国内大都市生活的详细报道刺激了密尔沃基当地的新闻业，但由此产生的一些变化是始料未及的。编辑们否定了密尔沃基本身的重要性，只以密尔沃基与其他大型繁荣城市的联系作为城市地位的衡量尺度。社会专栏如《酒店听闻》专门列出居住在市内高档酒店的游客名单，转述他们带来的政治财经新闻。《密尔沃基新闻报》有一档定期专栏，专门记录作者与游客的谈话，这些游客可能是木材商也可能是监狱看守，谈话内容则是他们各自的专业领域。[17] 若是有国际国内明星来到密尔沃基，市内报纸的戏剧版面会将此视为盛事大肆宣传。每当密尔沃基主办诸如国家年度教师会议、德国天主教会议等各类会议的时候，市内报纸就会展示这些群体领导人的照片，详细介绍他们的工作。为了彰显密尔沃基的都市风范，密尔沃基如何接待来客、与他们和睦共处、欣赏学习他们的先进理念就成为新闻报道的重点。

同样，凡是有远销他地的当地商品或是远走他乡的当地人，报纸都要展示一番，用以标榜密尔沃基的国家地位。这一风尚首先在社会专栏中抬起，曾经出过国或是去过其他城市的家庭都会在专栏中被提及。编辑们甚至会扫遍纽约报纸的旅馆专栏，报道目前有哪些密尔沃基人暂住纽约。发展到最后，读者通过报纸就可以深入地了解那些在全国或国际范围内出名的密尔沃基人，诸如那些成名于纽约的剧作家或享誉欧洲的艺术家等。

密尔沃基报纸某种程度上成了城市最为狂热的支持者。如果他们能够使读者相信市政府许下的承诺，那么他们的订阅者和广告商的数量都会增加。《密尔沃基哨兵报》和《威斯康星晚报》都曾出书，将密尔沃基吹捧为工商业中心。1906 年，《密尔沃基哨兵报》刊载了产业特别版面，称"密尔沃基正顺着进步与繁荣的潮流奔流不息，迎接胜利"。[178] 这类报道大多试图通过宣扬密尔沃基具有的几点大城市特有的品质，为其戴上大城市的帽子，让它显得更重要一些。《威斯康星晚报》当地新闻专栏"市镇新闻"的插图里，画了一条醒目的天际线——这与其纽约专栏顶部的插图尤为相似。《密尔沃基哨兵报》行业名录上方的插图描绘了一个欣欣向荣、人口稠密的市区景象。在 1919 年《密尔沃基新闻报》的当地广告版面，该报尝试通过将密尔沃基与其他城市进行对比，凸显密尔沃基的繁荣。文章在宣扬密尔沃基重要性的同时，也暴露了城市的自卑感："密尔沃基是美国第二大工业中心，密尔沃基的供货能够满足您的所有需求。"[179]

不论报纸报道如何积极正面，也不过是在告诉读者密尔沃基其实不是世界的中心罢了。本地专题的确深入报道了密尔沃基的城市内部，表示密尔沃基的城市生活本身就是值得一谈的话题。

但再看看报纸上的巴黎时尚指南、华盛顿社会专栏还有戏剧圈八卦，读者就会知道要论新奇想法、名人明星、金钱财富的多寡还是其他城市更占上风。即使是当地名人也在无意间巩固了密尔沃基小城市的地位，因为他们总是执意声称密尔沃基不比其他城市差。

报纸在将密尔沃基拉离世界中心的同时，也开拓了读者的视野。在过去，只有那些有钱旅游、买得起又读得懂文学作品或订阅（极为昂贵的）日报的人才能对西方世界的大都市有所了解。到了世纪之交，忽然之间一天只要付几分钱买份报纸就可以领略外面世界的风采。1909 年，一位编辑这样说道："旅行和艺术只为少数人所享，而报纸则惠及更多人。"[180] 如果说向其他城市购买的新闻降低了密尔沃基在读者心中的地位，那么这些新闻也赋予了这座城市读者的全国、全球视角，重新定义了读者的地方意识。

报纸的全国化

早在联合报业出现以前，美国报纸就有了"交流"体系，并凭此互借新闻材料。根据该体系的非正式道德规范，只要编辑能够贡献有价值的原创材料供人借用，那么他就可以随意借用其他新闻。自 19 世纪起，地方报纸编辑会订阅数十份报纸杂志，挑选出最有趣的部分再重新印刷到自己的版面上。同样，编辑们也经常截取古典文学片段加以循环利用。19 世纪末，一些企业家看着报纸间不断地借用小说连载、女性专栏和娱乐新闻，意识到他们可以快捷、高效地分配这些材料，以此盈利。蒂洛森父子公司是一家英国辛迪加公司，该公司于 19 世纪 70 年代开始向美国报社出售小说和伦敦新闻。1884 年，S.S. 麦克卢尔辞去了在《世纪杂志》的工作，改行从事小说辛迪加，他将工作委派他人，有时也让自己的妻子将法语小说翻译成德语。[181] 欧文·巴彻勒为专栏提供纽约和欧洲新闻，爱德华·博克将风靡一时的纽约八卦专栏《芭芭拉八卦》带向了全国读者。报社编辑很快就发现了辛迪加新闻的效益。一位商报记者指出："首先，这是有利可图的，现在订阅者们只要付原先付给当地作者报酬的 1/2 到 1/12，就可以获取优质新闻（原文如此）。其次，辛迪加新闻的质量优于本地新闻。"[12] 杰克·伦敦、艾拉·惠勒·威尔考克斯、费雷德里克·道格拉斯和鲁德亚德·吉卜林等世界知名作家皆加入了报社辛迪加，为他们提供小说连载。辛迪加负责协调发稿，保证同步，这样一来，所有的报纸就都可以获取"首次发行"的"原创"材料。到 19 世纪 90 年代，包括密尔沃基在内的美国所有城市报纸都成了报业辛迪加的客户。

　　19 世纪末，版权法减少了可供免费交流的新闻材料数量，这进一步促进了辛迪加的发展。1879 年就有一家邮局规定禁止邮递违反版权法的材料。《生活杂志》的编辑对其他报纸占用杂志文章的行为忍无可忍，最终诉诸版权法将他们告上了法庭。1891 年查斯法案赋予国外作者美国版权，从此美国编辑就再也不能肆意向英国报纸"免费借用"新闻材料了。借用材料有风险（还费力），辛迪加材料由此成为报纸文章的主要来源。1887 年，一位新闻工作者表示，要是辛迪加能够提供更多类型的文章，那么

"肆无忌惮挪用他人文章将成为过去，编辑们也不需要再拼拼剪剪，为拼凑出内容全面的版面而大费周章了"。[183]

在19世纪，辛迪加常为乡村报纸提供图文并茂的材料，而由于当时的技术限制，分配给城市报纸的材料却是没有插图的。19世纪70年代起，一种名为报业联盟的辛迪加开始向乡村报纸出售新闻预印本或重金属板（新闻样板），地方报社可以用后者印刷出一两页新闻。多亏了人工排版和平版印刷技术，乡村报纸很大程度地省去了麻烦，以比自行印刷更低的价格买到了精心制作的新闻特写。而都市编辑们往往不屑于全篇使用辛迪加材料，他们的高产轮转印刷机也无法处理预印新闻纸和笨重的新闻样板。因此，城市编辑选择购买长条校样——未出版的待售文本副本。城市报社手动或使用画线机（开始于19世纪80年代）重组文本后，就可以用高速印刷机印刷成品了。

随着活版印刷铅版（厚度减小，印刷灵活）的发明，都市报纸的排版设计变得更加多样。辛迪加经营者可以先制作字体插图精美的特写样本，将其铸成铅版再送至订阅报社。铅版运输方便，可以分成多个部分，方便重组内容，要是合适，也可以插入地方新闻中。哪家报社买了报业辛迪加美国新闻协会的新闻铅版，就会收到该协会寄出的一个辅锯箱和一把锯子。接下来的几年里，城市辛迪加开始提供"字模""模切"，运输方便的纸型铸板和薄金属制印刷全张，以便报社印刷高质量的图片甚至相片。这些技术使报纸成为辛迪加材料和本地新闻、图片和文本的拼接品。

随着报社开始大量购买和印刷辛迪加特写，巴彻勒和麦克卢尔等人各自运营的独立辛迪加发展壮大起来，国内大型报社也都成立了自己的辛迪加公司。报系也开始向不具竞争力的同行出售新闻材料。翻阅《编辑与出版人》杂志的广告，百种新闻特写皆任密尔沃基编辑挑选。只要拨打电话订购，编辑们就可以轻而易举地开启新的儿童版面、汽车专栏或漫画版块。密尔沃基的大型报社购买辛迪加材料的部分原因是提升自己的竞争力，毕竟只要有读者，才能占有密尔沃基市场。而该市的小型报社购买辛迪加材料则是为了尽快赶上资深同行。1902 年，《密尔沃基自由报》虽然才刚刚成立，却不必煞费苦心地制作女性版面，毕竟在新闻市场上就可以买到所有材料。到 1910 年，这家报纸出版的女性周日杂志插图的精美程度以及内容的专业程度都丝毫不逊色于其他同行，而这些材料皆来源于辛迪加公司。

辛迪加材料虽然物美价廉，但密尔沃基编辑并没有外包所有特写，反而集中所有的财力和精力编写在其他地方买不到的本地报道。各家报社都花钱制作定制插图板，以便印刷专栏标题插图（如《威斯康星晚报》《市镇新闻》的天际线）、大字标题旁的政治家肖像和城市新建筑或大型工厂的速写。最初，大多数报纸将这些工作承包给当地雕刻公司；最后他们干脆自行购买机器，聘请专业人士制作印刷板。大约在 1895 年至 1915 年之间，尽管插图技术提升了生产成本，许多密尔沃基报纸还是能做出精彩的地方新闻，与辛迪加材料平分秋色。

同时，报纸充分利用辛迪加提供的专业内容，针对不同人群所关切的问题制作了女性版面、儿童版面，还另设关于园艺、打猎、缝纫、桥牌等消遣爱好专栏。实现了与家庭主妇、渔夫、失恋者、失业者等各个人群的对话。小说连载也开始挖掘潜在读者；世纪

之交，辛迪加提供的小说类别涵盖了传奇冒险、谋杀悬疑、国内
戏剧等——都是为了吸引阅读同一份报纸但爱好不同的读者。虽
然这些报道力求做到为读者量身打造，但从另一种角度看还是大
同小异，究其原因，它们都忽略了不同地区的特殊性。最显而易
见的莫过于辛迪加特写都利用了读者对城市生活的共有体验。

　　20世纪早期，美国城市之间有许多共性，辛迪加利用这一点
塑造了符合所有城市的一般城市形象。工程师和建筑师工作于多
地，于是相似的工厂和城市商业区如雨后春笋般出现在美国各州。
铸铁建筑成为全国多地建筑商首选；还有人雇了意大利移民当石
匠，要他们为建筑装饰上巴洛克风格的飞檐和红陶标志，从波士
顿到新奥尔良各个城市皆是如此。承包纽约中央公园和展望公园
的奥姆斯特德公司，后来还为美国设计建筑了数以千计的公园和
公墓。[184] 人们构建了美丽城市的蓝图，不论是在哈里斯堡还是丹
佛，每个城市的公共建筑都可见希腊式的石柱和穹顶以及讲究对
称的文艺复兴风格庭院。基于分区制——1900年人们对此几乎
闻所未闻，到20世纪20年代中期却大为流行起来——全国各地
的城市规划都大抵相似。对于汽车缓解住宅区过度拥挤的能力，
城市规划者持乐观态度。他们在20世纪20年代指挥建造了公园
道路——弯弯曲曲的林荫高速公路，方便郊区住户交通出行。

　　因此，撇开密尔沃基的独特之处——德式建筑和绵长的湖滨
地带不谈，这座城市的大部分景观都多少有其他城市的影子。密
尔沃基的酿酒厂与费城的地毯织造厂或匹兹堡的铸造厂看起来没
有什么两样，市内威斯康星大道上的铸铁楼与纽约苏荷区或路易
斯维尔主西区的铸铁建筑也无甚差别。森林之家墓地的小路蜿蜒

曲折，布鲁克林格林伍德公墓和奥克兰山景墓园也是如此。而设计于1923年，1925年经市政府审议通过的密尔沃基盘旋交错的公园道路系统，同纽约布朗克斯的东方大道和华盛顿的海滩大道都极为相似。

美国城市居民的工作场所和行驶道路相似，并不意味着他们的生活也相似。但也正因为城市间的建筑景观相似，辛迪加公司和全国广告商得以诠释一种各地居民——不管是密尔沃基人、匹兹堡人、路易斯维尔人还是华盛顿人，都能理解的城市生活。1907年《密尔沃基新闻报》的末版上就刊出一幅"城市生活"的一般图景：高耸狭长的城镇建筑，钟楼和教堂塔尖。这在国内随处可见。

此外，辛迪加充分利用了美国城市的文化和民族共性。19世纪中期，爱尔兰和德国移民拥入美国，到了20世纪早期，几乎所有的城市居民都有可能遇到这些移民群体。利用这一点，威廉·伦道夫·赫斯特捧红了"杜利先生"——一位操着浓重爱尔兰口音，满口尽人皆知大道理的小说专栏作家，将他的作品作为辛迪加材料卖给全国的报纸。还有每周日发行的《柯茨纽珈玛家的孩子》，这部漫画的主人公们调皮捣蛋，说话时英语里还混杂着德语。其他辛迪加特写将城市娱乐场所和出入这些场所的人群都呈现在读者眼前。在W.E.希尔绘制精美的特写《我们凡人》里——来源于《芝加哥论坛报》，刊载于《密尔沃基新闻报》——城市人的光景就如大众所认知的一般。在许多地方，城市生活固定程序的发展路线犹如平行线。因此，每每看到如题为"业余杂耍""公寓楼"和"现代艺术"等讽刺"典型"城市人的文章，不论是普通读者还是艺术家，都能心领神会，付之一笑。

为城市读者编写的辛迪加材料重塑了读者对自我的认识。读者看着特写里的漫画忍俊不禁，逐渐接受了漫画传达的观点，并受到漫画里的视角和词汇的潜移默化，以此来理解和谈论自己的城市生活。随着时间的推移，辛迪加特写巩固了报纸读者对自我的身份认同，他们不再仅仅是密尔沃基人、洛杉矶人或亚特兰大人，而是城市人。

移民人口的"美国化"

没有大众文化，报业辛迪加只是空想。报业辛迪加参考大众生活习惯——如在连锁店购物、观看体育联盟巡回比赛、听唱片、看电影，凭此猜测读者的工作娱乐都大抵如此。这种作用过程是双向的：大众文化为辛迪加特写提供观众，反过来，特写报道加强传播了大众文化。辛迪加新闻向读者灌输了大量的标准化信息，久而久之，美国各地读者的购物、穿衣、饮食、观影等习惯和愿望都渐渐趋同。

辛迪加促使国民体育（而非地方体育）成为 20 世纪美国流行文化的支柱。读了辛迪加关于哈佛对战耶鲁橄榄球赛的报道，全国上下皆为之沸腾，但真正和这两所学校有关的读者实在少之又少。[185] 对国家棒球联盟而言也是如此。对大多数读者来说，要想亲自尝试高尔夫、网球、摩托车以及赛车等精英运动，花费未免太大。但阅读这些全国体育锦标赛报道，也能够从中获得间接体验。

与此同时，辛迪加新闻带领密尔沃基读者熟知了国内名人，并紧跟国内流行。女性专栏和幽默专栏交替进行，时而鼓励女性剪短发，时而又劝她们打消这个念头，波波头由此成为20世纪20年代的时尚。《密尔沃基哨兵报》刊载了"迪普娃娃"的辛迪加活页乐谱，以便读者在家就可以弹奏这支探戈舞曲，随着音乐翩翩起舞。赫斯特的密尔沃基报纸则刊载了《〈威斯康星新闻报〉教您跳查尔斯顿舞》这一栏目。女性版面采访戏剧和电影明星，讨论她们的私生活，分享她们的美丽秘籍。辛迪加知识专栏还指导读者练习当时的新进流行运动，篮球就是其中一种。

正当一些报纸特写着力传播时尚潮流、推动名人事业的时候，其他一些报纸则专注于自己的本职，走进了美国人的生活构架，一跃成为流行文化的试金石。理查德·奥特考特塑造的漫画人物巴斯特·布朗成为全国各地读者的心头好，漫画的衍生产品巴斯特·布朗鞋也因此大卖。内尔·布林克利为赫斯特的报纸特写画的漫画女主人公漂亮迷人，都留着一头披肩发，一时之间全国上下都以"布林克利女孩"为标榜，纷纷购买漫画家推荐的布林克利卷发器和波波头卷发夹。为了表现漫画角色的动作和声音，辛迪加漫画家们杜撰了一些词汇——"plop""grr""kapow"等（三个象声词分别为扑通声、动物发出的咕噜声、打斗声），后来这些词汇都逐渐融入了美国英语。漫画角色的一些表达也为人们在日常交流中所用，如人们会用《兔巴哥》中的"金鱼眼"描述一个人直勾勾看着漂亮女人，又如人们会用该漫画中的"the heebie-jeebies"表达忐忑的心情。罗伯特·勒罗伊·雷普利的新闻节目"信不信由你"尤为长命，由此衍生的广播节目及其专营权持续了整个 20 世纪，并顺利迈向 21 世纪。

　　一些辛迪加特写不仅将读者的词汇和品味标准化，还将他们的衣着和住房统统标准化。密尔沃基所有报纸一度都曾刊载每日服装款式，以供读者选购；密尔沃基女性曾以家庭女裁缝式的穿衣打扮为时髦，不论知不知道在其他几十个城市只有女裁缝才那样穿，她们都竞相效仿。邮购房屋平面图也出现在辛迪加专栏中，如《威斯康星晚报》的《特色住房》栏目介绍典型房屋式样——平房、仿殖民地时期式样、西班牙意大利风格等，为成百上千市区和郊区住户提供信息。

　　辛迪加新闻推动全国风尚，宣传名人明星，与其刊载的漫画、常用的表达、推销的商品一起出力构建了全国范围内的统一文化。同样，美国历史也依照辛迪加标准版本讲述。这是因为根据要求，全国各地的报纸都应该发行历史特写，且各个地区不应有出入，皆采用全国统一说法。各地学校的历史教育千差万别，不存在全国统一课程，一些州甚至没有设置课程标准。有赖于报纸讲述的美国历史，全国读者对国家过去的理解才达成了一致。

　　辛迪加的壮大损伤了地方特写报道的发展。密尔沃基的编辑发现其实不值得投入财力编写本地报道，毕竟将这些成本用来分享或外包岂不更为轻松？尽管如此，在 20 世纪一二十年代，该市的主流报纸仍然保留着密尔沃基商业、政治和庆典的特别报道。大部分报纸每天或每周都会在地方专栏刊登密尔沃基读者熟悉的话题，如保龄球、斯卡特纸牌、户外活动、当地剧院、社会新闻等。尽管那时，指望自己的全版面特写能与辛迪加材料相媲美的报社只剩下少数。

20 世纪一二十年代，报纸与其他大众媒体共同作用，缔造民族文化的同时也削减了地域文化。客厅的无线电为千家万户带来了全国各地的广播报道，全国的收听者们听着相同的音乐哼着歌，为相同的笑话捧腹。从这些角度看，无线电似乎将美国人连接为了一体。但无线电也常常让收听者们第一次意识到自己的地方口音，并为此感到难为情。一时之间，全国都在争辩何为正确发音，最终演化出了标准化的、无地区特色的播音用语。随着这些大众媒体协助建立起逐渐趋同的民族文化，在过去通信落后时代发展起来的地区文化却因此走向衰弱。

除了在一些更为专业的领域，密尔沃基的外语报纸也未能抵御住辛迪加体系带来的标准化浪潮。在世纪之交，密尔沃基外语日报有五家之多：波兰语一家，德语四家。在 19 世纪 80 年代，密尔沃基主流德语日报的发行量只能勉强赶上其他英语日报。为了超越同行，提供前沿资讯，吸引广告主，密尔沃基的德语报纸也从英语报纸选用的那几家辛迪加公司和代理订阅资料。德语报纸完全可以直接订阅德国通讯社的信息，但许多却选择美国通讯社。美国新闻协会主要提供英文材料，同时也提供德语辛迪加服务。密尔沃基的德语报纸使用标准化新闻材料，模仿英语报纸的基本版式，时间一长，"美国化"程度随之加深。在 19 世纪 80 年代至 90 年代期间，德语报纸效仿英语报纸，缩小分栏宽度、采用头版通栏大标题将女性版块和体育版块分开。那些曾经只报道管弦乐、体操等俄国人钟爱的消遣活动的报纸，也开始报道歌舞杂耍和棒球等人尽皆知的美国人的娱乐项目。最后他们放弃了自己独特的德文活字字体，改用英语报纸使用的罗马字体。德语报纸的辛迪加内容、大众商品广告和新闻报道聚焦的不是德国，而是美国，正因如此，德语报纸读者得以彻底掌握美国文化。1922 年，芝加哥大学教授罗伯特·埃兹拉·帕克写道："很明显，外语报纸所做的一切，无论报纸编辑是否有意为之，都促进了外裔美籍人对美国环境的适应。"[186] 也就是说，密尔沃基德语报纸同民族广播站、社区社交俱乐部以及移民银行等机构一样，虽然都以移民的母语提供服务，但最终都同化了移民社区，使他们融入了美国主流文化。

20 世纪的头十年里，各大密尔沃基德语报纸合并试图巩固地位，这在一定程度上削弱了该市德语社区的活力和多样性。在 19 世纪 90 年代，密尔沃基的天主教教徒、路德教教徒、政治温和派和激进分子都能读到满意的德语报纸。而到了 1918 年，《信使报》《日耳曼尼亚报》《晚间邮报》和《密尔沃基先驱报》合并为一份报纸，发行量由 1918 年的 37296 份跌至 1927 年的 27636 份。德语报纸销量下滑（原因是德国移民人数减少），意味着报纸不得不更加依赖英语辛迪加材料；由于第一次世界大战，直接从德国获取辛迪加材料也成为政治层面的危险举动，因此也导致在美德语辛迪加公司纷纷倒闭。编辑们只好聘请员工翻译辛迪加材料，但那时想请到译员绝非易事。德语报纸读者，受到德语美式新闻多年来的熏陶，在这期间实现了跨越，改看英语报纸。

通过毁灭和创造，报业辛迪加实现了新闻的美国化。地方特写因为不敌辛迪加只能勉强支撑，甚至难以维系，外语报纸数量锐减，这些最终削弱了地方文化。替代地方特写的，是更为经济的辛迪加材料，但这也意味着少数群体读者几乎不再有机会看到自己出现在报道特写或广告中。辛迪加特写转移了编辑和读者的注意力，地区传统受到冷落，城市新闻业的多样性也因报社间的兼并而受损。在辛迪加体系下，全国读者的语言出现新的重合词汇，他们对国家历史有了更为透彻的理解，国家认同感持续增强，他们的品位、习惯和知识储备也更为相近。报纸——外语报纸和英语报纸——传播了大量主流的生活习惯和商品，移民人口由此美国化。

因此 20 世纪早期政治的文化基础，很大部分是由报纸和辛迪加报道建立起来的。报纸传播的图像、词汇和价值观巩固了"美国性"，在第一次世界大战时凝聚了全美国民，但也营造出极端爱国主义政治氛围，视外来移民、政治左翼分子与和平主义者为国家的威胁。正是在这种氛围下，美国国会于 1924 年通过移民限制令——超过限额数的移民都被称为非法外来者，这进一步同化了美国文化。到 20 世纪 20 年代，新闻报道帮助定义了美国人的生活方式，美国人的民族自豪感油然而生，国家出口贸易更是规模空前。一份 1920 年的报纸上有一则广告视角敏锐，它将报纸的文化同化过程与国家日益上升的政治和国际地位联系起来。它解释道，"报纸的作用"，就是帮助建立起"美国生活的统一性。在美国这个机遇之国，人们有着不同的追求，寻求着各自的利益，但国民的观念、风俗和思维却惊人得相似。我们不是一亿个个人，而是齐步前进的一个国家"。[187]

悄然而至的辛迪加模式

1918 年，报系进军密尔沃基。威廉·伦道夫·赫斯特那时

已拥有纽约、芝加哥、旧金山、亚特兰大、波士顿、洛杉矶等市
多家报社，且仍在扩张他的报业帝国。他在 1918 年将收购的密
尔沃基的《威斯康星晚报》和《密尔沃基每日新闻》，合并为《威
斯康星新闻报》。为了提高新报纸的竞争力，他又将《密尔沃基
自由报》收入囊中，该社从此免于其政治观点可能带来的负面影
响。《威斯康星新闻报》用大字标题刊登耸人听闻的报道，呼吁
读者支持民粹主义事业，较之细致入微的报道，该报更加看重新
闻的娱乐性，有时甚至涉及淫秽内容，这些就是赫斯特的招牌风
格。仅凭一份午报要想在密尔沃基报纸市场称王还是有些势单力
薄，因此，在 1924 年赫斯特又收购了《密尔沃基哨兵报》。

　　为迎合工人阶级读者的喜好，赫斯特将《密尔沃基哨兵报》
和《威斯康星新闻报》改为全彩报纸，与此同时，他更是颠覆了
过去三十年在美国城市大行其道的标准新闻制作公式。过去报社
往往聘请地方记者团队长期工作，辛迪加特写不过是补充材料，
而他却反其道而行之，以辛迪加材料为主，再辅之以地方新闻。
亚瑟·布里斯班编写的专栏《今天》是《密尔沃基哨兵报》《威
斯康星新闻报》以及他名下所有报纸的头版社论。威斯康星报纸
的丑闻报道也来自其报系下的其他报纸，《密尔沃基哨兵报》和
《威斯康星新闻报》的所有特写几乎皆取自他的多个辛迪加公司。
报纸编辑会在辛迪加报道中穿插一些地方特写。例如，《密尔沃
基哨兵报》的"每日密尔沃基"，每天都会更新少量城市新闻；《威
斯康星新闻报》的"好奇记者"，随机采访密尔沃基市民，问类
似"你认为体格强壮的人是否比瘦削的人性格好呢？"这种无趣
问题。赫斯特还试着用比赛转播和当地读者投稿来替代地方新闻，

如此一来，既增加了销量，又减少了编辑和记者的工作量。

随着《威斯康星新闻报》和《密尔沃基哨兵报》的转型，密尔沃基读者也同美国其他数百个城市一样，开始阅读报系新闻。1900年，全国十大报系占发行总量的12%到15%。到1923年，31家报系包揽了全国三分之一的日发行总量以及近二分之一的周日报纸发行量。夏拉·科普利收购了加州所有中型城市报纸，甘尼特集团似乎掌控了纽约州北部所有报纸。到1935年，赫斯特一人就手握美国报纸11.1%的日发行量。[188]都市晨报和晚报，本是分别运营，现在纷纷开始联手。晨报和晚报同属一家的现象越来越普遍；到1930年，在洛杉矶、纽约、芝加哥、德卢斯（明尼苏达州港市）和卡姆登（新泽西州港市），晨报和晚报都归同一家报系所有。

在20世纪20年代的密尔沃基，《威斯康星新闻报》并不是唯一的连锁集团。1912年，沃尔沃斯连锁超市于威斯康星大道开业，与金贝尔百货不过一街之隔。沃尔格林连锁药店也于1925年入驻密尔沃基。1923年，环球电影公司与萨克斯兄弟公司签约，将后者并入其电影院线；环球公司出品的电影从此承包了密尔沃基萨克斯旗下的七家影院。连锁超市和药店的产品质量优良、服务品质如一，最重要的是，商品价格低廉。连锁剧院首映影片的播放室装修豪华。尽管如此，所有连锁集团（包括赫斯特的报系）却从来没考虑过密尔沃基消费者的品位，专门为他们选择和生产商品。

为了与连锁集团竞争，密尔沃基当地商店不得不开始反思自己的经营模式。同样地，密尔沃基独立报纸也以新策略迎击报系带来的挑战。1920 年《密尔沃基新闻报》首次发行"绿页"——
印刷在绿色新闻纸上的副刊，共两页，内容几乎全部来自辛迪加
公司，其中又以 E.W. 斯克里普斯创办的报业协会为主。斯克里
普斯在美国中西部和西部城市拥有超过 20 份报纸，但密尔沃基
却不在这些城市之列，因此他十分乐意向《密尔沃基哨兵报》出
售新闻特写。由于绿页上的报道过于耸人听闻，出版商出于保护
妇女儿童，取消了该报的上门投递服务。[189]直到 1927 年，为了
将该报建议专栏、字谜、连环画、连载小说和其他有人情味的报
道呈现给所有订阅者，《密尔沃基新闻报》绿页报道的骇人程度
才开始下降。

　　同报系一样，随着辛迪加材料的篇幅增多，独立报纸开始裁
减报社职员。早期，密尔沃基报纸的儿童版面或女性版面等特写
版块需要多个记者，或至少一位协调编辑。然而到了 20 世纪 10
至 20 年代，许多报纸都直接购买整个版块，或只聘请一个编辑，
组织辛迪加材料，拼凑出完整版块。在被赫斯特收购之前，《密
尔沃基哨兵报》和《密尔沃基自由报》的周日杂志都是向保罗·布
洛克报系购买的。世纪之交时，参与制作周日杂志的员工人数多
达数十人，而到了 20 世纪 20 年代，报社裁员后，只剩下寥寥几
个编辑。

　　得益于辛迪加这一大规模分销的模式，读者能够通过读报获
取更为精深的专业知识，这是地方报纸无法做到的。在报纸上，
密尔沃基人能读到温斯顿·丘吉尔执笔的国际时事专栏以及罗马
尼亚玛丽皇后的礼仪和时尚专栏。20 世纪 20 年代，读者从该市
报纸的体育版面上能读到拳王杰克·登普西教授的拳击技巧，还

有名列"橄榄球明星"的运动员分享的制胜秘诀。

　　海外辛迪加报道拓展了读者的视野，带着读者领略了此生可能无法亲眼所见的各地风光和文化。《密尔沃基新闻报》的影印页顶部印有地球的图像，配字为"图片新闻；世界见闻。"读者翻阅这一版块时，可以看到澳大利亚的游泳者、中国的外交会议以及阿尔及利亚的沙漠地貌。读者阅读《密尔沃基新闻报》插图特写"咒语守护古墓"，仿佛亲身跟随考古学家前往埃及；阅读"圭亚那地区的宝石猎人"，好似亲自踏上前往巴西寻找钻石的旅程。虽然在此之前的几十年，美国人通过观看幻灯片展示和电影短片、阅读游记、参观自然历史博物馆和世界博览会，已经间接游历了外面的世界，但直到20世纪10至20年代，报纸才为读者带来了大量海外舶来的思想和世界其他地区的照片。

　　观察家希望辛迪加报道能唤起读者对海外时事的关注，从而培育出更为广阔的全球意识。"辛迪加的国际话题报道，"1926年一位新闻学讲师写道，"开阔了美国人的视野，在此之前，他们对家乡州县以外的政治不大关注或根本毫无兴趣。"[190]当报纸在呈现各地不同之处时——身体穿洞的亚马孙土著或盘起发髻的日本艺伎，转写报道常常也能找出读者与话题主人公之间的基本相似之处。还有一些观察家表示，希望这类报道能够改变世界，使其成为更加宁静祥和之地。"目前的报纸聚焦于世界每日新动向，"詹姆斯·爱德华·罗杰斯指出，"偏见和国际国内仇恨很有可能因此逐渐消失，毕竟这些情绪很大部分都是由无知和偏狭滋生的。报纸将创造出一个更为紧密、安全、宜居的世界。"[191]

　　从第一次和第二次世界大战看来，更具备全球意识的新闻业似乎并不能直接推动世界的和平进程。但报纸广阔的视角、生动的图像以及深入的报道的确使密尔沃基成为更加世界化的城市。通过阅读辛迪加新闻，密尔沃基读者接纳了纽约市新闻报道传达出的世界主义，尽管较之纽约，密尔沃基与国际金融、人文和思想交流圈还相隔甚远。为了美国娱乐产业的发展，大公司雇人编写和购买特写报道，密尔沃基居民也因此得益，收获了来自世界各地的大量信息、图像和新感观。正因为有了美国新闻业的大众市场，一旦辛迪加报道激发了某个读者对中亚文化、南美体育或量子物理的兴趣，他将渴求更多信息，制定更高的抱负。

在世纪之交，辛迪加公司通常会区分读者群，制作有针对性的新闻特写。这类辛迪加材料贯彻 20 世纪 20 年代始终，一直持续出现在密尔沃基报纸上——女性版面、儿童专页、体育和兴趣专栏。那时也出现了话题宽泛、符合大众需求和体验的新型特写，报社同样会购买。赫斯特的特写编辑摩西·克尼格斯伯格写道，读者之间的共性应当如同"筛选出新闻价值的网眼——一个筛掉无关紧要的区域限制，保留大众普遍兴趣要素的过滤器"。[192] 对辛迪加作者而言，买他们作品的报纸越多，可能发展出长期合作关系的也就越多，因此他们编写报道时，都尽力使话题贴合最大读者群的兴趣。

力求取悦读者的辛迪加材料不仅在国内有市场，在全世界均有销路。1926 年，一则广告声称赫斯特的特写报道"了解读者共同兴趣，吸引世界各国各种族读者"，的确，赫斯特的特写报道远销世界逾 12 个国家。《默特和杰夫》或《菲利克斯猫》等喜剧漫画，同样也让其他国家的读者忍俊不禁。[193] 作家和插图画家也许认为他们正在创造大众娱乐，但事实上这些特写报道的主题都深深植根于美国本土——尤其是美国城市。多罗西娅·迪克斯的农村专栏为现代城市人传授古老的乡村智慧。《默特和杰夫》的幽默模仿的是美国歌舞杂耍表演的套路，《菲利克斯猫》则沿用吟游表演的视觉效果。由此，辛迪加向世界传播了美国文化。

那个时代的新闻工作者开始担忧辛迪加撼动他们本地通的地位，耗尽美国新闻业与地方的关联。1925年，麦迪尔新闻学院院长亨利·富兰克林·哈林顿提出警告，不要"过度使用辛迪加材料——尤其是那些与实体社区干系不大的'罐装'社论（指同时在多家报纸发表的社论）"。威尔·欧文认为报纸依赖辛迪加，已经产生了惰性，不愿再积极挖掘地方新闻。曾经，对当地情况是否了解和观点是否经过深思熟虑是判断一个编辑和记者优劣的标准，如今在新的编排方式下，这些却显得无关紧要。

然而，就在记者们哀叹着报社过度依赖辛迪加的时候，读者可能根本没有意识到自己在阅读辛迪加新闻。报业辛迪加的运营，比起其他公司，要安静低调得多。通讯社行事小心，绝不会向同一个城市或地区的两家报社出售相同的辛迪加材料，因此地方读者不会看到重复出现的报道。一位辛迪加编辑猜测："对90%的买方报社而言，辛迪加其实是个定义模糊的实体。少于十分之一的报社会停下来去考虑，由报社正式员工原创的文章漫画与直接从外界代理方购买的有什么区别。"[194] 一位杂志漫画家设想，只有外出旅行，读者才有可能发现地方报纸——各个城镇的地方报纸——其实没什么两样。

读者对辛迪加特写和报系报纸的反应温和，从未演变成激烈的政治抗议，也没有一连串的反垄断诉讼或是涌向编辑的投诉信件。然而对于报纸过于倾向一般性的主题和批量生产的报道，读者似乎也有所察觉。虽然读者或许满意辛迪加特写，认可辛迪加对外界的报道，但他们中的大多数似乎仍然希望读到一份根植于本地的日报。

寻求平衡：构建新城市人口的"生活方式"

尽管威廉·伦道夫·赫斯特的辛迪加体系高度中心化且本轻利厚，出版的报纸趣味横生，但他的通用新闻并没能接管整个密尔沃基报业。他的《威斯康星新闻报》发行的第一年，的确笼络了不少读者的心，但在 1918 年至 1922 年间，发行量急转直下，减少了 20000 份。赫斯特将《密尔沃基哨兵报》纳入麾下后，尽管该报的周日杂志销量大好，毕竟其他独立报纸在这方面与之不可相比，该报仍失去了超过 20000 位读者。他的竞争对手敏锐地指出，问题的根源在于赫斯特的报纸忽略了地方新闻报道。在其他城市，E.W. 斯克里普斯的报系也面临着相似的问题，他的报纸销量常常低于所有地方报纸。斯克里普斯报纸上本地报道的数量仅仅是地方报纸的四分之一。在旧金山、西雅图、弗雷斯诺等城市，他的编辑纷纷反映读者希望地方报道能够增加，但他们的本地职员少得可怜，实在无能为力。

逐渐地，赫斯特意识到尽管读者对丑闻、名人和比赛感兴趣，但他们也想要了解与自己身边的人息息相关的新闻。在赫斯特收购《密尔沃基哨兵报》之前，该报就曾向密尔沃基读者征集本地新闻。最后，赫斯特设法重振了地方特写。他增派记者，负责报道城市基本话题：政治、公立学校、社交俱乐部和新建筑的落成。他还设置了密尔沃基居民专栏，刊载当地体育竞赛捷报，展示当季新娘婚纱照，并定期更新邻近郊区新闻。赫斯特充实地方新闻内容的努力没有白费，20世纪20年代，《威斯康星晚报》的发行量一路回升，《密尔沃基哨兵报》也挽回了之前失去的读者的心。

1892年，约翰·科克里尔展开想象，认为一个高效的全国辛迪加系统应该能够做到包揽全部外界新闻特写，地方报纸则只需负责无法进口的本地新闻。但密尔沃基畅销报纸并没有遵循这一准则，而是将地方报道和全国新闻交织在一起，更加准确地反映出读者生活的地方与国内现象的纷繁纠缠。

密尔沃基编辑往往会费些心思，让辛迪加材料更符合读者的需求和品味，有时也会刻意增添些本土色彩。例如，一个女性版面编辑要改一篇辛迪加美食文章，可能就会将食品价格换成本地的，删去在当地买不到的食材，或者配上图片。编辑们也会在印刷上做一些调整，乍一看辛迪加特写就和本地新闻没什么两样。报纸甚至可以要求辛迪加公司汇编当地新闻，再与库存材料穿插合并，实现辛迪加材料的本地化。

虽然密尔沃基人接触了越来越多面向大众市场的商品和电影，比起外地人，他们似乎仍然更愿意相信自己的同乡。因此，20世纪10至20年代大众文化的传播为地方专栏作家创造了意想不到的新市场，他们可以扮演解读者和指导者的角色，分析远道而来的电影和商品。在地方专栏中，评论家们讨论全国各院线电影，但更为留心介绍密尔沃基影院正片和短片的排片。《密尔沃基新闻报》和《密尔沃基哨兵报》聘请专栏作家，报道橄榄球、职业棒球联盟等全国体育赛事。在读者心中，这些作家就是地方观点的代表，为他们提供来自家乡视角的内幕消息，十分值得信任。到 20 世纪 20 年代，密尔沃基每一家大型日报的内容都是各种材料的混合版本，既有辛迪加和通讯社材料，又有当地新闻报道和一些解决当地人关切问题的特写。《密尔沃基新闻报》也遵循这一基本公式，其销量却远超同行。从该报如何将地方和外地新闻巧妙地穿插在一起，就可以看出当时美国的中型城市，是如何促成一家报纸的畅销的。同时，在一个新闻高度中心化和同化的时代，《密尔沃基新闻报》也展示了作为地方主要报纸，是如何传达其地方意识的。

在通讯社和辛迪加当道的时代，密尔沃基记者没有走向世界采集新闻，但他们一直在用专业、职业的眼光筛选新闻。该报夸口道："通过重要的新闻补充来源——以威斯康星其他任何报纸都无法实现的数量和范围——《密尔沃基新闻报》的读者可以读到文明世界著名记者和观察家编写的特别报道和新闻。"该报从七家通讯社获取新闻报道，并以更多辛迪加公司的特写来充实报纸内容。《密尔沃基新闻报》还保留了多名摘报编辑，当时大多数报社已淘汰了这一角色。该报甚至聘请专人阅读外国报纸，这样密尔沃基的读者想了解国际新闻，通讯社就不再是唯一来源了。因此，该报得以把自己塑造成一位知识渊博、眼光敏锐的全球新闻编辑。当时的中上阶层读者以消息灵通为骄傲的资本，《密尔沃基新闻报》也能满足这一人群的需求。

为了巩固城市主要日报的地位，《密尔沃基新闻报》格外重视当地新闻的报道。该报会为当地特色或风景写诗，聘请专职插画师绘制头版卡通和本育版面速写。该报周日杂志的影印页上刊登着当地人的照片，包括专业舞者和社区童子军等，还有城市天际线等风景照。从赞助威斯康星风景摄影比赛到在报社办公大厅举办威斯康星艺术年度展览，该报以各种方式为威斯康星的一切培植着自豪感。因此，在阅读《密尔沃基新闻报》时，读者可以感觉到，在了解其他地方的生活时，仍能骄傲地宣告密尔沃基是自己的家乡。

无论《密尔沃基新闻报》如何扎根于密尔沃基，辛迪加特写依然不断拥入，以其描写生动、配图丰富、观点深刻等特点改变了当地人对地方的看法。报纸越是将大千世界繁华都市展示给读者，他们就越有可能以这些城市为标准来衡量密尔沃基。《密尔沃基新闻报》影印页首页是一幅密尔沃基风景图，图下方的说明文字写着："密尔沃基河岸风景，右岸让人想起威尼斯运河河岸的优美建筑，左岸建筑风格与汉堡和科隆水路的建筑相似。"[195] 这些对比展现了城市的世界化，也许能够帮助读者欣赏密尔沃基的美。但这些对比也为密尔沃基扣上乡下人的帽子，毕竟它永远也不可能成为像威尼斯一样的大城市——或是伦敦、纽约——如果以这些城市为标准的话。

19 世纪末，城市报纸开始增印他地新闻，报道内容详尽，全面审视地方的人和事。全国报纸的纽约市和华盛顿专栏实时更新大型强盛地区的新闻事件，同时也向读者暗示着：小地方没有大城市那么重要。其他界限分明的州市版面也传达着同一信息。名为《俄勒冈州新闻》或《西北新闻》的专栏取代了先前国际国

内新闻的大乱炖，方便波特兰（俄勒冈市）和俄勒冈州的读者跟
进当地新闻。但专栏也将这些新闻划分为"地区"新闻，即这些
新闻不如"国内"新闻重要。[196] 随着报纸引入辛迪加材料，读者
开始欣赏（也开始期待）制作精良的新闻报道，这往往超出地方
报纸的能力范围。如果中小型城市的独立报纸不能保证持续供应
辛迪加特写，那么他们的读者就很有可能投奔大城市的大报纸了。

　　就像在密尔沃基一样，全国的外语报纸都印刷辛迪加材料和
大众商品广告，甚至更进一步，开始在新闻中融入美国大众文化。
许多城市的外语报纸也采纳了英语报纸的惯例体裁，评论美国电
影，报道女性最新时尚。外语报纸的发行量涨涨落落，受识字率、
年龄、各移民族群人数等因素影响非常大，其中移民人数的影响
最为显著，但辛迪加的出现无疑加快了外语报纸的衰退。垂死挣
扎的英语报纸还能指望辛迪加新闻吸引读者，而外语报纸想靠辛
迪加材料扭转局面却要付出双倍代价，既要支付订阅费用还得花
钱请人翻译。最博人眼球的辛迪加特写往往又不可翻译，因为如
果铅注版上的插图过多，外语报纸无法替换文本。

　　大城市和小城市，作为辛迪加新闻的出口者和进口者，各有
得失。在芝加哥和纽约等出口城市的报纸若要进入辛迪加行业，
需要投入大量的财力和精力完善出口新闻，但最终受益者却是这
些城市的读者。地方市场认为报道当地特色或社区新闻的文章适
当贵一些也无可厚非，而国内市场则更愿意为真正大制作的特写
买账，尽管这些大制作新闻其实与某个地方的生活并无直接联系。
随着大城市报纸开始面向全国读者，报纸特写也变得越来越宽泛。

　　显然，进口新闻的小城市读者是受益于报系和辛迪加体系的。

报系和辛迪加提供的特写内容之丰富，是地方报纸无论如何也无法凭一己之力实现的，而且地方作家还写不出辛迪加作家那样亲切的建议。然而，较之大城市读者，小城市读者也付出了更大的代价。以赫斯特和斯克里普斯为例，报系报纸经常会将地方新闻尽可能地删减到最少。随着辛迪加体系的建立，即使是地方的独立报社，也在使用与自己城市最不相关的材料来制作报纸。一位阿尔布开克的读者就发现，有两份当地报纸"一模一样"。他说，报社甚至不愿费些心思，从不同的地方购买辛迪加材料。

不远万里辗转至美国人家门口的辛迪加材料，撼动了许多读者心中家乡的地位。每每看完报纸，家乡的生活似乎都显得有些狭小和无趣。读完星期天报纸后，外面的世界会变得更加广阔。辛迪加特写丰富多彩，能够引领读者开拓职业和智力上的更多可能，如果没有辛迪加，读者可能对许多领域都一无所知。读完星期天报纸后，一个男孩可能会开始想象去印度旅行，去学斯瓦希里语，或成为一名深海潜水员；一个女孩则可能决定要靠工作去创造属于自己的独立的人生，去学习古典音乐并以此为生，或成为一名驻外新闻记者。辛迪加特写拉近了读者与世界在空间和思想上的距离，鼓励美国读者尽情地探索和了解世界。这一态度与美国在世界舞台上扮演的强大新角色不谋而合。指导读者关注全球时事可能就是教会读者掌握这些时事发展的第一步。

辛迪加实现了新闻全国化。它为读者思考和理解生活的方式定下标准，为人们共同的品质和情感之间创造一种联系感——这意味着，它也必然抚平了地区差异，逐渐淘汰了民族报纸文化。正是因为鼓励美国人建相同的房屋、用相同的措辞、玩相同的游戏，报纸构建起了广为人知的美国人的"生活方式"，这也成了20世纪美国国内政治和国际关系问题的一块试金石。

    截至 20 世纪 20 年代，多年的新闻试验和创新造就了制作精良的都市报纸，它们已俨然成为城市政治、文化和经济生活的核心。报纸像血液一样在城市的血管中流动。每天，报童们都会在街角叫卖；工人在有轨电车的站台上将报纸搬下来，再由邮递员将其送达城市与郊区的千家万户。然后，读者坐在餐厅、上下班的列车上、办公桌或餐桌前，开启他们的读报时间。

    在某种程度上，都市报纸的影响力和普及度在 20 世纪 20 年代达到巅峰。这一时期的社会学家和学者发现，88% 到 95% 的美国人会定期读报。报纸的传播范围比杂志更广，普及程度也远高于书籍，因此报纸成为这些美国人手中最受欢迎的读物。这种阅读习惯也跨越了阶层和民族的界限：1923 年芝加哥的一项研究发现，在其研究对象中，91% 的未完成初中教育的美国本地人以及 100% 的移民都有读报的习惯。女性读者的数量在 20 世纪早期稳步上升，到 20 世纪 20 年代，阅读日报的男女人数大致相当。美国报刊的人均消费在 1929 年达到 62 磅的历史新高。

　　然而，因为20世纪20年代报纸的发展平稳而安逸，所以编辑和记者不再像他们的前辈那样精力充沛、富于创造力。他们依旧按照过去几十年形成的模式——19世纪末报纸发展出现动荡，联合报业模式随之出现，都市报纸的发展趋于稳定——继续发展。

　　世纪之交过后兴起于东方城市的报纸合并势头贯穿于两次世界大战的几十年间，小而杂乱的城市小报逐渐缩减至每个城市只有几家大型日报。《新奥尔良时代花絮报》《水牛通讯快递报》《芝加哥先驱检察官报》等这些小报都已成为历史，城市中现存的报刊名称述说着报纸的合并过往。由于报纸连锁店和合作伙伴的出现，美国新闻的种类也有所减少。1919年《芝加哥论坛报》将其业务扩展到纽约市场，《纽约每日新闻》也借用了《芝加哥论坛报》的新闻资料，《费城公共记录报》更是与《纽约晚报》彼此共享所有权。尽管读报的人数持续上升，但可供读者选择的报纸数量却大幅降低。1920年到1953年之间，拥有一份以上日报的城市从552个减少到87个。

　　一系列新建的标志性新闻大厦奠定并稳固了报纸在美国城市中的支柱地位。世纪之交，《纽约世界报》和《旧金山检察官报》等一批具有雄心壮志和创新精神的报纸，都建起了高耸华丽却与城市格格不入的高大建筑。其他报纸则满足于自己与城市风格相得益彰的实用性建筑。这些建筑中的大多数聚集在新闻区，比如纽约的公园街、旧金山的报纸角或者费城的栗树街。这些建筑的聚集加剧了各报社之间的竞争，因为每家报纸都绞尽脑汁想要发布最引人注目的新闻标题；也促进了同行之间的信息交流，因为记者们通常下班后都聚集在同一家俱乐部。

20 世纪二三十年代报社纷纷迁址，探索城镇新地段。找到新的落脚点后，它们的总部大楼坐地而起，傲视群楼，成为城市天际线上最为醒目的建筑轮廓。《费城调查者报》的大楼就坐落在藤街以北地势较低的地区，顶部装饰着时钟和金色穹顶，在阳光的照射下璀璨夺目。《纽约每日新闻》的大厦共有 36 层高，四周簇拥着 34 盏泛光灯，每当夜幕降临，灯光亮起，整座建筑在纽约市的夜空下显得更加熠熠生辉。

1922 年，《芝加哥论坛报》发起的新总部大楼的国际设计大赛，最终为它赢得了一幢 36 层高、顶部带有飞拱的高楼。新闻大厦落成后，报社将每天的报纸发行量投射到楼身一侧的大屏幕上，这是报社在用他们的建筑细节来向人们讲述所发行的报纸的历史与成就。1924 年，在《密尔沃基新闻报》的建筑上，一条顶部的装饰带记载着人类的通讯发展史：古埃及人在纸莎草纸上写字、德国的古登堡印出小册子、机械师们开着一台霍式轮转印刷机等。《芝加哥论坛报》在其大厅的石壁上刻下了从托马斯·杰斐逊、米尔顿到圣经福音书上倡导新闻自由的名言。《芝加哥每日新闻》在它大厅的天花板上也镶嵌上一幅壁画，画出了庞大的机器和向公众传递信息的工人的英勇形象。报纸华丽而严肃的建筑风格反映出一种崭新的自我意识和严谨努力的企业形象。

随着城市报纸的日益壮大，它们的内部运作开始与其他大公司保持一致。最大的几家报纸实行纵向资源整合，比如买断木材加工厂、造纸厂、油墨厂、摄影技术服务以及分销网络等。报纸出版商还将他们的新建筑设计成新闻的垂直装配线。[197] 与两次世界大战期间的其他大公司一样，都市报纸组成了商业财团，以增加它们对政治决策的影响力。报纸还资助了多家游说团体，好让这些团体支持自己的内部审计机构，还出版了多种行业杂志。报纸管理层更是致力于在他们的组织内部形成自己的企业文化。《芝加哥论坛报》《芝加哥每日新闻》和《纽约太阳报》都制作了内部通讯，让自己的数千名员工能够随时了解公司的最新动向。处于世纪之交的新闻编辑室和报纸印刷间的那种嘈杂与混乱早已销声匿迹，取而代之的是更加宏大而有序、更加协调发展的企业运作。

因此，在两次世界大战之间的几十年里，报纸不再致力于培养城市行为的新模式；而报刊的工作与其他公司的工作相比越发相似。编辑们对编辑部的工作分工更为细致，记者们的工作也不能再像以前那样我行我素、随心所欲。尽管世纪之交的新闻女性扩大了其从事公共事业的范围，而且也确实走上了很多新的职业岗位，然而 20 世纪 20、30 和 40 年代从事新闻行业的女性也反映出女性在其他职业场合的就职状况。从事专业技术和公共职位的女性不多，更多女性担任的还是文书工作。例如，在《芝加哥论坛报》，只有十几名女性为新闻部门撰稿，而数百名女性员工从事的依然是负责账单查询、转接总机或者承担男性高管的文秘工作等。在 20 世纪三四十年代的街角处，还能看到叫卖报纸的报童，但在许多城市，他们似乎已摆脱了典型的城市骗子形象。许多州都通过了儿童劳工法，这样一来报纸就不能再去雇佣儿童，卖报就只能依靠成人小贩和报摊经营者了。即便报纸雇佣了儿童或青少年，也不是让他们去市中心卖报，而只是让他们在社区里投递报纸。到了 20 世纪 50 年代，骑着自行车的报童已不再是城市人为了生存而奔波的象征，而是有益健康的郊区生活的标志。

在电影、漫画书和小说中塑造的新闻记者形象，散发着报纸从最富创新精神的几十年中流传下来的职业魅力，但也反映出在大型公司报刊时代，新闻报道的索然无味。在无声电影过渡到"有声电影"之后，许多记者转行写起了电影剧本；20 世纪 30 年代到 50 年代间，好莱坞制作了数百部以编辑部为背景的电影。一些电影中，记者们似乎个个名利加身，平步青云。在银幕上，工人阶级的记者们经常与一些权贵正面冲突，大胆追求有钱人家的小姐，并勇敢地向公众揭露真相。20 世纪三四十年代的漫画书中的人物形象，如超人、绯红复仇者、零号船长、光线侠、幻影鲍勃、毁灭者、爱国者帕特里奥和福克斯等都当过记者，事业上也小有成就。然而，这些漫画角色中的每一个人都不会像现实中的编辑那样过着忙于文案写作的平凡生活，一旦蜕去伪装变身超人，他们就会开始大显身手，真正进入自己的世界。[198]

报纸一直是私人企业，却扮演着重要的公共角色。在两次世界大战期间，报纸创造了公共空间，将追求利润和履行公民职责完全融为一体。20 世纪二三十年代，新闻大厦前宽阔的广场和旋转门随时欢迎游客进入参观。进来之后，游客可以发送包裹、拨打公共电话、申请钓鱼或驾驶执照、拜访司法人员或咨询收入所得税的问题。他们可以在办公室查阅过去文章的档案，甚至可以从大厦图书馆中借阅参考书。出版商后来开创女性版块也是为了招揽更多女性读者，他们还专门开辟出一片设施齐全的区域，为女性消费提供舒适的休闲场所。报社还模仿百货公司的做法，在繁忙的市中心地带修建公共休息区，那里环境幽静，尤其适合女性。

《芝加哥论坛报》甚至在它"想要广告的商店"中划出了一个女性版块，这样在投放女性广告时就会感到舒适和安全[199]。汽车和旅行社也会在报社大厅分发广告宣传册。报纸通过刊登时装表演、家庭装饰工作坊、烹饪学校以及以广告商产品为特色的电气化示范等活动信息，正在不断模糊着公共生活和私人商务之间的界限。

在两次世界大战期间，广告维持着整个报纸的运营，出版商和读者都无法想象如果没有广告，没有制造商的销售目标，城市新闻会是个什么样子。1930年，大约有480家日报提供商品销售服务，商店在报纸上刊登广告，出售、展示和推销产品[200]。其中一家日报《底特律新闻报》在商店橱窗里放了全彩色的报纸广告板，上面写着："商品就在这儿！都在《底特律新闻》上做广告啦！"和《芝加哥论坛报》一样，其他几家报纸也完全接受了自己作为广告媒介的角色，因此它们进行了广泛的消费者研究，并将研究结果分享给了广告商。像吉纳维芙·杰克逊·鲍恩这样的记者认为，广告和购物服务栏目（包含付费商品）与那些更为中性的新闻一样有价值。她说："这个部门对读者来说提供的是一种独特的服务，有了这种服务，读者会对那些不起眼的商品有更多的了解。"[201]与过去几十年一样，许多读者继续依靠报纸获取新闻和商业信息。所以当1945年纽约市的报纸运输员举行罢工的时候，一些读者说，最让他们感到痛苦的就是没有股票上市的信息，没有电影推送，也看不到百货公司的广告了。

20世纪20年代到40年代的城市报纸与其说是延续了它们在世纪之交的角色，不如说是扩大了它们的影响力，它们塑造了一种与美国在世界上的崛起地位相符的专业知识和权力形象。报社总部展示出了它们的全球实力。纽约每日新闻大厅的时钟显示了世界上主要城市的时间，游客们惊叹于一个直径为 12 英尺的旋转地球仪沉入地板，地球仪在旋转变化时，工人们通过重新绘制国界线和城市名称来对其进行更新。《芝加哥论坛报》还收集了一些世界名胜古迹，如帕特农神庙、泰姬陵和中国的长城等，并将这些名胜嵌入到 1925 年建成的大楼外部，方便游客们能看到并触摸它们。《芝加哥每日新闻》在其公开之旅中也确保外界知晓该报有外籍记者长期驻扎在 27 个不同的国家。许多报纸还在报头上列出它们在罗马、上海和墨西哥城的分社地址，突出了它们的专长和参与全球事务的意识。几家报纸还邀请读者在旅行时把他们的外国分社当作自己的"家外之家"；这些分社还提供舒适的阅览室，里面存放有大量美国报纸，并提供免费的旅行计划和咨询。当报纸吸引到越来越多的人来专注其全球化特性的同时，读者也领略并参与了美国在全球的影响力。

报纸只有一个新的竞争对手，那就是无线电，它曾威胁要把报纸从它们的位置上赶下来，因为这一对手认为自己才是两次世界大战期间最受欢迎和最具影响力的媒体。在 20 世纪 10 年代后期和 20 年代早期，无线电只吸引了一些工匠和业余爱好者，但在 20 世纪 20 年代后期则一跃成为主流媒体。1930 年进行的一项民意调查发现，美国约有 1200 万台收音机，足以满足近一半的美国家庭的使用需求。由于广播电台能够比报纸更加迅速地播报突发新闻，因此报纸出版商担心广播会抢走他们的读者，然后抢走他们的广告客户。的确，在 20 世纪 30 年代，广告商在报纸版面上的花费比例降低了。1929 年，美国广告商投入到报纸上的广告支出占所有广告支出的 54%，1935 年这一比例降为 50%，1939 年为 38%。与此同时，电台的份额稳步增长。报社面对电台的这一威胁并没有发动反攻措施，而是迅速建立自己的广播电台。报纸庞大而广泛的新闻采集网络使他们在广播行业抢占了先机，他们把广播新闻看成是报纸自身发展起来的权威和专业知识的合理延伸。报社甚至建有一些必要的基础设施，因为他们建造这些无线电接收站是为了收集新闻线索，然后再将其印成报纸。在 1930 年，报纸只拥有 5.9% 的广播电台，但这些都是最负盛名的报纸和最有影响力的广播电台。到 1942 年，36% 的电台被报纸收入囊中。

几十年来，成功的报纸出版商买断竞争对手或者与其合并。出版商将类似的所有权和合并策略应用到广播和电视上，创造了美国第一个多媒体帝国。20 世纪四五十年代，报纸进入调频电台市场，在那几十年当中，占据了 20% 到 38% 的电台。出版商也迅速进入了电视新媒体领域。1946 年，《底特律新闻》《圣路易斯邮报》和《沃斯堡明星电讯报》都买下了电视台，到了 1953 年，报纸拥有了一半以上的电视台。在报纸拓展业务的同时，它们将新闻报道和行政方面的花费平摊给各家分支媒体，这样既增加了收入来源，又节约了成本。这种多平台的商业运作模式让报业公司在 20 世纪中叶一直保持着强大的商业地位和盈利势头。

在两次世界大战之间的几十年里，即使各种各样的新媒体蓬勃发展，美国人仍然将报纸视为他们最主要、最值得信赖的新闻来源。对于生活在 20 世纪 30 年代和 40 年代的大多数美国人来说，广播只是报纸的补充，而不能替代报纸。许多人聚集在屋子里的某一处并当着其他人的面听收音机，听众几乎无法掌控他们会听到什么样的新闻，而且他们不得不依靠广播公司的时间表去安排生活。所以当美国人想要留给自己一点时间，或者他们想深入研究自己感兴趣的新闻的时候，还是会去看报纸。报纸上例行公事的报道也构成了许多人日常交往的基础。1945 年的一项调查中的一名受访者说："如果想要跟别人交谈，那你必须阅读。如果在公司里大家都在谈论一则新闻而你却不知道，那就太尴尬了。"出于这些原因，日报的发行量在 1920 年至 1955 年间持续攀升，甚至超出人口的增长。1920 年，全国每四个人就拥有一份日报；到 1955 年，这个比率上升为 3 比 1。

在 20 世纪中叶，一代又一代的读者仍然将报纸看作自己的朋友、顾问、娱乐伙伴、评论家和通往更广阔世界的通道。1945年纽约报纸运送人员罢工期间接受调查的读者对报纸表达出的感受，与那些在 1911 年写信给《科利尔周刊》的读者所表达的感受如出一辙。一位来自《纽约每日新闻》某一专栏的忠实读者这样写道："你会习惯某些人，他们会成为你家庭的一部分，就像多萝西·基尔加伦一样。"另一位读者解释说，报纸把他与邻居和世界联系在一起，他还说："我喜欢与整个世界保持联系的感觉。如果我不知道隔壁发生了什么事，我会很难受。"即使在这样一个到处都是新闻短片、光鲜夺目的大众杂志和广播的大媒体环境中，读者对他们的报纸依然情有独钟。一名在罢工期间受访的人说："如果没有报纸，生活会更加单调，我会不知所措，会很痛苦，真的！"另一个说："我会睡不着的，因为我太想念它了。"

* * *

60 年后的今天，城市报刊的时代已经远去。像底特律和克利夫兰这样逐渐变成非工业化城市的居民数量的减少，导致一些报纸在 20 世纪 60 年代到 80 年代间慢慢消失。但即便是在城市人口数量趋于稳定甚至增加的地区，都市报纸的数量仍在急剧下降。如果真是这样的话，大多数美国大城市现在就只能出版一份日报。在美国几座最大、最富有文化色彩的发达城市，如芝加哥、费城和旧金山，很多报纸已经宣布破产或濒临破产边缘。

由于从广告和分类广告中获得的收入减少，报纸需要寻求一种新的商业模式，即与当下的互联网联手创造利润。国家公共广播节目"在媒体上"讨论了可行的几种模式，但由于太过于强调将报纸货币化，致使他们在讨论这一问题的时候显得有些自说自话。几家国家级报纸，如《纽约时报》和《华尔街日报》虽然成功地度过了这段艰难时期，但是在当前互联网已由搜索引擎公司掌控的形势下，想要像当年成功收购电台那样建立一个以报纸为主、互联网为辅的报刊运营模式似乎是不可能的。

报纸以前的许多功能现在已经被互联网和其他非新闻媒体分而代之。曾经被称为机密的内容现在完全暴露于网上，比如大型的信息交流网站。这些信息交换网站上的分类比纸质信息的分类更有创意，并催生了城市中物物交换的经济、短期房屋转租市场、宣传福音派基督教的个人广告，以及遭遇失联时发出的哀叹。杂志现在编辑制作的娱乐信息比报纸更加全面，互联网站提供的商品信息也比纸质出版物丰富得多。针对特定人口定制的网站和应用程序为人们外出饮食、购物和夜生活提供指南。最初由报纸版块（如体育版、女性版和家庭装饰版）发展起来的小群体受众，如今却成为推动数百家电视台、杂志和博客业务发展的新兴力量。

如今，报纸曾经提供给人们的日常生活建议在几个不同的领域得以流传，不过我们现在主要是从国家名流而不是从当地导游那里获取建议。报纸上关于人际关系、礼仪和家庭生活的联合建议专栏依然存在。报纸仍然会提供时尚、健康和美容方面的建议，但杂志和网站已经分走了这些领域的大部分广告收入。现在告诉美国人如何与家人相处以及如何理财的不是报纸专栏作家，而是出现在电视上的名人。教会也代替报纸，接受了更多的日常咨询服务，包括提供婚姻咨询和财务规划等。当报纸首次将私人生活公开呈现于公共媒体面前时，它们其实是在默许读者将自己的生活与报纸版面上的例子进行比较。如今，这种进入美国私人生活的窗口已经变得越来越普遍，甚至不可避免。电视真人秀、名人八卦杂志和社交媒体都缔造出一种与陌生人之间的亲密关系，而这种关系在 20 世纪初被认为是不礼貌甚至是不可能发生的。然而，我们对他人生活的这种看法，与 20 世纪初的报纸读者所持有的看法大体一致。所有这些因素都帮助人们认识到什么是现代男子气概、女性气质，什么是现代礼仪、文化修养和成功。

"人民"网站和《德克萨斯论坛报》等非营利新闻机构已经掌握了调查性报道的控制权，他们对严肃新闻的投入，与那些靠点击率来盈利的网站形成了鲜明的对比。当他们与其他新闻机构分享自己的发现时，他们会确保自己的内容能吸引更多的观众，同时也让读者确信所有新闻都是免费的。然而，少数非营利的纸媒和在线新闻机构不能完全覆盖大都市报纸所有的新闻机构和分部。例如，由于各州首府的报社已经解雇了记者或完全倒闭，许多州立法机构的决策并没有被报道出去。因此到目前为止，网络媒体未能涵盖当地的新闻热点，也无法提供共享的信息资源，而这些信息资源却恰恰能帮助城市居民建立起某种社区意识和公民身份。目前，博客和网络新闻媒体最能吸引到的读者是那些彼此相隔遥远却有着共同利益和政治观点的人，却吸引不到那些住在同一社区却有着不同利益和观点的读者。

毫无疑问，互联网已经打开了新闻领域的大门，为各种各样不同的声音提供了平台，这种情况在以前只有少数几家主要报纸掌控发言权的情况下是不可能出现的。对"众包"新闻和"公民媒体"持支持态度的人认为，公民可以集体收集全面的信息，并根据民众真正的好奇心和需求进行调整。而关于警察对公民实施暴力的视频则显示了社交媒体报道事件的力量，这些事件往往是报纸没有能力（而且数十年来一直未能）充分报道的。与此同时，博客和推特也绝不会取代主流媒体（如报纸），因为它们不能对新闻进行调查和整合。许多人指出，搜索引擎和社交媒体网站会像报纸一样对信息进行审查、过滤和隐藏，但同时还会将自己伪装成一个完全开放和免费的平台。

各种各样的新媒体已经取代了报纸以往的功能，消费媒体的公众已经失去了共同点，但报纸内容的布局又激发出广泛的好奇心。娱乐文章与政论文章遥相呼应，所以阅读这一篇文章的读者总是能看到那一篇。报纸在人们的厨房柜台或咖啡桌上随处可见，读者也常常会在白天任何空闲时间来阅读他们早上错过的部分。

那些对朝鲜战争或公立学校的危机没有特别兴趣的读者偶尔会（而且常常会偶然地）了解到这些话题。相比之下，今天的互联网新闻能让人们轻易读到自己感兴趣的故事，而忽略那些我们宁愿不知道的故事。搜索引擎，不但能够找出我们的兴趣，也能帮我们找到那些跟我们已经读过的主题或买过的商品相关的东西。

我们必须小心，不要把城市报纸的内容理想化。报纸编辑有权决定数百万读者应该知道的事情，这一点既有好处也很危险。可能出于无知，或是出于策略的原因，编辑可能省略重要的事件，而贬低了其他人。他们的决定为商业类或两性话题的报道提供了大量的空间，也对美国文化和经济产生了颇为复杂的影响。当编辑在他们的文章中加入本地、国内和国际新闻时，其实是在迫使读者有意识地接受这些新闻，并为读者创造一个公众知识的基线水平。联合新闻集团在20世纪一二十年代创造出的共同词汇，以及由20世纪中期的大众媒体报道所构建起的对美国海外行动的公众认知，在今天已经不复存在了。

过去，报纸经受了媒体环境和读者阅读口味的巨大变化，并经常以创造性和意想不到的解决方案来应对这些变化。报纸没有把自己的读者拱手让给杂志，而是开始出版自己的杂志。当他们担心会失去那些搬到郊区的读者时，他们开始报道郊区的新闻，让自己变得更加都市化，而不是严格意义上狭隘的都市媒体。城市报纸确定了美国小城镇和农村市场，并设法将报纸远销到城市范围之外的广大地区。当读者开始期待大城市报纸所提供的那种国际报道和娱乐专题时，小型城市报纸就从财团手中购买了这些素材，并设法留住其读者。

我们还不清楚都市报纸是否会发展成稳定和利润丰厚的电子商务，也不清楚那些电子商务是否会发展得像报纸那样拥有稳固的地位。但是，尽管报纸的鼎盛时期已经成为过去，它仍然在继续影响着人们对未来新闻媒体的期望。美国人认为，他们的媒体将会以消费者和公民的身份与他们交谈，会将娱乐和信息融合在一起，也会提供素材来让他们树立完整的个人认知和效忠社区的意识。我们认为所有这些期望还有对将来更多的向往，都要归功于世纪之交的报纸，它对美国的经济发展和城市化的进程起到了极大的推动作用。

注 释

1. 出自《科利尔周刊》，1911 年 2 月 18 日，第 7 页。

2. 出自《美国报纸》，《科利尔周刊》，1911 年 9 月 30 日，第 34 页。

3. 爱德华·布罗德里克，《科利尔周刊》，1911 年 11 月 18 日，第 6 页。

4. 马乔利·范·霍恩，《科利尔周刊》，1911 年 9 月 2 日，第 22 页。

5. 出处同上。

6. 出自《科利尔周刊》，1911 年 4 月 8 日，9 页；以及同刊，1911 年 2 月 18 日，第 7 页。

7. 威廉·托马斯·斯特德，《世界的美国化》（纽约：霍勒斯马克利，1901 年），第 290 页。

8. 出处同上，第 292 页。

9. 出自《美国日报：社会工具的演变》（纽约：麦克米伦出版社，1937 年），第 323 页。

10. 威廉·利奇，《欲望之地：商人、权力与新美国文化的兴起》（纽约：万神殿，1993 年），第 42 页。

11. M.M. 吉列姆，"沃纳梅克广告创意"，《印刷油墨：广告商日志》

第 6 期，第 1 号（1892 年 1 月 6 日）：第 4—7 页。

12. 普莱斯布雷，《广告的历史与发展》，第 473—474 页。

13. 威拉德·霍尔科姆，《旋转木马：适合愚蠢季节的诗集》，第二卷，"小玩意儿"第 6 号（1896 年 7 月）：第 83 页，引自弗兰克·路瑟·莫特，《美国杂志史》（剑桥，麻州：哈佛大学出版社，1938 年），第四卷：1885 年—1905 年，第 150 页。

14. 从 1833 年起，《纽约太阳报》的读者就在报头上看到其口号"它为所有人闪耀"。自 18 世纪以来，报纸上的一些报头上就有小插图，但在 19 世纪，图画变得越来越普遍，字体也变得越来越与众不同。

15. 威廉·斯科特，《科学的报纸发行管理》，第 17—23 页。

16. 莱纳德，《大家新闻》，第 155 页。

17. 唐·塞茨，《报纸行业培训》（费城：J.B. 利宾考特，1916 年），第 139 页。

18. 威尔·欧文，《美国报纸：新闻与公众关系研究》，第 7 卷，《记者与新闻》，《科利尔周刊》，1911 年 4 月 22 日，第 21 页。

19. 约翰·吉文，《做报纸》，第 64—65 页。

20. 普莱斯布雷，《广告的历史与发展》，第 480—481 页。

21. 关于这些大众报纸的读者群，请参阅亚历山大·萨克斯顿的《大众流通媒体的起源和种族问题》，《美国季刊》，第 2 号（1984 年夏季），第 34 页。

22. 关于报纸漫画的历史，请参阅朱迪思·奥沙利文，《伟大的美国漫画：一百多年的卡通艺术》（波士顿：小布朗图书公司，1990 年）；布莱恩·沃克，《漫画全集》（纽约：亚布拉姆斯漫画艺术，2011 年）。

23. 唐·塞茨，《报纸行业培训》（费城：J.B. 利宾考特，1916 年），第 89—90 页。

24.《大西洋月刊》，1918 年，第 238—242 页。

25. 威廉·托马斯·斯特德，《世界的美国化》（纽约：霍勒斯马克利，1901 年），第 290 页。

26. 斯蒂芬斯，《报纸的商业》，第 463 页。

27. 埃德温·舒曼，《实用新闻学》，第 28 页。

28. 威尔·欧文，《美国报纸：新闻与公众关系研究》，第 6 卷，《编辑与新闻》，《科利尔周刊》，1911 年 4 月 1 日，第 29 页。

29.《记者》，1889 年 1 月 26 日，第 53 页。

30. 路易斯·V. 博吉，《如何成为一名新闻记者和特稿作家》（华盛顿特区：新闻通信局，1910 年）。

31. 埃德温·舒曼，《实用新闻学》，第 16—17 页。

32. 梅尔维尔·E. 斯通，《身为记者 50 年》（纽约花园城：双日出版社，1921 年），第 53 页。

33. 威尔·欧文，《美国报纸：新闻与公众关系研究》，第 12 卷，《来自内部的敌人》，《科利尔周刊》，1911 年 7 月 1 日，第 17 页。

34. 柯林斯，《美国美食街》，第 263 页。

35. 出自《管理编辑的自白》，《科利尔周刊》，1911 年 10 月 28 日，第 19 页。

36. 出自杰森·罗杰斯，《编辑与出版商》，1907 年 5 月 4 日，第 4 页。新闻代理人的其他消息来源请参阅伯德斯提的《商业化的新闻》，第 70—71 页；吉文的《做报纸》，第 309—310 页；《美国报纸》，第 10 期；辛克莱的《黄铜支票》，第 282—285 页。

37. M.M. 吉列姆，"沃纳梅克广告创意"，第 4—7 页。

38.埃德温·舒曼，《实用新闻学》，第 186 页。

39.出自《费城北美人报》，1909 年 3 月 20 日；引自霍尔特，《商业主义和新闻》，第 92 页。

40.威廉·斯科特，《科学的报纸发行管理》，第 34 页。

41.出自未透露姓名的记者，《科利尔周刊》，1911 年 8 月 19 日，第 18 页。

42.克拉拉·S.J.摩尔，《最佳社会礼仪》，（费城：波特与科茨出版社，1878 年），第 10 卷。

43.雷·H.艾布拉姆斯，《婚姻选择中的居住接触因素》，《美国社会学评论》（1943 年 6 月），第 8 期，第 292 页。

44.《罗威尔和阿耶的美国报纸目录》（纽约：P. 罗威尔，地理杂志出版社，1891 年）。

45.《永远为了美丽而穿衣》，《费城公共记录报》，1893 年 4 月 24 日，第 15 页。

46.《时尚人物》，《费城公共记录报》，1900 年 3 月 1 日，第 7 页。

47.分类广告，《费城纪事报》，1895 年 9 月 25 日，第 3 页。

48.《在游泳》，《条目报》，1898 年 4 月 3 日，第 5 页。

49.《费城纪事报》，1887 年 4 月 20 日，第 2 页。

50.《条目报》，1902 年 6 月 20 日，第 6 页。

51.《费城纪事报》社会专栏，1887 年 4 月 23 日。

52.《费城调查者报》，1892 年 9 月 20 日。

53.《费城调查者报》，1895 年 5 月 15 日，第 3 页。

54.《费城调查者报》，1911 年 3 月 26 日，第 3—7 页。

55.《费城晚报》，1906 年 10 月 10 日，第 16 页。

56.《多萝西·迪克斯：提醒我们成功是有代价的》，《费城晚报》，

1916 年 3 月 25 日．第 7 页。

57.《热天汤》,《费城晚报》, 1902 年 7 月 7 日, 第 7 页。

58.“通用电气水箱”广告,《费城公共记录报》晚间版, 1928 年 3 月 8 日, 第 8 页。

59.“联合气体改进公司”广告,《费城论坛报》, 1920 年 1 月 10 日, 第 6 页。

60. 沃纳梅克的广告,《费城纪事报》, 1899 年 2 月 17 日, 第 10 页。

61.《费城调查者报》, 1923 年 1 月 7 日, 第 2 期, 第 14 页。

62.《米丽丝解释了社会核心圈子的奥秘》,《费城公共记录报》晚间版, 1916 年 3 月 23 日, 第 6 页。

63. 黛博拉·拉什,《良好礼仪》,《费城公共记录报》晚间版, 1916 年 3 月 21 日, 第 8 页。

64. 出处同上。

65. 劳斯莱斯广告,《费城公共记录报》, 1924 年 9 月 21 日, 第 4—16 节。

66. 埃莉诺·吉尔伯特,《商业女孩》,《费城公共记录报》, 1917 年 7 月 15 日, 第 10 页。

67. 费城学院申请广告,《费城晚报》, 1922 年 10 月 18 日, 第 26 页。

68.《费城调查者报》, 1923 年 1 月 5 日, 第 20 页。

69.《你和你的习惯是你命运的主宰》,《费城公共记录报》晚间版, 1916 年 3 月 23 日, 第 13 页。

70. 阿华田广告,《费城公共记录报》晚间版, 1928 年 4 月 6 日, 第 15 页。

71. 路易·马克鞋业广告,《费城公共记录报》, 1920 年 11 月 5 日, 第 15 页。

72. 赫伯特·布鲁莫,《电影与行为》(纽约: 麦克米伦公司出版,

1933），第 149 页。

73.《费城晚报》，1922 年 10 月 20 日，第 7 页。

74. 来自"未婚夫的信"，《匹兹堡快递报》，国家教育局，1928 年 9 月 22 日星期六，第 1、6 节。

75. 来自"心碎的 G.B. 的信"，《匹兹堡快递报》，1928 年 8 月 11 日星期六，第 1、6 页。

76. 弗雷德里克·托马斯·鲍尔斯，《科利尔周刊》，1911 年 9 月 2 日。

77.《晚间投资者服务》，《纽约新闻报》，1930 年 5 月 15 日，第 36 页。

78. 佩姬·霍伊特帽子广告，《纽约时报》，1920 年 3 月 28 日，第 10 页。

79. 查尔斯·H. 库里，《社会组织：大思想研究》（纽约：查尔斯·斯克里布纳之子出版社，1909 年），第 83—84 页。

80. 林肯·斯蒂芬斯，"报纸的生意"，《斯克里布纳杂志》，1897 年 10 月，第 461 页。

81. 这句话最早出现在 1883 年 5 月 10 日的《纽约世界报》上。20 世纪一二十年代，《纽约世界报》每天都在社论版面的顶部印发头版头条。

82.1889 年 10 月 16 日，《纽约世界报》为专栏《爱发牢骚的人》征集信件。

83.《把贫民窟拉上来》，《纽约世界报》，1897 年 6 月 6 日，主要新闻版块，第 6 页。

84.《纽约时报》，1918 年 12 月 15 日，第 75 页。鼻子的描述可以很好地说明吉米·夏普是白人。

85.《纽约论坛报》，1890 年 7 月 17 日，第 7 页。

86.《纽约时报》，1924 年 12 月 14 日，第 8 页，头版。

87.《纽约时报》，1918 年 4 月 21 日，第 25 页。

88. 社论版，《纽约论坛报》，1890 年 5 月 27 日，第 6 页。

89. 路易莎·贝克夫人致约瑟夫·普利策，1886 年 2 月 7 日，《普利策论文集》（哥伦比亚大学珍本书稿）。

90.《纽约的秀顶》，《纽约论坛报》，1883 年 7 月 8 日，第 4 页。

91.《本周的舞台新闻》，《美国人与杂志》，1906 年 1 月 14 日，第 38 页。

92.《美国报纸》，《科利尔周报》，1911 年 9 月 2 日，第 22 页。

93.《考特尼崩溃了，因此被迫放弃了手球比赛》，《纽约太阳报》晚间版，1889 年 1 月 2 日，第 6 期。

94. 出处同上。

95.《一个关于姐妹城市的故事！》，《纽约世界》，1889 年 10 月 19 日，第 1 页。

96. 海普·伊戈，《新麦迪逊广场花园是所有竞技场中最伟大的》，《纽约世界报》，1925 年 11 月 22 日，第 2 期，第 21 页。

97. 德莱塞，《离开我的报纸时代》，第 5 期，《我退出游戏》，第 54 版，第 8 号，1922 年 4 月 8 日，第 118 页。

98. 乔治·P. 罗威尔公司，《百年报纸展览》（纽约：乔治·P. 罗威尔公司，1876 年），第 199 页。

99. 约翰·吉文，《做报纸》，第 169 页。

100.《家庭新闻》，《纽约论坛报》，1883 年 7 月 8 日，第 12 页。在埃利斯岛之前，城堡花园是纽约的移民中心。

101.《1889 年开始 15 分钟后的纽约谋杀案》，《纽约太阳报》，1889 年 1 月 2 日，头版。

102.《标塔·霍尔斯特玩得很开心》，《纽约太阳报》，1897 年 4 月 8 日。

103. 海德，《报纸报道和通信》，第 235 页。

104.《晋谭的小巴黎》，《纽约太阳报》，1893 年 8 月 27 日，第 2、6 页。

105.《把杂货商封在自己的桶里》，《纽约世界报》，1905 年 8 月 2 日，第 8 页。

106.《新"波西米亚"在东区被发现》，《纽约时报》，1904 年 11 月 13 日，杂志版，第 3 页。

107. 多斯·帕索斯，《曼哈顿中转站》，第 226 页。

108.《纽约最大的私人住宅的浪漫新娘》，《纽约世界报》，1897 年 6 月 6 日，大都会版块。

109.《杀人犯的小巷》，《纽约世界报》，1897 年 6 月 6 日，主要新闻版块，8 页。这篇文章描绘了小巷周围的人和建筑物。

110.《华尔街日报》，1906 年 1 月 14 日，第 70 页。

111."纽约美国人"的广告，《纽约美国人》，1930 年 5 月 18 日，第 14 页。

112.《纽约论坛报》，1899 年 9 月 4 日，第 7 页。

113.《社会专栏》，《密尔沃基新闻报》，1919 年 12 月 23 日，第 8 页。

114. 来自 R.F. 沃克的信，发表在《科利尔周刊》，1911 年 9 月 30 日，第 33 页。

115. 哈罗德·A. 威廉姆斯，《巴尔的摩太阳报》（巴尔的摩：约翰·霍普金斯大学出版社，1987），第 140 页。

116.《美国报纸》（芝加哥：芝加哥大学出版社，1909 年），第 37 页。

117.《芝加哥人：爵士乐时代失落的杂志》（芝加哥：芝加哥大学出版社，2008 年），第 2 页。

118. 萨缪尔·格罗斯广告，《芝加哥每日新闻》，1889 年 10 月 26 日，副刊，第 8 期。

119. 房地产分类广告，《芝加哥先驱报》周日版，1913 年 5 月 4 日，第 2 期，第 8 页。

120. 埃奇沃特的广告，《芝加哥论坛报》，1888 年 4 月 15 日，第 29 页。

121. 奥本公园的广告，《芝加哥论坛报》，1888 年 4 月 15 日，第 31 页。

122. 萨缪尔·格罗斯，《芝加哥每日新闻》，1889 年 10 月 26 日，副刊，第 8 期。

123.《芝加哥先驱报》，1889 年 4 月 28 日，第 13 页;《芝加哥论坛报》，1920 年 6 月 27 日，第 1 期，第 10 页。

124.《利德尔的美丽》，《芝加哥卫报》，1913 年 4 月 5 日，第 3 页。

125. 南侧房地产广告，《芝加哥卫报》，1913 年 4 月 5 日，第 6 页。

126.《芝加哥论坛报》，1916 年 9 月 17 日，第 11 期。

127."芝加哥建筑节奏"，《芝加哥每日新闻》，1925 年 9 月 5 日，第 15 页。

128."皮里·斯科特公司"广告，《芝加哥每日新闻》，1925 年 9 月 5 日，第 15 页。

129. 多萝西·艾瑟尔·沃尔什，"为温暖的天气准备房子"，《芝加哥每日新闻》，1917 年 2 月 24 日，第 8 页。

130. 皮芘菲尔德大厦商铺广告，《芝加哥每日新闻》，1929 年 4 月 17 日，周中特色部分，第 2 页。

131. 亨利·C. 金尼，"所有城镇都需要芝加哥"，《芝加哥论坛报》，1889 年 6 月 23 日，第 5 页。

132. 西北高架列车广告，《湖岸新闻》，1913 年 12 月 18 日，第 8 页。

133. 南芝加哥虽然于 1889 年并入芝加哥，但在世纪之交时仍是一个卫星城。它有自己的市中心区、工业雇主和独立的社会生活。

134. 罗伯特·帕克，《以报纸发行量衡量的城市化》，第 75 页。

135.《今日国家编辑》，《大西洋月刊》（1907 年 1 月），第 3 页。

136. 卡罗尔·D. 克拉克，《我的报纸生活史》，第 13 页。

137. 约翰·M.斯塔尔，《与西方一起成长：忙碌、平静生活的故事》（伦敦：朗曼斯和格林公司，1930 年），第 101 页。

138.《快邮：从芝加哥到伯灵顿的旅程只用了不到五个小时就完成了》，《芝加哥论坛报》，1884 年 3 月 12 日，第 2 页。

139. 出处同上。

140.《社论：论坛报的繁荣》，《芝加哥论坛报》，1884 年 3 月 13 日，第 6 页。

141.《邮政署署长报告》，1911 年，第 613 页，载于《富勒》，RFD，第 294—295 页。

142. 威廉·斯科特，《科学的报纸发行管理》，第 122 页。

143. 史密斯小镇市场广告，《芝加哥先驱报》，1897 年 11 月 7 日，第 37 页。

144.《芝加哥论坛报：伟大的美国报纸的崛起》（芝加哥：麦克纳利公司出版社，1979 年），第 458 页。

145.《芝加哥论坛报》，《事实之书》，1927 年，第 41 页。

146. 詹姆斯·奥唐奈·贝内特，《芝加哥地区：发现之旅》，《芝加哥论坛报》，1926 年 7 月 27 日，头版。

147.1926 年 9 月 2 日，在《芝加哥论坛报》重印。

148.1922 年《论坛报》的调查问店主："你认为《论坛报》上的广告能帮助你在社区销售产品吗？"他们的回答刊登在《芝加哥论坛报》，《事实之书》，1927 年，第 60 页。

149. 出处同上。

150.《芝加哥论坛报》，《图示百科全书》，第 170 页。

151. 这些地图来自克罗威尔出版公司。《芝加哥论坛报》，"事实之书"，1927 年，第 95 页。

152. 出处同上，第 70 页。

153. 詹姆斯·爱德华·罗杰斯，《美国报纸》，第 39—40 页。

154. 舍伍德·安德森，《敬虔》重版（纽约：兰登书屋，1950 年），
第 43 页。

155. 罗伯特·帕克，《以报纸发行量衡量的城市化》，第 64 页。

156. 1914 年，美国 2580 份日报中约有 1000 份仍在发行周刊。

157. 查尔斯·M. 哈格，《今日国家编辑》，第 93 页。

158. 出处同上，第 94 页。

159. 罗伯特·帕克，《以报纸发行量衡量的城市化》，第 65 页。

160. 罗斯林·泰瑞斯，《费城调查者报》，1899 年 5 月 21 日，第 1、4 节。

161. 弗恩高地郊区房地产公司广告，《密尔沃基新闻报》，1927 年 5
月 22 日，第 10 页。

162. 摩根公司的广告，《巴尔的摩非裔美国人》，1918 年 9 月 20 日，
第 8 页。

163. "愉悦与利益并具的家中花园"，《费城公共记录报》晚间版，
1916 年 3 月 21 日，第 9 页。

164. 希克纳墙纸广告，《巴尔的摩非裔美国人》，1928 年 11 月 17 日。

165.《纽约太阳报》，1917 年 2 月 25 日，第 14 页。

166.《芝加哥论坛报》，《事实之书》，1927，第 14 页。

167. "拖拉机"广告，《纽约世界报》，1921 年 3 月 27 日，第二新闻组，
第 3 页。

168.《农场食品秀》，《费城调查者报》，1925 年 5 月 17 日，第二新闻组，
第 5 页。

169. 一封来自佛罗里达农夫的信，《科利尔周刊》，1911 年 9 月 30 日，

第 34 页。

170. 一封来自路易斯·帕克·张伯伦的信,《科利尔周刊》, 1911 年 8 月 19 日, 第 18 页。

171. 约翰·科克里尔, 1879 年开始担任《圣路易斯邮报》的总经理, 19 世纪 80 年代担任《纽约世界报》周日编辑, 随后任职于《纽约广告商》。

172. 约翰·科克里尔,《报纸的未来》（记者系列）,《利平科特月刊》, 1892 年 8 月, 第 226 页。

173. 朱迪思·利维特,《最健康的城市：密尔沃基和改革健康事业的政治》（麦迪逊：威斯康星大学出版社, 1996 年）。

174. 小乔·威廉·崔特,《密尔沃基黑人：工业无产阶级的形成》（乌尔班纳：伊利诺伊大学出版社, 1985 年）, 第 8 页。

175. 以上新闻均来自 1881 年 7 月 25 日的《密尔沃基哨兵报》的《说一点废话》专栏。

176. 崔特,《密尔沃基黑人》, 第 40 页。

177. 有关这两则例子的信息, 参见《密尔沃基新闻报》, 1899 年 11 月 21 日, 第 4 期和 1899 年 11 月 22 日, 第 6 期。

178.《密尔沃基哨兵报》, 1906 年 12 月 28 日, 第 11 期。

179.《密尔沃基市场》,《密尔沃基新闻报》, 1919 年 12 月 28 日, 第 3 版块。

180. 罗杰斯,《美国报纸》, 第 162 页。

181. 美国的版权并未覆盖到外国作者, 因此这些故事可免费使用。

182.《联合报业的延伸》,《记者》, 1887 年 7 月 9 日, 第 8 页。

183. 出处同上。

184. 马修·金格尔,《翡翠城：西雅图的环境史》（纽黑文市, 康涅狄格州：耶鲁大学出版社，2007 年），第 122 页、第 151 页。

185.迈克尔·奥里亚德，《阅读足球：大众媒体如何创造美国奇观》(教堂山：北卡罗来纳大学出版社，1993 年）。

186.罗伯特·埃兹拉·帕克，《移民出版社及其控制》，第 87 页。

187.《明尼阿波利斯日报》在《编辑与出版商》中的广告，1920 年 1 月 15 日，第 2 部分，第 24 页。

188.李，《美国日报》，第 215—217 页。

189.《密尔沃基新闻报：前 80 年》，第 116 页。

190.吉纳维芙·杰克逊·鲍夫纳，《新闻女性》，第 312—313 页。

191.詹姆斯·爱德华·罗杰斯，《美国报纸》，第 162—163 页。

192.摩西·克尼格斯伯格，《国王新闻》，第 394 页。

193.关于出口和国际漫画的信息来自于《世界漫画百科全书》(纽约：切尔西出版社，1976 年），第 15—20 页。

194.摩西·克尼格斯伯格，《国王新闻》，第 365 页。

195.《密尔沃基新闻报》，1923 年 4 月 15 日，罗托艺术版块，第 1 页。

196.两个专栏于 19 世纪 80 年代出现在俄勒冈州和波特兰。

197.崔特，《公共服务的账面利润》，第 264—266 页。

198.杰夫·罗文，《超级英雄百科全书》(纽约：档案中的事实，1985 年）。

199.《芝加哥论坛报》，《图示百科全书》，第 783 页。

200.《编辑与出版商》，1930 年 1 月 25 日，第 218 页。

201.吉纳维芙·杰克逊·鲍夫纳，《新闻女性》(纽约：D.阿普顿出版社，1926 年），《机会的指南与妇女为报纸和杂志工作的技巧手册》，第 233 页。